지 오
감정평가이론

지 오 편저

2차 | 서브노트 제4판

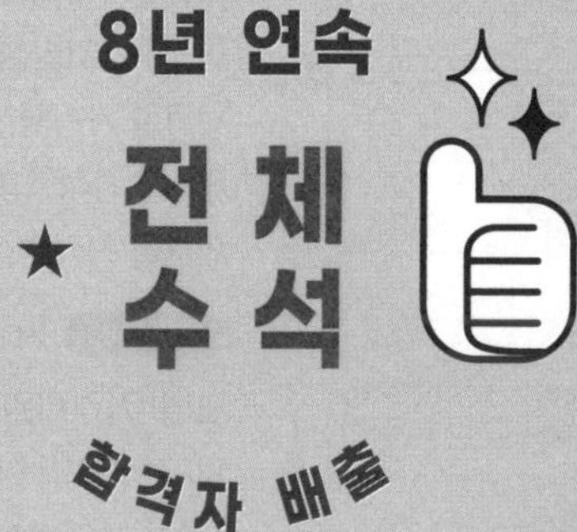

박문각 감정평가사

PART

01

감정평가이론
개념노트

감정평가이론 개념노트

총론	

Chapter 01	부동산에 대한 이해
부동산	민법 제99조에서 부동산은 토지 및 그 정착물
정착물	정착물은 건물, 수목, 다리 등과 같이 계속해서 토지에 부착되어 있어야 하고, 사회·경제적인 측면에서도 그 가치가 인정되는 물건
사회재	사회구성원 모두가 부동산에 의지하고 살아가기 때문에 공평하게 배분되어야 하는 재화
공공재	인위적으로 재생산이 불가능하기 때문에 전체 이익을 위해 합리적으로 배분되어야 하는 재화
부동산의 복합개념	부동산을 다각적인 측면에서 이해하고 사고하는 방식
종별	부동산의 용도에 따른 부동산의 분류로서 지역종별과 토지종별로 구별
지역종별	지역적 관점에서 지역(용도적 지역)의 종별
토지종별	해당 토지가 속하고 있는 지역의 종별에 따라 분류되는 용도구분
유형	부동산이용의 행태(물리적 나지, 건부지) 및 권리관계의 태양(법률적 지상권설정 유무)에 따라 구분되는 부동산의 분류
예정지 (후보지) 지역	지역종별 대분류 상호 간에 전환되어가는 지역
이행지 지역	소분류 상호 간에 전환되어가는 지역
고정성	토지는 물리적인 측면에서 그 지리적 위치가 고정되어 있다는 특성으로 토지의 가장 본질적인 특성
부증성	토지는 노동이나 자본을 추가적으로 투입하더라도 그 절대량은 늘어나지 않는다는 것
영속성	토지는 물리적인 측면에서 볼 때 시간의 경과나 이용 등에 의해 마모되거나 소멸되지 않는다는 특성
개별성	지구상에 물리적으로 동일한 복수의 토지는 존재하지 않는다는 특성
용도의 다양성	토지는 여러 가지 용도로 이용될 수 있다는 특성
병합, 분할의 가능성	토지는 이용목적에 따라 인위적으로 병합하거나 분할할 수 있는 특성

사회적, 경제적, 행정적 위치의 가변성	인문적 환경의 영향에 의해 토지의 사회적, 경제적, 행정적 위치가 시간의 흐름에 따라 변화한다는 특성
인접성	토지는 인접 토지와 긴밀한 공간관계에 있다. 따라서 물리적으로 보는 토지는 반드시 다른 토지와 연결되어 있다는 특성
지역성	부동산은 그 부동산이 속해 있는 지역의 구성분자로서 그 지역과 상호 의존, 보완관계에 있고 그 지역 내 타 부동산과 협동, 대체, 경쟁 등의 상호관계를 통하여 사회적, 경제적, 행정적 위치를 점하게 됨
경제적 특성	인문적 특성 중 경제적 측면을 강조할 때 제기되는 특성
희소성	인간의 욕구에 비해 이용 가능한 토지의 양이 부족한 상태
improvements의 토지효용가변성	improvements에 의해 토지의 효용이 변할 수 있다는 특성
투자의 고정성	한번 결정된 토지이용형태는 본래상태로 전환시키기까지 많은 시간과 비용이 소요되고 투하자본을 회수하는 데도 많은 시간이 필요하다는 특성
위치의 선호성	사람들이 일정한 위치나 장소의 토지를 선호하는 특성
고가성	부동산이 다른 재화에 비해 가격이 비싸다는 특성
내구성	부동산은 경제적 수명이 길다는 특성
수규제성	어느 사회를 막론하고 부동산의 이용과 거래에 대해 많은 규제가 가해진다는 특성
완전경쟁시장	어떠한 생산자나 소비자도 시장의 가격에 아무런 영향력도 행사할 수 없는 시장
시장실패	시장이 효율적인 자원배분을 가져다주지 못하고 자원배분의 비효율이 발생하는 경우
접근성	대상 부동산이 위치하는 장소에서 다른 장소에 도달하는 데 소요되는 시간, 경비, 노력 등으로 측정되는 상대적 비용
획지	어떤 부동산의 위치를 가리킬 때에 보통 획지를 지칭하는 경우가 많다. 즉, 하나의 이용단위로 파악되는 위치적 개념으로서 좁은 의미의 위치
지역	어떤 획지가 속해 있는 인근지역을 가리키는 개념이라고 할 수 있는바, 넓은 의미의 위치로 표현
권역	반드시 지역보다 물리적으로 큰 것을 가리키는 것은 아니지만 아주 넓은 개념의 위치

Chapter 02	가치 및 가격에 대한 이해
아담 스미스의 가치	가치란 어떤 재화나 용역이 다른 재화나 용역을 교환의 대상으로 지배하는 힘이라고 정의한다(교환가치). 즉, 가치란 재화와 재화 간의 단순한 교환비율일 뿐이라는 것이다.
어빙 피셔 (Irving Fisher) 의 가치	'가치란 장래 기대되는 편익을 현재가치로 환원한 값'이다.
가격	가격은 교환거래에서 매수자와 매도자가 상호 합의한 거래금액을 의미한다.
가액	정상적인 거래에서 거래자산에 화폐로 지불될 수 있는 금액을 표시한 것으로 사물이 지니고 있는 가치를 의미하거나 매매의 목적으로 주고받는 대가를 의미한다.
원가	개량물 또는 구조물을 축조하기 위한 현금지출의 총액으로 교환가격이 아닌 생산에 사용되는 개념이다.
가치다원론	가치가 사용되는 상황이나 용도, 바라보는 관점에 따라 개념이 다양하다고 보는 것을 가치의 다원적 개념 또는 가치다원론이라고 한다.
당위가치 (sollen wert)	당위성을 내포한 이상적, 규범적 가치로서 시장균형이 성립할 때 나타나는 '있어야 할 상태'의 가치이다.
존재가치 (sein wert)	현실의 시장상황을 반영하는 가치로서 객관적으로 확인이 가능한 '있는 그대로'의 가치이다.
교환가치	시장에서 매매를 전제로 일반적인 이용방법을 기준으로 한 가치로서 객관적인 가치이다.
사용가치	경제재의 생산성 개념 하에 대상 부동산이 특정한 용도로 사용된다는 것을 전제로 하여 파악되는 가치를 말한다.
과세가치	과세가치란 국가나 지방자치단체에서 취득세나 재산세 등의 각종 세금을 부과하는 데 사용되는 기준으로 활용되는 가치로서 관련법규에 의해 구체적인 기준과 절차에 따라 산정된다.
보상가치	보상가치는 공공의 필요에 따른 적법한 행정상의 공권력 행사로 인하여 재산에 가하여진 특별한 희생에 대하여 공평부담의 견지에서 행정주체가 행하는 보상의 기준이 되는 가치로서 관련법규에 평가기준과 방법이 규정되어 있다.
담보가치	은행 등 금융기관에서 해당 물건을 담보로 대출을 실행하기 위해 사용되는 가치이다.
경매가치	법원에서 경매절차를 진행하기 위한 최저입찰가격의 기준으로 사용되는 가치이다.
처분가치 (청산가치)	청산을 목적으로 일정한 처분계획에 따라 대상물건이 시장에서 매각되었을 때 그 물건의 매매로부터 합리적으로 획득할 수 있을 것으로 인정되는 가치이다. 시장가치와 유사하나 처분시점이 현재가 아니라 일정기간이 경과된 미래라는 점, 출품기간이 평가시점부터 개시된다는 점, 가격이 평가시점 현재 현금이나 현금등가물 형태로 지불되지 않는다는 점에서 차이가 있다.

해체처분가치	토지 이외의 평가대상물건을 해체한 후 구성요소로서 처분하는 경우 대상물건이 시장에서 충분한 기간 동안 공개된 후, 대상물건에 정통한 당사자가 신중하고 강요됨 없이 독립된 거래관계에서 교환될 것이라 인정되는 가치이다.
장부가치	대상 부동산의 최초 취득가격에서 감가상각분을 제외하고 현존하는 나머지 장부상의 잔존가치이다. 주로 회계, 세무 목적으로 사용된다.
계속기업가치	유형, 무형의 기업자산을 개별적으로 판단하지 않고 총체적인 관점에서 계속기업이 가질 수 있는 가치이다. 계속기업이란 가까운 미래에 청산되지 않는 것이 확실하고 미래 수명이 무기한적인 회사이다.
공정가치 (fair value)	한국채택국제회계기준에 따라 자산 및 부채의 가치를 추정하기 위한 기본적 가치기준으로 합리적인 판단력과 거래의사가 있는 독립된 당사자 사이의 거래에서 자산이 교환되거나 부채가 결제될 수 있는 금액을 말한다.
투자가치	특정한 투자자가 특정 투자목적에 대하여 부여하는 투자조건에 따라 투자대상물건이 발휘하게 되는 가치이다.
공익가치	어떤 부동산이 최유효이용의 사적 목적의 경제적 이용에 있는 것이 아니라 보존, 보전 같은 공익목적의 비경제적 이용에 있을 때 대상 부동산이 가지는 가치이다.

Chapter 02	가치 및 가격에 대한 이해	
현재가치	현재의 일정시점을 기준시점으로 파악되는 가치이다.	
소급가치	과거의 일정시점을 기준시점으로 파악되는 가치이다.	
추정가치	미래의 일정시점을 기준시점으로 파악하는 가치이다.	
시장가치	대상물건이 통상적인 시장에서 충분한 기간 동안 거래를 위하여 공개된 후 그 대상물건의 내용에 정통한 당사자 사이에 신중하고 자발적인 거래가 있을 경우 성립될 가능성이 가장 높다고 인정되는 대상물건의 가액이다.	
적정가격	토지, 주택 및 비주거용 부동산에 대하여 통상적인 시장에서 정상적인 거래가 이루어지는 경우 성립될 가능성이 가장 높다고 인정되는 가격을 말한다.	
정상가격	정상가격이라 함은 평가대상 토지 등이 통상적인 시장에서 충분한 기간 거래된 후에, 그 대상물건의 내용에 정통한 거래당사자 간에 통상 성립한다고 인정되는 적정가격을 말한다.	(구) 감칙상 기준가치

Chapter 02	가치 및 가격에 대한 이해
효용 (유용성, utility)	인간의 욕구나 필요를 만족시킬 수 있는 재화의 능력으로 수요 측면에 영향을 미치는 가격발생요인이다.
희소성	인간의 욕구에 비해 그 수나 양이 부족한 상태를 말하는 것
상대적 희소성	'상대적'이라는 의미는 부동산의 물리적 측면이 아닌 상대적 측면(지역적, 용도적 측면 등)에서 부족하다는 의미와 수요에 비하여 공급이 상대적으로 부족하다는 의미로 해석된다. 따라서 상대적 희소성이란 지역적, 용도적 측면에서 인간의 욕구에 비해 그 수나 양이 부족한 상태를 말한다.
유효수요	실질적인 구매능력을 의미하는 것으로 살 의사(willing to buy)와 지불능력(ability to pay)을 갖춘 수요를 말한다.
이전성	부동산이 가치를 가지기 위해서는 부동산의 소유권을 비롯한 제반 권리가 수요자에게 자유롭게 이전될 수 있어야 한다는 것을 말한다.
가치형성요인	대상물건의 경제적 가치에 영향을 미치는 일반요인, 지역요인, 개별요인 등을 말한다.
일반적 요인	대상물건이 속한 전체 사회에서 대상물건의 이용과 가격수준 형성에 전반적으로 영향을 미치는 일반적 요인이다.
지역적 요인	대상물건이 속한 지역의 가격수준 형성에 영향을 미치는 자연적, 사회적, 경제적, 행정적 요인이다.
개별적 요인	대상물건의 구체적 가격에 영향을 미치는 대상물건의 고유한 개별적 요인이다.
자연적 요인	부동산의 상태 및 가격수준 형성에 영향을 미치는 제반 자연적 특성과 환경이다.
사회적 요인	부동산의 상태 및 가격수준 형성에 영향을 미치는 일련의 사회적 환경 및 현상이다.
경제적 요인	부동산의 상태 및 가격수준에 영향을 미치는 일련의 경제적 상황이다.
행정적 요인	부동산의 상태 및 가격수준 형성에 영향을 미치는 공법적 규제 및 기타의 행정적 조치이다.
가격형성과정	부동산의 지역성에 따라 지역요인의 영향을 받아 그 지역의 가격수준이 형성되고, 개별성에 따라 개별요인의 영향을 받아 구체적인 가격으로 개별화, 구체화되는 것이다.

Chapter 03	가격제원칙에 대한 이해
예측의 원칙	부동산의 가치가 과거와 현재의 이용상태에 의해 결정되는 것이 아니라 앞으로 어떻게 이용될 것인가에 대한 예측(예상)을 근거로 결정된다는 원칙을 말한다.
변동의 원칙	부동산의 가치는 끊임없이 변하는 시장상황에 의해 영향을 받아 변동한다는 원칙을 말한다.
기여의 원칙	부동산의 가치는 부동산을 구성하고 있는 각 구성요소가 전체에 기여하는 공헌도의 영향을 받아 결정된다는 원칙이다.
수익배분의 원칙	부동산의 가치는 전체 수익에서 노동과 자본과 같은 다른 생산요소에 대한 수익을 제외하고 난 나머지인 잉여생산성에 의해 결정된다는 원칙이다.
균형의 원칙	부동산의 가치는 부동산을 구성하고 있는 생산요소 간의 결합비율이 적정한 균형을 이룰 때 최고가 된다는 원칙이다.
수익체증, 체감의 원칙	부동산에 대한 단위투자수익은 체증하다가 어느 수준에 이르게 되면 한계수입과 한계비용이 일치하게 되고 이를 넘어서면 체감하게 된다는 원칙을 말한다.
외부성의 원칙	부동산의 가치는 외부적인 요인에 의해 영향을 받아서 결정된다는 원칙이다.
적합의 원칙	부동산의 이용이나 특성이 주위환경이나 시장수요와 일치할 때 최고의 가치가 창출되며 이것이 유지될 수 있다는 원칙이다.
대체의 원칙	부동산의 가치는 대체관계에 있는 다른 부동산 또는 다른 재화의 영향을 받아서 결정된다는 원칙을 말한다.
수요·공급의 원칙	부동산의 가치는 수요와 공급의 상호작용에 의해 결정된다는 원칙을 말한다.
기회비용의 원칙	어떤 투자대안을 선택함으로써 포기한 다른 투자대안들 중 가장 큰 비용을 기회비용이라고 하는데, 부동산의 가치도 이러한 기회비용을 반영하여 형성된다는 원칙이다.
경쟁의 원칙	부동산의 가치는 다양한 용도 간의 경쟁관계 속에서 결정된다는 원칙이다.
가격제원칙	부동산의 가격이 어떻게 형성되고 유지되는가에 관한 법칙성을 추출하여 부동산평가활동의 지침으로 삼으려는 하나의 행위기준이다.

Chapter 04	지대이론 및 지가이론에 대한 이해
최유효이용	객관적으로 보아 양식과 통상의 이용능력을 가진 사람이 부동산을 합법적이고 합리적이며 최고이자 최선의 방법으로 이용하는 것이다.
최유효이용의 원칙	부동산가치는 최유효이용을 전제로 형성된다는 원칙을 말한다.
단일이용	주위 용도와는 다른 독자적인 토지이용을 말한다. 단일이용의 경우에 주위와 용도가 다른 이용이더라도 시장수요가 충분한 경우에는 최유효이용이 될 수 있다.
복합적 이용	하나의 토지에 여러 용도가 혼합되어 있는 이용이다. 토지는 하나의 용도로 이용되는 것이 일반적이나 경우에 따라서 여러 용도가 혼합된 복합적 이용에 활용될 수 있고 이것이 최유효이용이 될 수 있다.
중도적 이용	가까운 장래에 대상 토지 또는 복합부동산에 대한 최유효이용이 도래할 것으로 생각될 때 그 이용을 대기하는 과정에서 현재 할당되고 있는 이용이다.
일치성 이용의 원리	일치성의 원리(제합사용의 원칙)란 토지와 건물을 각각 다른 용도로 보고 평가해서는 안 되고, 동일한 용도로 보고 평가해야 한다는 원리로서 중도적 이용 중인 부동산을 평가할 때 특히 유의해야 되는 원리이다.
비적법적 이용	한때는 적법하게 건축되고 유지되던 이용이었으나 현재는 더 이상 각종 규정에 부합하지 않는 이용이다.
건부감가	건부감가란 같은 토지라도 나지상태일 때가 가격이 더 높고 건부지가 되면 가격이 낮아진다는 말이다. 건부지가 되면 토지가격이 낮아진다고 해서 건부감가라고 한다.
건부증가	특수한 상황에서는 토지가격이 나지일 때보다 건부지가 되었을 때 더 높아지는 경우도 있다. 이러한 현상을 '건부증가'라고 한다. 건부지일 때 가격이 더 높아진다는 의미이다.
비최유효이용	현재의 복합부동산에 대하여 복합부동산의 최유효이용과 나지를 상정한 토지의 최유효이용이 상호 부합되지 않는 상태에서 현재의 복합부동산 이용을 말한다.
특수목적의 이용	호텔, 극장, 대학, 교회, 공공건물과 같은 특정한 활동을 위해서 설계되고 운영되는 부동산의 이용을 말한다.
투기적 이용	투자자가 부동산의 용도를 특별하게 정하지 않고 취득 후 별다른 운영을 하지 않은 채 보유만 하면서 처분을 위한 준비상태에 있는 일시적인 현재이용이다.
초과토지	초과토지란 현존 지상개량물에 필요한 적정면적 이상의 토지를 말하며, 건부지와 다른 용도로 분리되어 독립적으로 사용될 수 있으므로 건부지와는 별도로 평가되어야 한다.
잉여토지	잉여토지란 기존 개량물 부지와 독립적으로 분리되어 사용될 수 없고 별도의 최유효이용 용도에 이용할 수 없는 토지를 말한다.
일단지	'일단지 토지'란 지적공부상 2필지 이상으로 구분등록이 되어 있는 토지가 해당 토지의 최유효이용의 관점에서 볼 때 인접 토지와 일단을 이루어 같은 용도로 이용되는 것이 가장 수익성이 높은 경우 일반적인 의미에서 일단지 토지라 한다.

Chapter 05	부동산시장에 대한 이해
부동산시장	부동산시장은 질, 양, 위치 등 여러 가지 측면에서 유사한 부동산에 대해 가치가 균등해지는 경향이 있는 지리적 구역이라고 정의될 수 있다.
시장실패	시장이 완전경쟁시장의 요건을 갖추더라도 어떤 원인으로 인해 자원의 용도별 효율적 분배에 실패하는 현상이다.
수요, 부동산수요	일반재화에서 수요는 재화나 용역에 대한 구매욕구를 의미한다. 그러나 부동산의 경우는 고가성으로 인해 단순한 구매욕구뿐만 아니라, 실제 구입능력을 갖춘 유효수요를 의미한다.
공급, 부동산공급	일반적으로 공급이란 공급주체가 일정기간 상품을 판매하고자 하는 욕구이다. 부동산의 경우는 각 임대료 수준에서 공급자가 기꺼이 공급할 의사와 능력을 가지고 있는 유효한 것이어야 한다.
정보의 효율성	부동산시장의 정보가 얼마나 많이 그리고 얼마나 빨리 가치에 반영되는가 하는 것을 정보의 효율성이라 한다.
약성 효율적 시장	현재의 시장가치에 과거 가격변동의 양상, 거래량 추세 등의 역사적 정보가 이미 반영되어 있기 때문에 가치에 대한 과거의 역사적 자료를 분석하더라도 정상 이상의 수익을 획득할 수 없는 시장이다.
준강성 효율적 시장	어떤 새로운 정보가 공표되는 즉시 시장가치에 반영되는 시장이다.
강성 효율적 시장	공표된 것이건 공표되지 않은 것이건 어떠한 정보든지 모두 시장가치에 반영되는 시장이다.
배분의 효율성	모든 자산의 가격이 모든 수요자와 공급자의 한계수익률을 일치시키도록 균형가격이 성립되고 이 가격이 경제 전체적으로 자원의 효율적 배분을 가능하게 하는 것이다. 즉, 부동산투자를 비롯한 다른 투자대안에 따르는 위험을 감안했을 때 부동산 투자수익률과 다른 투자수익률이 같도록 자금이 배분된 상태이다.
운영의 효율성	부동산시장이 제도적 운영 면에서 마찰을 가급적 줄여 거래 또는 자원의 이전이 원활하게 이루어지도록 하는 내부효율성이다.

Chapter 06	부동산시장의 분석에 대한 이해
부동산경기변동	부동산도 경제재의 하나로서 일반경기변동과 마찬가지로 일정기간을 주기로 하여 호황과 불황을 반복하면서 변화하는 것을 말한다.
순환적 경기변동	'경기순환'이라고 표현하는데 경제가 파형과 같이 상승운동과 하강운동을 반복하는 것이다.
계절적 경기변동	일 년을 단위로 하여 적어도 일 년에 한 번씩 주기적으로 나타나는 경기변동이다. 이는 계절적 속성과 그에 따른 사람들의 관습 때문에 나타나는 현상이다.
장기적 경기변동	장기적 변동은 시간에 초점을 맞춘 것으로 50년 또는 그 이상의 기간으로 장기적인 관점에서 측정되는 경기변동이다.
무작위적 경기변동	무작위적 변동이란 예상하지 못한 사건으로 인해 발생하는 비주기적인 경기변동이다. 지진·홍수·화재와 같은 자연재해에 의해 일어날 수 있고, 정부정책, 노동자들의 파업, 혁명, 전쟁 등에 의해서도 야기된다.
거미집모형	부동산의 가격변동과 관련해서 수요와 공급의 시차를 고려하여 균형의 변화과정을 동태적으로 분석한 모형으로서 에치켈(M. J. Eziekel)에 의해 고안되었다.

Chapter 06	부동산시장의 분석에 대한 이해
일반분석	일반경제사회에 있어 부동산의 이용상태 및 가격수준에 전반적으로 영향을 미치는 제반 요인을 분석하는 작업이다.
지역분석	대상 부동산이 속해 있는 지역의 범위를 확정하고 그 지역 내 부동산의 이용상태 및 가격수준형성에 영향을 미치는 지역요인의 분석을 통하여 지역의 특성과 장래동향, 대상 부동산이 속한 인근지역의 지역 내 상대적 위치를 파악함으로써 궁극적으로 표준적 이용과 가격수준을 파악하는 작업을 말한다.
인근지역	대상 부동산이 속한 지역으로서 부동산의 이용이 동질적이고 가치형성요인 중 지역요인을 공유하는 지역을 말한다.
경계설정	부동산은 개별성으로 인해 물리적 대체성이 인정되지 않으나 용도의 다양성으로 용도적, 기능적 측면의 동질성이 인정된다. 따라서 이러한 동질성이 인정되는 지역의 범위를 정하는 것을 인근지역의 '경계설정'이라고 한다.
유사지역	대상 부동산이 속하지 아니하는 지역으로서 인근지역과 유사한 특성을 갖는 지역을 말한다. 지리적 위치는 다르지만 용도적, 기능적 측면과 가치형성요인이 인근지역과 유사하여 상호 대체·경쟁관계의 지역을 말한다.
동일수급권	일반적으로 대상 부동산과 대체·경쟁관계가 성립하고 가치형성에 서로 영향을 미치는 관계에 있는 다른 부동산이 존재하는 권역으로 인근지역과 유사지역을 포함하는 광역적인 지역이다.
생애주기	어떤 지역이 새로 생성되어 물리적, 사회적, 경제적 기능을 다하기까지의 연한으로 생태학적 개념에서 착안한 것이다(토지이용의 계승이론). 지역변화의 단계와 이에 따른 사회적, 경제적인 영향은 토지이용의 형태와 경제적 가치에 결정적인 영향을 미치기 때문에 시계열적 흐름에 따른 지역의 상태를 판단하는 인근지역의 생애주기분석 작업은 매우 중요하다.
개별분석	지역분석에 의해 파악된 지역의 표준적 이용과 가격수준을 기준으로 부동산의 개별성에 근거하여 가격형성의 개별적 제 요인을 분석하여 최유효이용을 판정하고 구체적 가격에 영향을 미치는 정도를 분석하는 작업이다.
지역경제분석	특정지역이나 도시의 모든 부동산에 대한 기본적인 수요요인과 시장에 영향을 미치는 요인을 확인, 분석하고 예측하는 작업으로 거시적 시장분석의 한 부분이다.
시장분석	시장분석은 특정부동산에 대한 시장의 수요와 공급상황을 분석하는 것을 말하는데 이를 위해서 먼저 부동산의 종류와 용도를 결정하고 시장지역을 획정해야 한다.
시장성분석	시장성분석은 개발된 부동산이 현재나 미래의 시장상황에서 매매되거나 임대될 수 있는가 하는 가능성 또는 능력을 조사하는 것이다.
타당성분석	타당성분석이란 계획하고 있는 개발사업이 투하자본에 대한 투자자의 요구수익률을 확보할 수 있는지 여부를 파악하여 대상 개발사업이 성공적으로 수행될 수 있는 것인가를 분석하는 것이다.

투자분석	투자분석이란 위험과 수익의 상쇄관계 속에서 여러 가지 투자대안을 분석하여 받아들일 수 있는 위험수준에서 최고의 수익을 창출하는 대안을 선택하는 과정이다.
부지분석	크기와 모양, 지형, 편익시설, 접근성, 용도지역제 등 대상 부동산 자체를 분석하는 것이다.
입지분석	입지란 부동산이 점하고 있는 위치를 말하므로 입지분석이란 대상 부동산의 위치의 양부에 대하여 분석하는 것이다.
흡수분석	흡수분석이란 흡수율이나 흡수시간 등을 조사하여 부동산의 수요와 공급의 상황과 강도를 구체적으로 조사하고 분석하는 것을 말한다.
화폐시장	만기가 1년 미만인 금융상품이 거래되는 시장으로 기업의 운전자금에 충당할 단기자금이 조달되는 시장이다.
자본시장	사업의 창설, 확장, 개량 등 기업의 투자를 위하여 필요로 하는 자금의 조달이 이루어지는 시장으로 '장기금융시장'이라고도 한다.
금리	금리란 화폐에 대한 수요와 공급을 통해 결정되는 화폐의 가격이다.
4사분면모형	4사분면모형은 부동산시장을 자산시장과 공간시장으로 구분하고 이를 다시 단기시장과 장기시장으로 나누어 전체 부동산시장의 작동을 설명하는 모형이다.

Chapter 07	감정평가에 대한 이해
감정평가	토지 등의 경제적 가치를 판정하여 그 결과를 가액으로 표시하는 것이다.
직업윤리	감정평가법인 등이 그 직무를 수행함에 있어 관계법규에 의한 제 규정은 물론 그 외에도 자율적으로 준수하여야 할 전문직업인으로서의 행위규범이다.
경제기반분석	지역의 경제기반이 현재의 고용, 인구, 부동산가치에 어떤 영향을 미치고 있으며, 앞으로 어떻게 될 것인지 분석하는 것이다.
토지이용분석	토지에 대한 여러 가지 대안적 이용을 분석하여 어떤 용도가 최유효이용에 해당되는지 판단하는 것이다.
비용편익분석	여러 경제, 정책적 투자대안 가운데 목표달성에 가장 효과적인 대안을 찾기 위해 각 투자대안에 대해서 투입되는 비용과 산출되는 편익을 비교·분석하는 것이다.
타당성분석	계획하고 있는 개발사업이 투하자본에 대한 투자자의 요구수익률을 확보할 수 있는지 여부를 분석하는 것이다.
현금흐름분석	현금유입과 유출을 비교·분석하는 것으로 주로 세후현금흐름의 수익률 산정에 주로 활용된다.
컨설팅	부동산과 관련한 제반문제를 해결하기 위해 자료를 분석하고 합리적인 대안이나 결론을 제안하는 행위 또는 과정으로 정의된다.
평가검토	이미 작성된 감정평가서를 형식적인 측면과 내용적인 측면에서 정밀하게 확인하고 그 적정성을 검토하는 업무이다.

Chapter 07	감정평가에 대한 이해
단수평가	하나의 감정평가법인 등이 평가의 주체가 되어 수행하는 평가이다. 담보평가, 경매평가 등 사적평가에서 원칙적으로 적용된다.
복수평가	둘 이상의 감정평가법인 등이 평가의 주체가 되어 수행하는 평가이다. 둘 이상의 평가법인 등이 대등한 지위에서 행하므로 독립된 2개의 감정평가서와 평가결과가 성립한다.
현황평가	기준시점에서의 대상물건의 이용상황(불법적이거나 일시적 이용은 제외) 및 공법상 제한을 받는 상태를 기준으로 하는 평가이다.
조건부 평가	법령에 다른 규정이 있거나, 의뢰인이 요청하는 경우, 평가목적이나 대상의 특성에 비추어 사회통념상 필요하다고 인정되는 경우에 기준시점의 가치형성요인 등을 실제와 다르게 가정하거나 특수한 경우로 한정하는 조건을 붙여 감정평가하는 것이다.
기한부 평가	장래 도달이 확실한 일정시점을 기준으로 장래 일정시점에서의 상황을 상정하여 평가하는 것이다.
소급평가	과거의 일정시점을 기준으로 그 당시의 상황을 상정하여 평가하는 것이다. 보상평가와 관련한 이의재결평가, 행정사건, 민사사건과 형사사건과 같은 법적 분쟁 등에 적용된다.
개별평가	감정평가는 대상물건 개별로 해야 한다는 것이다. 부동산이 토지, 건물로 이원화되어 있는 우리나라 법률 및 행정체계에서 토지와 건물을 각각 독립된 개별물건으로 취급하고 개별평가를 원칙으로 삼고 있는 것이다.
일괄평가	둘 이상의 대상물건이 일체로 거래되거나 대상물건 상호 간에 용도상 불가분의 관계에 있는 경우에 일괄하여 평가하는 것이다.
구분평가	하나의 대상물건이라도 가치를 달리하는 부분은 구분하여 감정평가하는 것이다.
부분평가	일체로 이용되고 있는 대상물건의 일부분에 대하여 평가해야 할 특수한 목적이나 합리적인 이유가 있는 경우에 그 부분에 대하여 평가하는 것이다.
Chapter 08~09	감정평가의 절차, 감정평가서
기본적 사항의 확정	평가의 기초가 되는 제반 사항을 확정하는 단계로 의뢰서에 포함되어 확정되어야 할 사항들을 의뢰인과 협의하여 결정하는 절차이다.
대상물건의 확인	기본적 사항 확정단계에서 관념적이고 형식적으로 확정된 대상물건의 물리적 현황과 제 권리관계의 실제와의 부합 여부를 확인하는 작업이다.
물적 불일치	실지조사를 통해 확인한 결과와 평가의뢰 시 제시된 사항 및 공부와 차이가 나는 경우를 '물적 불일치'라고 한다.
감정평가서	제반 감정평가업무절차를 마치고 난 후 최종적인 평가결과를 의뢰인에게 보고하기 위하여 작성하는 보고서이다.

Chapter 10	감정평가의 방식
거래사례비교법	대상물건과 가치형성요인이 같거나 비슷한 물건의 거래사례와 비교하여 대상물건의 현황에 맞게 사정보정(事情補正), 시점수정, 가치형성요인 비교 등의 과정을 거쳐 대상물건의 가액을 산정하는 감정평가방법을 말한다.
임대사례비교법	대상물건과 가치형성요인이 같거나 비슷한 물건의 임대사례와 비교하여 대상물건의 현황에 맞게 사정보정, 시점수정, 가치형성요인 비교 등의 과정을 거쳐 대상물건의 임대료를 산정하는 감정평가방법을 말한다.
공시지가기준법	감정평가법 제3조 제1항에 따라 감정평가의 대상이 된 토지와 가치형성요인이 같거나 비슷하여 유사한 이용가치를 지닌다고 인정되는 표준지의 공시지가를 기준으로 대상토지의 현황에 맞게 시점수정, 지역요인 및 개별요인 비교, 그 밖의 요인의 보정을 거쳐 대상토지의 가액을 산정하는 감정평가방법을 말한다.
원가법	대상물건의 재조달원가에 감가수정(減價修正)을 하여 대상물건의 가액을 산정하는 감정평가방법을 말한다.
적산법	대상물건의 기초가액에 기대이율을 곱하여 산정된 기대수익에 대상물건을 계속하여 임대하는 데에 필요한 경비를 더하는 방식으로 대상물건의 임대료[(賃貸料), 사용료를 포함]를 산정하는 감정평가방법을 말한다.
수익환원법	대상물건이 장래 산출할 것으로 기대되는 순수익이나 미래의 현금흐름을 환원하거나 할인하여 대상물건의 가액을 산정하는 감정평가방법을 말한다.
수익분석법	일반기업 경영에 의하여 산출된 총수익을 분석하여 대상물건이 일정한 기간에 산출할 것으로 기대되는 순수익에 대상물건을 계속하여 임대하는 데에 필요한 경비를 더하여 대상물건의 임대료를 산정하는 감정평가방법을 말한다.
시산가액	대상물건의 최종적인 감정평가액을 결정하기 위해 각각의 감정평가방식에 따라 산정된 금액을 말한다.
시산가액의 조정	각 시산가액을 비교·분석하여 그들 사이에 존재하는 유사점과 차이점을 찾아내어 통일적이고 일관된 가액이 도출될 수 있도록 조화시키는 작업이라 할 수 있다.

각론

Chapter 01	거래사례비교법
배분법	거래사례비교법의 적용에 있어서 거래사례가 대상물건과 동일한 유형을 포함한 복합부동산으로 구성되어 있는 경우 대상물건과 동일한 유형의 부분만 배분, 공제함으로 사례자료로 선택하는 방법이다.
비율방식	복합부동산에 대하여 각 구성부분의 가격비율이 판명될 경우 해당 사례의 거래가격에 대상 부분과 동일한 유형의 가격구성비율을 곱하여 대상 부동산과 동일한 유형의 사례가격을 구하는 방법이다.
공제방식	복합부동산의 거래가격에서 대상 부동산과 다른 유형의 가격을 공제하여 대상 부동산과 동일한 유형의 가격만을 구하는 방법이다.
사정보정	거래사례에 특수한 사정이나 개별적 동기가 반영되어 있거나 거래당사자가 시장에 정통하지 않은 등 수집된 거래사례의 가격이 적절하지 못한 경우에 그러한 사정이 없었을 시의 가격수준으로 사례가격을 정상화하는 작업이다.
시점수정	거래사례의 거래시점과 대상물건의 기준시점이 불일치하여 가격수준의 변동이 있을 경우 거래사례의 가격을 기준시점의 가격수준으로 정상화하는 작업이다.
가치형성요인의 비교	거래사례와 대상물건 간에 종별, 유형별 특성에 따라 지역요인이나 개별요인 등 가치형성요인에 차이가 있는 경우에 이를 각각 비교하여 대상물건의 가치를 개별, 구체화하는 작업이다.

Chapter 02	공시지가기준법
비교표준지	비교표준지라 함은 공시지가 표준지 중에서 대상토지와 가치형성요인이 같거나 비슷하여 유사한 이용가치를 지닌다고 인정되어 대상토지의 감정평가 시에 비교기준으로 선정하는 표준지를 말한다.
그 밖의 요인	시점수정, 지역요인 및 개별요인의 비교 외에 대상토지의 가치에 영향을 미치는 요인이다.
그 밖의 요인 보정	일반적으로 시장가치와 격차를 보완하기 위하여 실무적으로 행하는 절차이다.

Chapter 03	원가법
재조달원가	대상물건을 기준시점에 재생산하거나 재취득하는 데 필요한 적정원가의 총액을 말한다.
복제원가	대상물건과 동일한 모양, 구조, 원자재, 노동의 질 등을 갖는 복제품을 기준시점 현재 새로 조달하는 데 소요되는 비용을 말한다.
대체원가	대상물건과 동일한 효용을 가지는 현대적 감각의 건물을 기준시점 현재 새로 재조달하는 데 소요되는 비용을 말한다.
총량조사법	원자재와 노동량 등 건축과 관련되는 모든 항목의 비용을 세세히 조사하여 재조달원가를 산정하는 방법이다.
구성단위법	건물을 바닥, 벽, 지붕 등과 같은 몇 개의 중요한 구성부분으로 나누고 각 구성부분별 측정단위에 단가를 곱하여 재조달원가를 산정하는 방법이다.
단위비교법	평방미터(㎡)나 입방미터(㎥)와 같은 총량적 단위를 기준으로 하여 총량적 단위에 단가를 곱하여 재조달원가를 산정하는 방법이다.
감가수정	감가수정이란 대상물건에 대한 재조달원가를 감액하여야 할 요인이 있는 경우에 물리적 감가, 기능적 감가 또는 경제적 감가 등을 고려하여 그에 해당하는 금액을 재조달원가에서 공제하여 기준시점에 있어서의 대상물건의 가액을 적정화하는 작업을 말한다.
물리적 감가	물리적 감가란 대상물건의 물리적 상태에 따른 가치의 손실로서 감가를 발생시키는 요인이다.
기능적 감가	기능적 감가란 대상물건의 기능적 효용이 퇴화함으로써 나타나는 가치의 손실이다.
경제적 감가	경제적 감가란 대상물건 자체가 아닌 외부의 부정적인 요인에 의해 발생하는 가치의 손실이다.
내용연수법	내용연수법은 대상물건의 내용연수를 바탕으로 감가수정을 하는 방법이다.
정액법	대상물건의 가치가 매년 일정액씩 감소한다는 가정하에 대상물건의 감가총액을 단순히 내용연수로 나누어 매년의 감가액을 산정하는 방법이다.
정률법	대상물건의 가치가 매년 일정비율로 감소한다는 가정하에 대상물건의 매년 말 가치에 일정한 비율을 곱하여 매년의 감가액을 산정하는 방법이다.
상환기금법	내용연수 만료 시에 기준시점의 상태와 동일한 가치를 갖는 물건을 재취득하기 위하여 매년의 감가액을 외부에 축적하고 그에 따른 복리이자도 발생하는 것을 전제로 내용연수 만료 시에 감가누계액 및 복리이자 상당액의 합계액이 감가총액과 같아지도록 매년 일정액을 감가하는 방법이다.
유효(경과) 연수법	대상물건에 대한 우발적인 사고에 의한 손상, 구조의 개량 및 증개축 등을 고려한 유효경과연수를 기준으로 감가수정하는 방법으로 내용연수는 고정이고 잔존내용연수에 따라 경과연수를 조정한다.
미래수명법	전체내용연수를 알 수 없으나 실제경과연수와 잔존내용연수를 모두 알 수 있는 경우에 사용하는 방법으로 실제경과연수와 잔존내용연수를 더하여 내용연수로 삼고 실제경과연수를 적용하여 감가수정하는 방법이다.

관찰감가법	감정평가 주체가 대상물건의 전체 또는 구성부분을 면밀히 관찰하여 물리적·기능적·경제적 감가요인을 분석하여 감가액을 직접 구하는 방법이다.
분해법	대상물건에 대한 감가의 유형을 물리적, 기능적, 경제적 감가로 세분한 후 이에 대한 감가액을 별도로 산정하고 이것들을 전부 합산하여 감가수정액을 산정하는 방법이다.

Chapter 04	수익환원법
복귀가액	대상물건의 보유기간 말 재매도가치에서 매도비용(중개수수료, 등기비용 등) 등을 차감하여 매도자가 얻게 되는 순매도액을 의미한다.
내부추계법	보유기간 말이나 기간 말 다음 해의 순수익을 적절한 환원율로 환원하여 가격을 구하는 방법이다.
외부추계법	부동산가격과 관련한 과거의 시계열적인 변화추세나 각종 거시경제변수와의 상관관계 등을 통해 기간 말 부동산의 가격을 추계하는 방법을 말한다.
환원율	한 해의 수익을 현재가치로 환산하기 위하여 사용되는 율이다.
할인율	여러 해의 수익을 현재가치로 환산하기 위하여 적용되는 율이다.
시장추출법	시장에서 직접 유사한 사례로부터 자본환원율을 추출하는 방법으로 대상 부동산과 유사한 최근의 거래사례와 수익사례로부터 자본환원율을 찾아내는 방법이다.
유효총수익승수에 의한 산정방법	순수익비율(또는 운영경비비율)과 유효총수익을 바탕으로 한 유효총수익승수를 사용하여 자본환원율을 구하는 방법이다.
요소구성법 (조성법)	대상 부동산에 관한 위험을 여러 가지 구성요소로 분해하고 개별적인 위험에 따라 위험할증률을 산정하고 무위험률에 더함으로써 자본환원율을 구하는 방법이다.
투자결합법	대상 부동산에 대한 투자자본의 구성비율과 각 투자자본의 자본환원율을 결합하여 자본환원율을 구하는 방법이다.
ELLWOOD법	투자자의 전형적인 보유기간을 가정한 후, 매 기간 동안의 세전현금흐름, 보유기간 동안의 지분형성분, 보유기간 동안의 부동산가치 상승, 하락 등의 세 가지 요소가 자본환원율에 미치는 영향을 고려하여 자본환원율을 구하는 방법이다.
부채감당법	저당투자자의 입장에서 부채감당률에 근거하여 자본환원율을 구하는 방법이다.
설문조사법	시장에서 직접 참여하고 있는 투자자, 참여할 의사를 지니고 있는 잠재적 투자자 또는 투자와 관련된 전문적인 서비스를 제공하는 전문가 등을 대상으로 한 설문조사를 통해 자본환원율을 산정하는 방법이다.
직접환원법	직접환원법은 단일기간의 순수익을 적절한 환원율로 환원하는 방법으로 전통적인 직접환원법과 잔여환원법으로 구분한다. 전통적인 직접환원법은 직접법, 직선법, 상환기금법, 연금법 등으로 세분되며, 잔여환원법은 토지잔여법, 건물잔여법, 부동산잔여법 등으로 세분된다.
할인현금흐름 분석법(DCF)	할인현금흐름분석법(discounted cash flow method : DCF법)은 미래의 현금흐름과 보유기간 말의 복귀가액에 적절한 할인율을 적용하여 현재가치로 할인한 후 대상물건의 수익가액을 산정하는 방법이다.
잔여환원법	부동산에서 발생하는 순수익을 구성요소에 따라 분리할 수 있다는 가정에 따라 각각의 구성요소에 대한 수익가치를 산정하는 방법이다.

Chapter 05	3방식의 확장 및 응용
회귀분석법	통계적 관점에서 독립변수와 종속변수 사이의 상호관계성을 찾아 이를 일반화시키는 계량적 분석기법이다.
노선가식 평가법	특정한 가로에 접하고 있는 접근성이 유사한 일단지를 선정하여 이를 바탕으로 표준획지와 노선가를 정한 후 이를 기초로 다른 획지의 가격을 깊이, 토지형태, 가로 등에 따른 보정을 가하여 평가하는 방법이다.
가산방식	소지가액에 개발비용을 더하여 조성택지의 가치를 평가하는 방법이다.
공제방식	분양예정가격에서 개발비용을 뺌으로써 택지예정지의 가치를 평가하는 방법이다.
개발법	대상획지를 개발하였을 때 예상되는 분양예정가격의 현재가치에서 개발비용의 현재가치를 뺌으로써 가치를 평가하는 방법이다.
총수익승수법	시장에서 구한 총수익승수를 대상 부동산의 총수익에 곱하여 대상 부동산의 가치를 구하는 방법으로 총수익과 가치의 상관관계를 통해 부동산의 가치에 접근하고자 하는 방법이다.
실물옵션	실물옵션 방법론은 이러한 사업의 변동성을 핵심변수로 감안하여 유연하고 동적인 투자전략을 평가해주는 방법론이라고 할 수 있다.
CVM	비시장재화의 가치평가방법으로 비시장재화에 대한 가상적인 상황을 설정하고 그 상황에서 선택가능한 가상가격에 대한 설문조사를 통해 해당 재화의 가치를 평가하는 방법이다.
장기추세법	통계적인 방법인 시간서열분석과 회귀분석을 통해 미래를 예측하여 부동산의 미래가치를 추정하는 방법이다.
토지생태안전 평가법	생태환경의 가치가 전 지구적 관점에서 중요하게 부각되면서 대두된 방법으로 토지생태안전의 가치를 평가하는 방법이다.

Chapter 06	임대차평가
임대차	당사자의 일방이 상대방에 대하여 어떤 물건의 사용 및 수익을 허락하고 상대방은 이에 대해서 대가를 지불할 것을 약정하는 것에 의해 성립되는 계약이다.
임대료	부동산임대차에 의한 특정 공간의 사용·수익에 대한 대가로 지불되는 경제적 대가의 총칭이다.
실질임대료	종류 여하를 불문하고 임차인이 대상 부동산을 사용·수익함에 따라 실질적으로 부담하게 되는 모든 종류의 경제적 대가이다.
임대권	임대차계약에 있어서 소유자가 계약의 일방 당사자로서 대상 부동산에 대해 가지는 법적인 권리이다.
임차권	임대차계약에 있어서 임차인이 계약의 일방 당사자로서 대상 부동산에 대해 가지는 법적인 권리이다.

법령기준

ㄱ		
가격	교환거래에서 매수자와 매도자가 상호 합의한 거래금액	실무기준 해설서
가격자료	거래사례, 조성사례, 임대사례, 수익자료, 시장자료 등 토지의 가액결정에 참고가 되는 자료	실무기준
가치형성요인	"가치형성요인"이란 대상 물건의 경제적 가치에 영향을 미치는 일반요인, 지역요인 및 개별요인 등을 말한다.	감칙 /실무기준
가액	정상적인 거래에서 거래자산에 화폐로 지불될 수 있는 금액을 표시한 것으로 사물이 지니고 있는 가치를 의미하거나 매매의 목적으로 주고받는 대가	실무기준 해설서
가치	장래 기대되는 편익을 현재가치로 환원한 값	실무기준 해설서
가치형성요인의 비교	거래사례와 대상물건 간에 종별·유형별 특성에 따라 지역요인이나 개별요인 등 가치형성요인에 차이가 있는 경우 이를 각각 비교하여 대상물건의 가치를 개별화·구체화하는 작업	실무기준
감가수정	대상물건에 대한 재조달원가를 감액하여야 할 요인이 있는 경우에 물리적 감가, 기능적 감가 또는 경제적 감가 등을 고려하여 그에 해당하는 금액을 재조달원가에서 공제하여 기준시점에 있어서의 대상물건의 가액을 적정화하는 작업	감칙
감정평가	토지 등의 경제적 가치를 판정하여 그 결과를 가액으로 표시하는 것	감정평가법
감정평가 관계법규	「감정평가 및 감정평가사에 관한 법률」, 같은 법 시행령 및 시행규칙,「감정평가에 관한 규칙」 및 감정평가에 관한 사항을 규정하고 있는 다른 법령 등	실무기준
감정평가목적	감정평가서의 사용목적	감칙 별지
감정평가방법의 선정 및 적용	대상물건의 특성이나 감정평가목적 등에 따라 적절한 하나 이상의 감정평가방법을 선정하고, 그 방법에 따라 가치형성요인분석 결과 등을 토대로 시산가액을 산정하는 절차	실무기준
감정평가액의 결정 및 표시	감정평가방법의 적용을 통하여 산정된 시산가액을 합리적으로 조정하여 대상물건이 갖는 구체적인 가치를 최종적으로 결정하고 감정평가서에 그 가액을 표시하는 절차	실무기준
감정평가업	타인의 의뢰에 따라 일정한 보수를 받고 토지 등의 감정평가를 업으로 행하는 것	감정평가법
감정평가법인 등	제21조에 따라 사무소를 개설한 감정평가사와 제29조에 따라 인가를 받은 감정평가법인을 말한다.	감정평가법

감정평가조건	기준시점의 가치형성요인 등을 실제와 다르게 가정하거나 특수한 경우로 한정하는 조건	감칙
개발이익	공익사업의 계획 또는 시행이 공고 또는 고시되거나 공익사업의 시행 기타 공익사업의 시행에 따른 절차로서 행하여진 토지이용계획의 설정·변경·해제 등으로 인하여 토지소유자가 자기의 노력에 관계없이 지가가 상승되어 현저하게 받은 이익으로서 정상지가 상승분을 초과하여 증가된 부분	표준지공시지가조사·평가기준
개별공시지가	시장·군수 또는 구청장이 결정·공시한 국세·지방세 등 각종세금의 부과, 그 밖의 다른 법령에서 정하는 목적을 위한 지가산정에 사용되도록 하기 위하여 제25조에 따른 시·군·구 부동산가격공시위원회의 심의를 거쳐 매년공시지가의 공시기준일 현재 관할구역 안의 개별토지의 단위면적당 가격	부동산 공시법
개별요인	대상물건의 구체적 가치에 영향을 미치는 대상물건의 고유한 개별적 요인	실무기준
거래사례비교법	대상물건과 가치형성요인이 같거나 비슷한 물건의 거래사례와 비교하여 대상물건의 현황에 맞게 사정보정, 시점수정, 가치형성요인 비교 등의 과정을 거쳐 대상물건의 가액을 산정하는 감정평가방법	감칙
건물	토지에 정착하는 공작물 중 지붕과 기둥 또는 벽이 있는 것과 이에 부수되는 시설물, 지하 또는 고가의 공작물에 설치하는 사무소, 공연장, 점포, 차고, 창고, 그 밖에 「건축법」 시행령으로 정하는 것	실무기준
건물의 대지	전유부분이 속하는 1동의 건물이 있는 토지 및 규약에 따라 건물의 대지로 된 토지	집합건물법
건설기계	건설공사에 사용할 수 있는 기계	실무기준
건축물 등	건축물·입목·공작물 그 밖에 토지에 정착한 물건	실무기준
결합건축	건축법 제77조의15 제1항 각 호의 어느 하나에 해당하는 지역에서 대지 간의 최단거리가 100미터 이내의 범위에서 대통령령으로 정하는 범위에 있는 2개의 대지의 건축주가 서로 합의한 경우 제56조에 따른 용적률을 개별대지마다 적용하지 아니하고, 2개의 대지를 대상으로 통합 적용하여 건축물을 건축	건축법
경매평가	해당 집행법원(경매사건의 관할 법원)이 경매의 대상이 되는 물건의 경매에서 최저매각가격(물건의 매각을 허가하는 최저가격)을 결정하기 위해 의뢰하는 감정평가	실무기준
경제적 감가요인	인근지역의 경제적 상태, 주위환경, 시장상황 등 대상물건의 가치에 영향을 미치는 경제적 요소들의 변화에 따른 감가요인	실무기준
공공용지	도시기반시설의 설치에 이용하는 토지 및 주민의 생활에 필요한 시설의 설치를 위한 토지	실무기준 해설서
공동주택	「주택법」 제2조 제3호에 따른 공동주택	부동산 공시법

공시지가기준법	감정평가의 대상이 된 토지(대상 토지)와 가치형성요인이 같거나 비슷하여 유사한 이용가치를 지닌다고 인정되는 표준지(비교표준지)의 공시지가를 기준으로 대상토지의 현황에 맞게 시점수정, 지역요인 및 개별요인비교, 그 밖의 요인의 보정을 거쳐 대상토지의 가액을 산정하는 감정평가방법	감칙
공용부분	전유부분 외의 건물부분, 전유부분에 속하지 아니하는 건물의 부속물 및 공용부분으로 된 부속의 건물	집합건물법
공유	물건의 지분에 의하여 수인의 소유로 귀속되고 있는 공동소유의 형태	실무기준 해설서
공유지분토지	하나의 토지를 2인 이상의 다수인이 공동으로 소유하고 각 공유자가 지분을 가지고 있는 토지	실무기준 해설서
공익사업 시행지구	토지보상법 규정에 의한 공익사업이 시행되는 지역	실무기준 해설서
공장재단	영업을 하기 위하여 물품제조·가공 등의 목적에 사용하는 일단의 기업용 재산(공장)으로서, 「공장 및 광업재단저당법」에 따라 소유권과 저당권의 목적이 되는 것	실무기준
공정가치	한국채택국제회계기준에 따라 자산 및 부채의 가치를 추정하기 위한 기본적 가치기준으로서 합리적인 판단력과 거래의사가 있는 독립된 당사자 사이의 거래에서 자산이 교환되거나 부채가 결제될 수 있는 금액	실무기준
과수원	집단적으로 재배하는 사과·배·밤·호도·귤나무 등 과수류 및 그 토지와 이에 접속된 저장고 등 부속시설물의 부지(주거용건물이 있는 부지는 제외)	실무기준
과잉유휴시설	해당 공장에 설치되어 있거나 보유하고 있는 시설 중에서 공장의 운영에 직접적으로 이용되지 않거나 가까운 장래에도 이용될 가능성이 없는 시설 등	실무기준 해설서
광업권	「광업법」에 따른 등록을 한 일정한 토지의 구역(광구)에서 등록을 한 광물과 이와 같은 광산에 묻혀 있는 다른 광물을 탐사·채굴 및 취득하는 권리	실무기준
광업재단	광업권과 광업권을 바탕으로 광물을 채굴·취득하기 위한 각종 설비 및 이에 부속하는 사업의 설비로 구성되는 일단의 기업재산(광산)으로서, 「공장 및 광업재단 저당법」에 따라 소유권과 저당권의 목적이 되는 것	실무기준
구분감정평가	하나의 대상물건이라도 가치를 달리하는 부분이 있는 경우에는 각각의 감정평가액을 별도로 산정하는 것	실무기준
구분건물	1동의 건물 중 구조상 구분된 여러 개의 부분이 독립한 건물로서 사용될 수 있을 때에는 그 각 건물부분	집합건물법
구분소유부동산	「집합건물의 소유 및 관리에 관한 법률」에 따라 구분소유권의 대상이 되는 건물부분과 그 대지사용권	실무기준

구분소유권	구분건물 또는 구분점포(공용부분으로 된 것은 제외)를 목적으로 하는 소유권	집합건물법
구분점포	1동의 건물이 일정한 방식으로 여러 개의 건물부분으로 이용상 구분된 경우에 그 건물부분	집합건물법
국·공유재산의 처분	정비사업을 목적으로 우선 매각하는 국·공유재산의 처분	실무기준
권리금	임대차 목적물인 상가건물에서 영업을 하는 자 또는 영업을 하려는 자가 영업시설·비품, 거래처, 신용, 영업상의 노하우, 상가건물의 위치에 따른 영업상의 이점 등 유형·무형의 재산적 가치의 양도 또는 이용대가로서 임대인, 임차인에게 보증금과 차임 이외에 지급하는 금전 등의 대가	실무기준
그 밖의 요인	시점수정, 지역요인 및 개별요인의 비교 외에 대상토지의 가치에 영향을 미치는 요인	실무기준 해설서
기능적 감가요인	대상물건의 기능적 효용 변화에 따른 감가요인	실무기준
기대이율	기초가액에 대하여 기대되는 임대수익의 비율	실무기준
기본적 사항의 확정	의뢰인, 대상물건, 감정평가목적, 기준시점, 감정평가조건, 기준가치, 관련 전문가에 대한 자문 또는 용역(자문 등에 관한 사항), 감정평가수수료 및 실비의 청구와 지급에 관한 사항 등을 의뢰인과 협의하여 결정하는 절차	실무기준
기업가치	해당 기업체가 보유하고 있는 유·무형의 자산 가치를 말하며 자기자본가치(주식가치)와 타인자본가치(부채가치)로 구성	실무기준
기준가치	감정평가의 기준이 되는 가치	감칙
기준시점	대상물건의 감정평가액을 결정하는 기준이 되는 날짜	감칙
기초가액	적산법으로 감정평가 하는 데 기초가 되는 대상 물건의 가치	실무기준
ㄴ		
나지	토지에 건물 기타의 정착물이 없고 지상권 등 토지의 사용·수익을 제한하는 사법상의 권리가 설정되어 있지 아니한 토지	표준지공시 지가조사· 평가기준
나지	토지에 건축물 등이 없는 토지	구)(현 삭제) 실무기준
농지	법적 지목 여하를 불문하고 실제의 토지현황이 농경지 또는 다년생 식물 재배지로 이용되는 토지와 그 개량시설의 부지	실무기준 해설서
ㄷ		
다세대주택	주택으로 쓰이는 1개 동의 연면적(지하주차장면적 제외)이 660제곱미터 이하이고, 층수가 4개층 이하인 주택	구)(현 삭제) 부동산 공시법

단독주택	공동주택을 제외한 주택	부동산 공시법
담보평가	담보를 제공받고 대출 등을 하는 은행·보험회사·신탁회사·일반 기업체 등(금융기관 등)이 대출을 하거나 채무자(담보를 제공하고 대출 등을 받아 채무상환의 의무를 지는 자)가 대출을 받기 위하여 의뢰하는 담보물건(채무자로부터 담보로 제공받는 물건)에 대한 감정평가	실무기준
대상물건의 확인	사전조사 및 실지조사의 절차를 말하며, 대상물건을 감정평가할 때에는 실지조사를 하기 전에 사전조사를 통해 필요한 사항을 조사함	실무기준
대지권	대지사용권으로서 건물과 분리하여 처분할 수 없는 것	부동산 등기법
대지사용권	구분소유자가 전유부분을 소유하기 위하여 건물의 대지에 대하여 가지는 권리	집합건물법
도시정비평가	「도시 및 주거환경정비법」(도시정비법)에 따른 정비사업과 관련된 감정평가	실무기준
동산	상품, 원재료, 반제품, 재공품, 제품, 생산품 등 부동산 이외의 물건	실무기준
동일수급권	대상 부동산과 대체·경쟁관계가 성립하고 가치형성에 서로 영향을 미치는 관계에 있는 다른 부동산이 존재하는 권역을 말하며 인근지역과 유사지역을 포함	감칙
디자인권	「디자인보호법」에 따라 디자인 등에 관하여 독점적으로 이용할 수 있는 권리	실무기준
ㄹ		
리모델링	건축물의 노후화를 억제하거나 기능 향상 등을 위하여 대수선하거나 일부 증축하는 행위	건축법
리츠	Real Estate Investment Trusts의 약자로 부동산 투자신탁이라는 뜻. 소액투자자들로부터 자금을 모아 부동산이나 부동산 관련 대출에 투자하여 발생한 수익을 투자자에게 배당하는 회사나 투자신탁	두산백과
ㅁ		
맹지	지적도상 공로에 접한 부분이 없는 토지	실무기준 해설서
무허가 건축물 등	「건축법」 등 관련 법령에 의하여 허가를 받거나 신고를 하고 건축 또는 용도변경을 하여야 하는 건축물을 허가를 받지 아니하거나 신고를 하지 아니하고 건축 또는 용도변경한 건축물	실무기준
무형재산 (권리금)	영업을 하는 자 또는 영업을 하려고 하는 자가 영업활동에 사용하는 거래처, 신용, 영업상의 노하우, 건물의 위치에 따른 영업상의 이점 등 물리적·구체적 형태를 갖추지 않은 재산	실무기준

용어	정의	출처
물리적 감가요인	대상물건의 물리적 상태 변화에 따른 감가요인	실무기준
물적 불일치	실지조사를 통해 확인한 결과와 평가의뢰 시 제시된 사항 및 공부와 차이가 나는 경우	실무기준 해설서
미지급용지	종전에 시행된 공익사업의 부지로서 보상금이 지급되지 아니한 토지	실무기준
ㅂ		
복합부동산	토지와 건물이 결합되어 구성된 부동산	실무기준 해설서
부분감정평가	일체로 이용되고 있는 대상물건의 일부분에 대하여 감정평가하여야 할 특수한 목적이나 합리적인 이유가 있는 경우 그 부분의 감정평가액을 산정하는 것	실무기준
불법형질 변경토지	「국토의 계획 및 이용에 관한 법률」 등 관련 법령에 따라 허가를 받거나 신고를 하고 형질변경을 하여야 하는 토지를 허가를 받지 아니하거나 신고를 하지 아니하고 형질변경한 토지	실무기준
비교방식	거래사례비교법, 임대사례비교법 등 시장성의 원리에 기초한 감정평가방식 및 공시지가기준법	감칙
비상장주식	주권비상장법인의 주권	실무기준
비주거용 부동산	주택을 제외한 건축물이나 건축물과 그 토지의 전부 또는 일부를 말하며 비주거용 집합부동산과 비주거용 일반부동산으로 구분	부동산 공시법
비주거용 집합부동산	「집합건물의 소유 및 관리에 관한 법률」에 따라 구분소유되는 비주거용 부동산	부동산 공시법
비주거용 일반부동산	비주거용 집합부동산을 제외한 비주거용 부동산	부동산 공시법
비준가액	거래사례비교법에 따라 산정된 가액	실무기준
비준임료	임대사례비교법에 따라 산정된 임대료	실무기준
ㅅ		
사실상의 사도	「사도법」에 따른 사도 외의 도로로서, 도로개설당시의 토지소유자가 자기토지의 편익을 위하여 스스로 설치한 도로 등 일정한 도로	실무기준
사전조사	실지조사 전에 감정평가 관련 구비서류의 완비여부 등을 확인하고, 대상물건의 공부 등을 통해 토지 등의 물리적 조건, 권리상태, 위치, 면적 및 공법상의 제한내용과 그 제한정도 등을 조사하는 절차	실무기준
사정보정	거래사례에 특수한 사정이나 개별적 동기가 반영되어 있거나 거래 당사자가 시장에 정통하지 않은 등 수집된 거래사례의 가격이 적절하지 못한 경우 그러한 사정이 없었을 경우의 적절한 가격수준으로 정상화하는 작업	실무기준

상장주식	「자본시장과 금융투자업에 관한 법률」에서 정하는 증권상장규정에 따라 증권시장에 상장된 증권 중 주권	실무기준
상표권	「상표법」에 따라 지정상품에 등록된 상표를 독점적으로 사용할 수 있는 권리	실무기준
생산자 물가상승률	「한국은행법」에 따라 한국은행이 조사·발표하는 생산자물가지수에 따라 산정된 비율	실무기준 해설서
선박	수상 또는 수중에서 항행용으로 사용하거나 사용할 수 있는 배 종류	실무기준
소음 등으로 인한 대상물건의 가치하락분	장기간 지속적으로 발생하는 소음·진동·일조 침해 또는 환경오염 등(소음 등)으로 대상물건에 직접적 또는 간접적인 피해가 발생하여 대상물건의 객관적 가치가 하락한 경우 소음 등의 발생 전과 비교한 가치하락분	실무기준
수익가액	수익환원법에 따라 산정된 가액	실무기준
수익방식	수익환원법, 수익분석법 등 수익성의 원리에 기초한 감정평가방식	감칙
수익분석법	일반 기업경영에 의하여 산출된 총수익을 분석하여 대상물건이 일정한 기간에 산출할 것으로 기대되는 순수익에 대상물건을 계속하여 임대하는 데에 필요한 경비를 더하여 대상물건의 임대료를 산정하는 방법	감칙
수익임료	수익분석법에 따라 산정된 임대료	실무기준
수익환원법	대상물건이 장래 산출할 것으로 기대되는 순수익이나 미래의 현금흐름을 환원하거나 할인하여 대상물건의 가액을 산정하는 감정평가방법	감칙
순수익 (수익분석법)	대상물건의 총수익에서 그 수익을 발생시키는 데 드는 경비를 공제하여 산정한 금액(매출원가, 판매비 및 일반관리비, 정상운전자금이자, 그 밖에 생산요소 귀속 수익 포함)	실무기준
순수익 (수익환원법)	대상물건에 귀속하는 적절한 수익으로서 유효총수익에서 운영경비를 공제하여 산정한 금액	실무기준
시산가액	대상물건의 감정평가액을 결정하기 위하여 어느 하나의 감정평가방법을 적용하여 산정한 가액	감칙
시산가액 조정	감정평가목적, 대상물건의 특성, 수집한 자료의 신뢰성, 시장상황 등을 종합적으로 고려하여 각 시산가액에 적절한 가중치를 부여하여 감정평가액을 결정하는 절차	실무기준
시장가치	감정평가의 대상이 되는 토지 등(대상물건)이 통상적인 시장에서 충분한 기간 동안 거래를 위하여 공개된 후 그 대상물건의 내용에 정통한 당사자 사이에 신중하고 자발적인 거래가 있을 경우 성립될 가능성이 가장 높다고 인정되는 대상물건의 가액	감칙

시점수정	거래사례의 거래시점과 대상물건의 기준시점이 불일치하여 가격수준의 변동이 있을 경우에는 거래사례의 가격을 기준시점의 가격수준으로 수정하는 작업	실무기준
실용신안권	「실용신안법」에 따라 실용적인 고안 등에 관하여 독점적으로 이용할 수 있는 권리	실무기준
실지조사	대상물건이 있는 곳에서 대상물건의 현황 등을 직접 확인하는 절차	실무기준
○		
아파트	주택으로 쓰이는 층수가 5개층 이상인 주택	구)(현 삭제) 부동산 공시법
어업권	「수산업법」 및 「내수면어업법」에 따라 면허를 받아 배타적으로 어업을 경영할 수 있는 권리	실무기준
연립주택	주택으로 쓰이는 1개동의 연면적(지하주차장면적 제외)이 660제곱미터를 초과하고, 층수가 4개층 이하인 주택	구)(현 삭제) 부동산 공시법
염전	소금을 생산·제조하기 위하여 바닷물을 저장하는 저수지, 바닷물을 농축하는 자연증발지, 소금을 결정시키는 결정지 등을 지닌 지면(해주·소금창고, 용수로 및 배수로)	실무기준
영업권	대상기업이 경영상의 유리한 관계 등 배타적 영리 기회를 보유하여 같은 업종의 다른 기업들에 비하여 초과수익을 확보할 수 있는 능력으로서 경제적 가치가 있다고 인정되는 권리	실무기준
예정지(후보지)	인근지역의 주위환경 등으로 보아 현재의 용도에서 장래 택지 등 다른 용도로의 전환이 객관적으로 예상되는 토지로서 용도별 분류에 따른 유형 간의 변화가 일어나는 토지	실무기준 해설서
용도상 불가분의 관계	일단지로 이용되고 있는 상황이 사회적·경제적·행정적 측면에서 합리적이고 당해 토지의 가치형성 측면에서도 타당하다고 인정되는 관계에 있는 경우	표준지공시 지가조사· 평가기준
용도지대	토지의 실제용도에 따른 구분으로서 국토계획법상의 용도지역·지구·구역 등(용도지역 등)에도 불구하고 토지의 지역적 특성이 같거나 비슷한 지역의 일단	구)(현 삭제) 실무기준
원가방식	원가법, 적산법 등 비용성의 원리에 기초한 감정평가방식	감칙
원가법	대상물건의 재조달원가에 감가수정을 하여 대상물건의 가액을 산정하는 감정평가방법	감칙
유사지역	대상 부동산이 속하지 아니하는 지역으로서 인근지역과 유사한 특성을 갖는 지역	감칙

유형재산 (권리금)	영업을 하는 자 또는 영업을 하려고 하는 자가 영업활동에 사용하는 영업시설, 비품, 재고자산 등 물리적·구체적 형태를 갖춘 재산	실무기준
이행지	대분류 내의 세분된 용도에서 다른 세분된 종류로 바뀌는 토지	실무기준 해설서
인근지역	감정평가의 대상이 된 부동산(대상 부동산)이 속한 지역으로서 부동산의 이용이 동질적이고 가치형성요인 중 지역요인을 공유하는 지역	감칙
일괄감정평가	둘 이상의 대상물건이 일체로 거래되거나 대상물건 상호 간에 용도상 불가분의 관계가 있는 경우에 둘 이상의 대상물건에 대하여 하나의 감정평가액을 산정하는 것	실무기준
일단지	용도상 불가분의 관계에 있는 2필지 이상의 일단의 토지	표준지공시지가조사·평가기준
일반요인	대상물건이 속한 전체사회에서 대상물건의 이용과 가격수준형성에 전반적으로 영향을 미치는 일반적인 요인	실무기준
일시적인 이용상황	관련 법령에 따라 국가나 지방자치단체의 계획이나 명령 등으로 부동산을 본래의 용도로 이용하는 것이 일시적으로 금지되거나 제한되어 다른 용도로 이용하고 있거나 부동산의 주위환경 등으로 보아 현재의 이용이 임시적인 것으로 인정되는 이용상황	실무기준/ 토지보상법 시행령
임대료 (사용료 포함)	임대차 계약에 기초한 대상물건의 사용대가로서 지급하는 금액	실무기준
임대사례비교법	대상물건과 가치형성요인이 같거나 비슷한 물건의 임대사례와 비교하여 대상물건의 현황에 맞게 사정보정, 시점수정, 가치형성요인비교 등의 과정을 거쳐 대상물건의 임대료를 산정하는 감정평가방법	감칙
임지	입목 등이 집단적으로 생육되고 있는 토지	실무기준 해설서
입체이용저해율	토지의 지상 또는 지하공간(지상공간 등)의 사용으로 인하여 해당 토지의 이용이 저해되는 정도에 따른 적절한 율	실무기준
ㅈ		
자동차	원동기에 의하여 육상에서 이동할 목적으로 제작한 용구 또는 이에 견인되어 육상을 이동할 목적으로 제작한 용구	실무기준
자료검토 및 가치형성요인의 분석	자료의 신뢰성·충실성 등을 검증하고 가치형성요인을 분석하는 절차	실무기준
자료수집 및 정리	대상물건의 물적사항·권리관계·이용상황에 대한 분석 및 감정평가액산정을 위해 필요한 확인자료·요인자료·사례자료 등을 수집하고 정리하는 절차	실무기준

재개발사업	정비기반시설이 열악하고 노후·불량건축물이 밀집한 지역에서 주거환경을 개선하거나 상업지역·공업지역 등에서 도시기능의 회복 및 상권활성화 등을 위하여 도시환경을 개선하기 위한 사업	도시정비법
재건축사업	정비기반시설은 양호하나 노후·불량건축물에 해당하는 공동주택이 밀집한 지역에서 주거환경을 개선하기 위한 사업	도시정비법
재무보고평가	「주식회사의 외부감사에 관한 법률」 제13조 제3항의 회계처리기준에 따른 재무보고를 목적으로 하는 공정가치의 추정을 위한 감정평가	실무기준
재조달원가	① 대상물건을 기준시점에 재생산하거나 재취득하는 데 필요한 적정원가의 총액 ② 대상물건을 일반적인 방법으로 생산하거나 취득하는 데 드는 비용 ③ 제세공과금 등과 같은 일반적인 부대비용을 포함	실무기준
저작권	「저작권법」 제4조의 저작물에 대하여 저작자가 가지는 권리	실무기준
적산가액	원가법에 따라 산정된 가액	실무기준
적산법	대상물건의 기초가액에 기대이율을 곱하여 산정된 기대수익에 대상물건을 계속하여 임대하는 데에 필요한 경비를 더하여 대상물건의 임대료(사용료 포함)를 산정하는 감정평가방법	감칙
적산임료	적산법에 따라 산정한 임대료	실무기준
적정가격	토지, 주택 및 비주거용부동산에 대하여 통상적인 시장에서 정상적인 거래가 이루어지는 경우 성립될 가능성이 가장 높다고 인정되는 가격	부동산 공시법
적정한 실거래가	「부동산거래신고에 관한 법률」에 따라 신고된 실제거래가격(거래가격)으로서 거래시점이 도시지역은 3년 이내, 그 밖의 지역은 5년 이내인 거래가격 중에서 감정평가업자가 인근지역의 지가수준 등을 고려하여 감정평가의 기준으로 적용하기에 적정하다고 판단하는 거래가격	감칙
전유부분	구분소유권의 목적인 건물부분	집합건물법
전환율	임대형태에 있어서 월세조건을 전세조건으로 변경하는 경우에 적용되는 이율	공동주택조사 산정지침
정비구역	정비사업을 계획적으로 시행하기 위하여 지정·고시된 구역	도시정비법
정비사업	도시기능을 회복하기 위하여 정비구역에서 정비기반시설을 정비하거나 주택 등 건축물을 개량 또는 건설하는 다음 각 목의 사업	도시정비법
제시 외 건물 등	종물과 부합물을 제외하고 의뢰인이 제시하지 않은 지상 정착물	실무기준 해설서
제시 외 건물 등이 있는 토지	감정평가를 의뢰하는 자(의뢰인)가 의뢰하지 않은 건물·구축물 등 지상 정착물이 있는 토지	실무기준
종전자산	종전의 토지나 건물	실무기준
종후자산	분양예정인 대지나 건물	실무기준

주택	세대의 구성원이 장기간 독립된 주거생활을 할 수 있는 구조로 된 건축물의 전부 또는 일부 및 그 부속토지	주택법
지식재산권	특허권·실용신안권·디자인권·상표권 등 산업재산권 또는 저작권 등 지적창작물에 부여된 재산권에 준하는 권리	실무기준
지역요인	대상물건이 속한 지역의 가격수준 형성에 영향을 미치는 자연적·사회적·경제적·행정적 요인	실무기준
지역분석	지역의 지가수준에 전반적인 영향을 미치는 가격형성요인을 일정한 지역 범위별로 조사·분석함으로써 지역 내 토지의 표준적인 이용과 지가수준 및 그 변동추이를 판정하는 것	표준지선정 관리지침
직접환원법	단일 기간의 순수익을 적절한 환원율로 환원하여 대상물건의 가액을 산정하는 방법	실무기준
ㅊ		
채권	국채증권, 지방채증권, 특수채증권, 사채권, 기업어음증권 그 밖에 이와 비슷한 것으로서 지급청구권이 표시된 것	실무기준
처리계획의 수립	대상물건의 확인에서 감정평가액의 결정 및 표시에 이르기까지 일련의 작업과정에 대한 계획을 수립하는 절차	실무기준
최유효이용	객관적으로 보아 양식과 통상의 이용능력을 가진 사람이 부동산을 합법적이고 합리적이며 최고·최선의 방법으로 이용하는 것	실무기준
ㅌ		
택지	주택, 점포, 공장 기타 여러 가지 건물 및 구축물의 부지로 쓰이고 있거나 쓰일 것이 사회적·경제적·행정적으로 합리적이라고 인정되는 토지	실무기준 해설서
토지	소유권의 대상이 되는 땅으로서 지하·공중 등 정당한 이익이 있는 범위에서 그 상하를 포함	실무기준
토지 등	토지 및 그 정착물, 동산 그 밖에 대통령령으로 정하는 재산과 이들에 관한 소유권 외의 권리	감정평가법
토지 등의 수용 등	토지·물건이나 그 밖의 권리를 수용하거나 사용하는 것	실무기준
특수토지	토지용도가 특수하고 거래사례가 희소하여 시장가치의 측정이 어려운 토지	표준지공시 지가조사· 평가기준
특허권	「특허법」에 따라 발명 등에 관하여 독점적으로 이용할 수 있는 권리	실무기준
ㅍ		
표준지공시지가	토지이용상황이나 주변환경, 그 밖의 자연적·사회적 조건이 일반적으로 유사하다고 인정되는 일단의 토지 중에서 선정한 표준지에 대한 매년 공시기준일 현재의 단위면적당 적정가격	부동산 공시법

필요제경비 (수익분석법)	대상물건에 귀속될 감가상각비, 유지관리비, 조세공과금, 손해보험료, 대손준비금 등이 포함된 금액	실무기준
필요제경비 (적산법)	임차인이 사용·수익할 수 있도록 임대인이 대상물건을 적절하게 유지·관리하는 데에 필요한 비용 감가상각비, 유지관리비, 조세공과금, 손해보험료, 대손준비금, 공실손실상당액, 정상운영자금이자 등이 포함	실무기준
ㅎ		
한계심도	토지 소유자의 통상적인 이용행위가 예상되지 아니하고 지하시설물을 따로 설치하는 경우에도 일반적인 토지이용에 지장이 없을 것으로 판단되는 깊이	실무기준
할인현금흐름 분석법	대상물건의 보유기간에 발생하는 복수기간의 순수익(현금흐름)과 보유기간 말의 복귀가액에 적절한 할인율을 적용하여 현재가치로 할인한 후 더하여 대상물건의 가액을 산정하는 방법	실무기준
항공기	「항공법」에 따른 비행기, 비행선, 활공기, 회전익항공기 그 밖에 「항공법 시행령」으로 정하는 것으로서 항공에 사용할 수 있는 기계	실무기준
현황	기준시점에서의 대상물건의 이용상황(불법적이거나 일시적인 이용은 제외) 및 공법상 제한을 받는 상태	감칙

PART

02

감정평가이론 총론

부동산에 대한 이해

제1절 부동산의 개념

1. 개설

사용되는 상황이나 사람의 관점에 따라 달리 함

2. 부동산의 물리적(자연적) 개념

1) 자연

토지는 인간이 만드는 게 아니라 자연 그대로의 것. 영구적 자원이나 총량은 한정적

2) 환경

자연이라 하였기에 자연환경이라고 하며 인간이 개발하거나 방치하는 경우 인공환경이라고 함. 대표적으로 철도, 도로 등

3) 공간

민법 제212조 토지의 소유권은 정당한 이익이 있는 범위 내 상하에 미침. 즉, 지표 외 지상, 지하로 구성된 3중 공간 → 도시화, 산업화에 따라 토지를 효율적으로 이용함 → 구분소유권, 구분지상권, TDR 등. 토지보상법 시행규칙 제31조에 지상, 지하 공간 사용료 평가가 있음

4) 위치

부동산은 위치(Location). 과거엔 비옥도가 중요했지만 지금은 토지의 위치, 접근성이 중요함

위치는 크게 절대적 위치와 상대적 위치가 있는데 전자는 고정성으로 인해 안 변함. 후자는 인구의 이동, 도로, 철도의 개통, 정부정책 등으로 인하여 변할 수 있음

3. 부동산의 경제적 개념

1) 생산요소

부동산은 생산목적. 무엇을 생산하려면 토지, 자본, 노동 생산요소가 갖추어져야 함. 택지, 주거용지, 상업용지 등

2) 자본

일반적으로 인위적으로 만드는 게 자본재인데 토지는 자연적이니까 자본재는 아님. 그러나 토지도 이용하려면 빌리기 위한 대가(임대료)나 사기 위한 대가(매매가)를 줘야하기 때문에 자본임

3) 소비재

부동산은 소비목적. 거주를 위한 아파트 구입, 상가 수익을 창출하기 위한 상가구입 등 다만, 콜라 같은 일반재화와 다르게 내구성을 갖춘 소비재라는 것

4) 상품

부동산도 사고 파는 상품임. 모델하우스를 지어서, 티비에서 홈쇼핑으로 팜. 다만, 물리적 실체를 파는 게 아니라 권리를 사고 팔며 부동산과 부동산 간에 교환도 있음

5) 자산

나중에 소비하기 위해 가치를 저장해 두는 재산임. 가계의 여러 자산 중 가장 비중이 크며 따라서 자산가격의 변동은 사회, 전체에 미치는 파급효과가 큼

6) 투자자산

자산 중에서도 투자의 대상임. 자본시장의 예금, 주식 등과 수익률 게임에 의하여 부동산 수요자금이 이동하므로 대체·경쟁관계에 있음 → 금리가 중요함

4. 부동산의 법률적(행정적) 개념

1) 좁은 의미의 부동산

⑴ 개념

토지 및 정착물

⑵ **정착물의 독립성**

원래 정착물은 동산이었으나 토지와 부착되어 동산과 구분됨.

정착물을 토지상 정착물이냐(건물), 토지에의 정착물이냐(다리, 상하수도, 담벼락, 포장 등) → 토지랑 별개로 평가되거나 토지에 포함하여 평가됨

⑶ **정착물과 동산의 구별**

정착물이 부동산의 일부로 간주되면 매수자에게 소유권이 넘어가고, 동산이면 매도자에게 그대로 남음

⑷ **정착물과 동산의 구별기준**

① 물건이 부동산에 부착되어 있는 상태

② 물건의 성격

③ 물건을 설치한 사람이 누구인가

④ 해당 물건을 설치한 당사자의 의도

2) 넓은 의미의 부동산

⑴ 개념

부동산 + 의제부동산(준부동산)

⑵ **준부동산의 종류**

동산이나 등기로 공시함.

자동차, 선박, 항공기, 입목 등

5. 부동산의 사회적 개념

1) 국가 성립의 기반

국민, 주권, 영토

2) 사회재, 공공재

총량이 한정적이기 때문에 누군가의 이용이 누군가에게는 제한임. 공평하게 배분되고 다 같이 누려야 할 재화임 → 사적 소유를 정부가 개입해서 개발이익을 환수하거나 재건축초과이익 분담금을 부과하거나 양도세를 중과하는 등 토지공개념이 강조됨

3) 사적 재화

    자유로이 사용, 수익, 처분할 수 있음

6. 부동산의 복합개념

1) 물리적 측면

2) 경제적 측면

3) 법률적 측면

4) 사회적 측면

7. 부동산 개념의 4대 측면

| 제**2**절 | **부동산의 분류** |

1. 일반적 분류

지역과 용도에 따라 분류함. 이는 부산의 고정성과 용도의 다양성 때문임.

예를 들어 서울, 수도권, 광역시 등과 주거용, 상업용, 업무용 등 위치와 용도에 따라 그 이용과 가치가 달라지기 때문에 중요함

2. 법적 분류

1) 「공간정보의 구축 및 관리 등에 관한 법률」에 따른 분류

법적으로는 공간구축법에 의한 지목으로 구분하나 지목은 이용에 따른 구분으로 양자가 다른 경우가 있음 → 감칙 제6조 현황기준 평가함. 즉, 지목 전, 현황 대이면 대를 기준으로 평가함

2) 「국토의 계획 및 이용에 관한 법률」에 따른 분류

(1) 용도지역

용도지역은 공법상제한에 해당함. 어디에 속하는가에 따라 용적률, 건폐율, 높이 등이 달라짐 → 부동산을 효율적으로 이용하려는 정부의 개입 중 하나로 특히 용도지역이 변경되면 부동산 가치는 달라질 수 있음(비교표준지, 거래사례 선택 시 중요함)

(2) 용도지구

(3) 용도구역

개발제한구역이 중요함. 이는 행위제한을 가져오며 건물이 들어선 건부지가 나지보다 가치가 커지는 경우가 생기며 건부증가라고 함

3) 「산림자원의 조성 및 관리에 관한 법률 및 산지관리법」에 따른 분류

4) 「건축법」에 따른 분류

5) 기타

3. 성격에 따른 분류

1) 시장성에 따른 분류

시장성은 거래가 되냐 안 되냐? → 비교방식

2) 수익성에 따른 분류

수익성은 수익이 발생하냐 안 하냐?(이때 수익은 운영수익) → 수익방식

4. 부동산의 종별과 유형

1) 개설

예를 들어 서울법학원의 감정평가 의뢰 시 종별은 상업·업무지대, 유형은 건물 및 그 부지(복합부동산). 이에 따라 상업, 업무지대의 지역요인과 건물 및 그 부지에 따른 개별요인을 감안하여 분석하고 감정평가 3방식을 적용해야 정확한 가치를 판정할 수 있음

2) 부동산의 종별과 유형의 개념과 분류목적

(1) 부동산의 종별

① 종별의 의의

대상 부동산이 속해 있는 지역을 보고 외관상 주로 쓰이는 이용이 무엇인지

② 지역종별

지역종별은 용도적지역(감정평가의 지역분석 대상인 인근지역, 유사지역, 동일수급권의 구분기준)이고 표준지공시지가 조사·평가기준, 토지보상평가지침에 용도지대를 의미함 (주택지대, 상업지대 등)

③ 토지종별

지역종별 안에서 개별토지의 이용을 토지종별이라고 함. 특히 지역종별이 주택지대인데 토지종별이 텃밭으로 이용하면 텃밭으로의 가치를 갖는 게 아니라 이는 일시적이용과 같으므로 주택지대의 가치로 보아야 함

→ 일반적으로 양자는 일치하겠지만 다르다면 "지역종별"을 우선시 함

④ 종별의 판단

국계법상 용도지역, 법상 기준과는 다르므로 유의하여야 함

(2) 부동산의 유형

① 유형의 의의

구체적으로 어떻게 이용되고 있고 어떤 권리가 부착되어 있는지

② 택지

③ 건물 및 그 부지

(복합부동산)

(3) 분류목적

같은 종별임에도 유형에 따라 가치는 다름. 즉, 편익이 다르기 때문에 현재가치의 합인 가치가 다른 것이고 종별과 유형은 경제적 가치를 본질적으로 결정함

3) 감정평가활동에서 활용

감정평가 시 가장 먼저 할 일은 기본적 사항 확정 시 종별과 유형이 무엇인지부터 분류하는 것임. 이는 감정평가절차의 전반, 자료수집, 지역/개별분석, 평가방식 적용까지 전부 관련됨

(1) 가격제원칙

(2) 지역, 개별분석

① 종별과 지역분석

② 유형과 개별분석

(3) 감정평가 3방식과 시산가액의 조정

① 감정평가 3방식 적용

② 시산가액 조정

(4) 부동산투자, 위험분석

4) 결

제**3**절 부동산의 특성

1. 개설

2. 토지의 특성

1) 자연적 특성과 인문적 특성

자연적 특성은 부동산 고유의 본원적 특성(고정적이고 경직적인 특징), 인문적 특성은 부동산과 인간과의 관계에서 나타나는 특성(가변적이고 신축적인 특징, 자연적 특성에 의한 제약과 한계를 완화)

2) 자연적 특성

(1) (지리적 위치의) 고정성

① 의의

지리적 위치가 고정

② 파생현상

부동산과 동산의 구별기준, 국지화, 지역 분석 필요, 임장활동, 위치가격, 추상적 시장, 부분시장, 경제적 감가

(2) 부증성(비생산성)

① 의의

절대량은 늘어나지 않음

② 파생현상

토지희소성, 지가상승의 원인, 수요자 경쟁, 최유효이용을 강제, 수요·공급에 의한 가격의 성립은 수요요인에 크게 영향 받음, 원가법에 의한 평가가 곤란

(3) 영속성

① 의의

시간의 경과나 이용 등에 의해 마모되거나 소멸되지 않음

② 파생현상

장기적인 고려가 필요, 투기 및 투자심리를 유발, 협의의 가격과 임대료로 구분, 원가법을 원칙적으로 적용할 수 없음, 수익환원법으로 평가할 수 있는 근거

(4) 개별성(비동질성)

① 의의

물리적으로 동일한 복수의 토지는 존재하지 않음

② 파생현상

부동산학의 원리나 이론 도출이 어려움, 부동산 활동과 현상을 개별화, 일물일가의 법칙이 적용되지 않음, 개별분석이 필요

3) 인문적 특성

(1) 용도의 다양성

① 의의

여러 가지 용도로 이용될 수 있음

② 파생현상

경제적 공급 가능, 최유효이용의 바탕, 가치다원론의 근거, 적지론의 근거

(2) 병합, 분할의 가능성

① 의의

인위적으로 병합하거나 분할함, 물리적, 권리적, 기간 측면

② 파생현상

용도의 다양성을 지원, 한정가격의 근거, 합병증가/감가, 분할증가/감가, 기여의 원칙, 수익배분의 원칙

(3) 사회적, 경제적, 행정적 위치의 가변성

① 의의

사회적, 경제적, 행정적 위치가 시간의 흐름에 따라 변화함

㉠ 사회적 위치의 가변성 : 주거환경의 악화, 슬럼화 등으로 사회적 환경의 악화 또는 개선 등 외부환경이 변화하는 것과 인구 증감 등을 통해 부동산수요의 기반이 변화

㉡ 경제적 위치의 가변성 : 도로, 철도, 지하철 등의 이전, 확장으로 시가지의 변화, 발전, 쇠퇴 등이 있고, 경제성장, 소득증대, 경기변동 등으로 인한 부동산의 유용성 및 수요의 변화

㉢ 행정적 위치의 가변성 : 정부의 정책, 행정 등의 변화로 부동산 활동이나 가치가 영향을 받게 됨으로 부동산의 위치가 변화, 그린벨트의 지정, 토지거래허가구역의 지정, 도시계획의 변경 등

② 파생현상

장기적인 배려(고려)가 필요, 예측, 변동의 원칙의 근거, 기준시점의 확정과 시점 수정의 필요성을 제기, 부동산시장에서 파생수요가 형성

4) 기타 특성

(1) 인접성

다른 토지와 연결되어 있다는 특성으로 외부효과와 밀접한 관계

(2) 지역성

지역의 구성분자, 그 지역과 상호 의존·보완 관계에 있고 그 지역 내 타부동산과 협동, 대체, 경쟁 등의 상호관계를 통하여 사회적, 경제적, 행정적 위치가 정해짐

(3) 경제적 특성

경제적 측면을 강조할 때 제기되는 특성으로 희소성, 토지개량물(Improvement)의 토지효용가변성, 투자의 고정성, 위치의 선호성, 고가성, 내구성

(4) 수규제성

부동산의 이용과 거래에 대해 많은 규제가 가해짐

3. 건물의 특성

1) 동질성(비개별성)

2) 생산가능성(비부증성)

3) 이동가능성(비고정성)

4) 종속성 및 영향성

5) 비영속성

4. 부동산의 특성으로 인한 감정평가의 필요성

제4절 기타 논점

1. 접근성에 따라 이루어지는 부동산의 가치변화

1) 접근성의 의의

대상 부동산이 위치하는 장소에서 다른 장소에 도달하는 데 소요되는 시간, 경비, 노력 등으로 측정되는 상대적 비용

2) 접근대상에 따른 부동산의 가치변화

접근대상에 따라 증가 혹은 감가요인으로 작용하기도 하며 증가·감가요인이 동시에 작용

3) 접근 정도 및 실거리에 따른 부동산의 가치변화

접근성이 지나치면 오히려 불리한 경우가 많음. 반드시 접근성의 판단이 거리와 비례함수관계에 있는 것은 아님

4) 용도에 따른 부동산의 가치변화

흡인력이 강하거나 독점력이 강한 시설은 접근성이 크게 중시되지는 않으나, 소매상은 그 반대로 접근성이 중시됨

2. (부동산활동에 따라 달라질 수 있는) 위치의 범위

1) 위치의 범위

2) 획지

3) 지역

4) 권역

제1절 가치 및 가격의 개념

1. 서

감정평가활동에 있어서의 가치와 가격에 대한 개념 파악과 가치와 가격의 동일성 여부 논의

2. 일반적 의미에서 가치와 가격

가치는 일반적으로 좋은 것, 값어치·유용·값을 뜻하는 것, 인간의 욕구나 관심을 충족시키는 것, 충족시키는 성질, 충족시킨다고 생각되는 것이나 성질이고, 가격은 교환을 전제로 성립된 의미

3. 감정평가에 있어서의 가치와 가격

1) 개설

감정평가분야에서는 가치와 가격에 대한 개념의 논의가 중요한 이슈

2) 가치의 개념

(1) 개설

경제적 가치에 주안점

(2) 아담 스미스의 가치

어떤 재화나 용역이 다른 재화나 용역을 교환의 대상으로 지배하는 힘(교환가치). 즉, 가치란 재화와 재화 간의 단순한 교환 비율

(3) 피셔의 가치

장래 기대되는 편익을 현재가치로 환원한 값. 내구재에 대한 가치의 정의로 적합

3) 가격의 개념

교환거래에서 매수자와 매도자가 상호 합의한 거래금액

4) 가치와 가격의 동일성 여부에 대한 논의

(1) 동일하다고 보는 견해

가치와 가격은 관념상의 차이일 뿐 가치와 가격의 구별은 의미가 없는 것. 장기적인 측면에서 가치와 가격은 결국 같아짐

(2) 동일하지 않다고 보는 견해

① 개념상의 차이

② 가치는 현재의 값

가격은 시장에서 실제 지불된 금액으로 과거의 값이고, 가치는 현재의 입장에서 장래 기대되는 편익까지 고려한 현재의 값

③ 가치는 여러 개

해당 부동산의 가격은 하나밖에 없지만 가치는 무수히 많음

④ 가격과 가치의 불일치

가치란 가격±오차. 부동산시장은 일반 재화시장과는 달리 여러 가지 불완전한 요소로 인하여 가격이 부동산의 가치를 정확히 반영한다고 보기는 어려움

(3) 검토

4. 결

제2절 부동산가치(격)의 특징 및 기능

1. 부동산가치(격)의 특징

1) 개설

부동산의 자연적·인문적 특성에서 유발

2) 교환의 대가인 가격과 용익의 대가인 임대료로 표시

영속성, 고가성, 병합·분할의 가능성으로 인해 시간적, 금액적 차원에서 분할하여 임대차의 대상

3) 소유권·기타 권리·이익의 가격

두 개 이상의 권리·이익이 동일부동산에 존재하는 경우에는 병합·분할의 가능성에 따라 각각의 권리·이익마다 가격이 형성

4) 장기적 고려하에 형성된 가격

가격이 과거, 현재, 미래라는 시계열적 측면의 장기적인 고려하에 형성

5) (단기적으로) 수요요인에 의한 가격형성

고정성, 부증성, 개별성으로 인해 공급에 한계와 제약이 많으므로 단기적으로는 주로 수요요인에 의해 가격이 결정

6) 개별적으로 가격형성

개별성으로 일물일가의 법칙이 적용되지 않고 개별적인 가격이 형성

2. 부동산가격의 기능

1) 개설

불완전하고 비효율적이긴 하지만 일반재화시장과 같은 기본적인 시장기능을 수행

2) 가격의 정보제공기능 및 파라미터(parameter)적 기능

다양한 부동산활동 주체에게 정보를 제공, 수요와 공급이 서로 같아지도록 유도하는 기능

3) 부동산자원 및 다른 자원배분기능

부동산자원 자체를 배분하게 만들고 건물의 건축, 유지, 수선 등과 관련하여 다른 자원의 부동산에 대한 배분도 촉진

4) 잠재가격(shadow price)으로의 기능

재화의 기회비용을 올바르게 반영하는 가격. 전문가에 의하여 평가된 감정평가액은 기회비용을 반영한 잠재가격으로서의 기능을 수행

제3절 가치다원론

1. 의의

가치가 사용되는 상황이나 용도, 바라보는 관점에 따라 개념이 다양하다고 보는 것

2. 가치다원론의 근거

1) 의뢰인의 의뢰목적에 부응

의뢰목적에 부응하여 그에 맞는 적절한 정보를 제공함으로써 의뢰인의 욕구를 충족. 그러한 유용한 정보는 제대로 된 의사결정에 기여하므로 궁극적으로 사회발전에 이바지함

2) 가치형성요인의 다양성

가치형성요인이 복잡하고 다양하여 한 가지 가치만 형성되는 것이 아님 → 이에 부동산가치는 정형화된 하나의 가치만으로는 설명하기 어려운 부분이 많음

3) 감정평가의 정확성과 안정성

다양한 개념 접근을 통해 개별적이고 구체적인 상황을 반영함으로써 보다 타당성이 높고, 정확한 평가가 가능, 평가의 안정성을 높임

4) 감정평가의 기능 및 업무영역 확대

다양한 문제들 속에서 감정평가의 기능 및 업무영역의 확대가 요구되는 상황을 고려할 때 다원적 개념의 접근이 당연함

3. 가치다원론에 대한 견해

1) 우리나라의 입장

(1) 「감정평가에 관한 규칙」 제5조

'시장가치기준 원칙'을 규정하면서 일정한 요건을 충족한 경우 '시장가치 외의 가치'라는 개념을 규정하여 가치다원론을 인정

(2) 「부동산공시법」 제8조(표준지공시지가의 적용)

필요하다고 인정하는 때에는 산정된 지가를 제2호 각 목의 목적에 따라 가감조정하여 적용

2) 외국의 입장

(1) 미국

시장가치를 기준으로 보험가치, 과세가치, 사용가치 등 다원적 가치를 정립

(2) 일본

정상가격을 원칙으로 하고 특정가격, 한정가격, 특수가격을 예외

3) 검토

「감정평가에 관한 규칙」에서 시장가치의 정의를 규정하고 있으나 시장가치 외의 가치에 대한 명확한 정의나 구분이 없음

4. 가치의 종류

1) 개설

주어진 시점에서 대상 부동산을 어떠한 용도로 사용하느냐에 따라 가치의 종류는 달라짐

2) 가치의 여러 개념을 명확히 파악하기 위한 기본적 가치

(1) 주관적 가치와 객관적 가치

① 주관적 가치

개인의 주관적 판단에 따라 평가되는 가치. 제반 자료를 통해 증빙되거나 파악할 수 없는 개개인의 이념이 내포되어 있는 개념

② 객관적 가치

사람의 주관적 의사와는 관계없이 결정되는 가치. 제반 자료를 통해 검증될 수 있고 공감할 수 있는 공통된 사항을 내포

(2) 당위가치와 존재가치

① 당위가치(sollen wert)

당위성을 내포한 이상적, 규범적 가치로서 시장균형이 성립할 때 나타나는 '있어야 할 상태'의 가치. 부동산의 고유한 내재가치를 인정

② 존재가치(sein wert)

현실의 시장상황을 반영하는 가치로서 객관적으로 확인이 가능한 있는 그대로의 가치. 시장참여자들의 집단적인 가치판단의 결과를 중시

(3) 교환가치와 사용가치

① 교환가치

㉠ 개념

시장에서 매매를 전제로 일반적인 이용방법을 기준으로 한 가치로서 객관적인 가치. 최유효이용을 전제

㉡ 특성

② 사용가치

㉠ 개념

대상 부동산이 특정한 용도로 사용된다는 것을 전제로 하여 파악되는 가치

㉡ 특성

㉢ 구체적인 사례

③ 교환가치와 사용가치의 평가상 활용

㉠ 전제조건에 따른 활용

㉡ 평가대상에 따른 활용

㉢ 수익방식에서 활용

3) 시장성을 기준으로 한 분류

4) 평가목적에 따른 분류

(1) 과세가치

각종 세금을 부과하는 데 사용되는 기준으로 활용되는 가치

(2) 보상가치

공공의 필요에 따른 적법한 행정상의 공권력 행사로 인하여 재산에 가하여진 특별한 희생에 대하여 공평부담의 견지에서 행정주체가 행하는 보상의 기준이 되는 가치

(3) 담보가치

은행 등 금융기관에서 해당 물건을 담보로 대출을 실행하기 위해 사용되는 가치. 담보물건으로서의 안정성 등을 고려

(4) 경매가치

법원에서 경매절차를 진행하기 위한 최저입찰가격의 기준으로 사용되는 가치

(5) 처분가치(청산가치)

청산을 목적으로 일정한 처분계획에 따라 대상물건이 시장에서 매각되었을 때 그 물건의 매매로부터 합리적으로 획득할 수 있을 것으로 인정되는 가치

(6) 해체처분가치

토지 이외의 평가대상물건을 해체한 후 구성요소로서 처분하는 경우 대상물건이 시장에서 충분한 기간 동안 공개된 후, 대상물건에 정통한 당사자가 신중하고 강요됨 없이 독립된 거래관계에서 교환될 것으로 인정되는 기준시점 현재의 가치

(7) 장부가치

최초 취득가격에서 감가상각분을 제외한 나머지로서 현존하는 장부상의 잔존가치

(8) 계속기업가치

유형·무형의 기업자산을 개별적으로 판단하지 않고 총체적인 관점에서 계속기업이 가질 수 있는 가치. 계속기업이란 가까운 미래에 청산되지 않는 것이 확실하고 미래 수명이 무기한적인 회사. 무형자산의 가치는 기업이 계속기업으로 존속할 경우

(9) 공정가치(fair value)

자산 및 부채의 가치를 추정하기 위한 기본적 가치기준으로 합리적인 판단력과 거래의사가 있는 독립된 당사자 사이의 거래에서 자산이 교환되거나 부채가 결제될 수 있는 금액

(10) 투자가치

대상 부동산이 특정한 투자자에게 부여하는 주관적 가치

(11) 공익가치

어떤 부동산이 최유효이용의 사적 목적의 경제적 이용에 있는 것이 아니라 보존, 보전같은 공익목적의 비경제적 이용에 있을 때 대상 부동산이 가지는 가치

5) 가치의 기준시점에 따른 분류

(1) 현재가치

현재의 일정시점을 기준시점으로 하여 파악되는 가치

(2) 소급가치

과거의 일정시점을 기준시점으로 하여 파악되는 가치

(3) 추정가치

미래의 일정시점을 기준시점으로 하여 파악되는 가치

제**4**절 **공정가치와 시장가치의 비교**

1. 개설(규정의 취지)

2. 양자의 비교

(1) 공통점

① 시장증거에 근거한 가치

시장증거를 수집·분석하여 가치가 도출된 것

② 존재가치(sein)의 성격

현실의 시장상황을 반영하는 가치

③ 가치3면성의 반영

시장성, 비용성, 수익성을 종합·고려하여 결정

④ 가치의 기능

균형가격의 역할을 대신하여 자원분배와 수급조정기능을 수행

(2) 차이점

① 시장가치 외의 가치 여부

시너지효과가 반영되거나 부도기업의 청산가치를 구하는 경우처럼 특정한 조건이 수반되는 경우에는 시장가치 외의 가치의 성격을 갖는 경우

② 시장의 전제 여부

반드시 시장을 전제로 형성되는 가치는 아닐 수 있음

③ 적용분야

시장가치는 일반적으로 부동산의 평가 시에 적용, 공정가치는 기업자산을 재무보고 목적으로 평가할 때 적용

3. 소결

제5절 투자가치와 시장가치의 비교

1. 개설

2. 가치의 성격

시장가치가 대상 부동산에 대해 시장이 부여하는 객관적 가치라면, 투자가치는 투자자가 대상물건에 대하여 갖게 되는 주관적 가치

3. 가치의 전제

시장가치는 최유효이용을 전제로 파악. 투자가치는 특정 투자자가 요구하는 이용을 우선적인 전제로 파악

4. 금융조건과 세금조건

시장가치는 특정한 금융조건이 결부되지 않은 전형적인 저당대부와 세율을 고려, 투자가치는 특정 투자자의 세금신분. 요구수익률, 대상 부동산의 저당대부 등을 고려

5. 추계방법

시장가치는 전통적인 감정평가 3방식에 의해 추계. 투자가치는 주로 직접환원법과 할인현금흐름분석법을 적용하는 수익방식으로 추계

6. 활용

시장가치는 일반거래활동 등을 포함한 모든 부동산활동의 기준이 되며 과세가치, 보험가치, 저당가치 등의 추계를 위한 기초. 투자가치는 일반적으로 투자안의 경제성 분석에 주로 이용

PART 02

제**6**절 시장가치

1. 의의

대상물건이 통상적인 시장에서 충분한 기간 동안 거래를 위하여 공개된 후 그 대상물건의 내용에 정통한 당사자 사이에 신중하고 자발적인 거래가 있을 경우 성립될 가능성이 가장 높다고 인정되는 대상물건의 가액(「감정평가에 관한 규칙」 제2조 제1호)

2. 시장가치에 대한 논란의 역사

1) 측정기준의 문제

거래금액 전부를 현금으로 지불한 경우와 일부는 담보대출 등의 방법으로 지불한 경우 '무엇을 기준으로 하는가' → 현금등가분석으로 처리

2) 평가대상의 문제

대상 부동산의 물리적 실체 그 자체를 평가의 대상으로 삼느냐, 결부된 권익을 대상으로 삼느냐의 문제 → 물리적 실체에 기반하고 있는 특정권익의 양면을 모두 고려

3) 균형가치(당위가치)와 존재가치의 문제

현재 시장에서 형성되고 있는 가격이 과연 대상 부동산의 진정한 가치를 반영하고 있느냐 → 객관적인 시장자료를 바탕으로 한 객관적인 현재의 시장가치를 산정

4) 시장가치 정의 자체에 관한 문제

① 매도자와 매수자가 ~ 기꺼이 주고받는 가격, ② ~ 화폐액으로 표시한 최고가격, ③ ~ 가능성이 가장 많은 가격

→ Ratcliff는 시장가치를 '성립될 가능성이 가장 많은 가격'이라고 정의하는데 이는 컴퓨터를 이용한 계량적 기법으로 시장가치를 결정하는 데 잘 부합하고, 시장가치를 객관화시킴

3. 시장가치

1) 각국의 정의

2) 시장가치의 주요 개념요소

(1) **통상적인 시장**

통상적 부동산거래시장은 일반재화가 거래된 시장과는 특성이 다르나, '시장가치'의 제반 조건을 만족하는 상정된 시장이지만 현실에 존재하지 아니하는 시장이 아니고 통상적인 부동산 거래가 이루어질 수 있는 시장

(2) **충분한 기간 동안 거래를 위하여 공개된 후**

기준시점 이전 대상부동산을 시장에 출품하되, 충분하고 합리적인 기간 동안 매도자의 적정 마케팅 활동이 수반

⑶ 대상물건의 내용에 정통한 당사자 사이

다수의 매도자와 매수자가 시장통제나 거래를 강제하는 수단이 없고, 수요와 공급이 자유롭게 작동하는 공개시장에 다수의 매수자와 매도자가 존재하고, 매수자나 매도자 쌍방이 시장의 사정에 충분히 정통하고 자기의 이익을 위해 사려 깊게 거래 활동을 함

⑷ 신중하고 자발적인 거래가 있을 경우

징발이나 기타 강제적인 수단에 의한 거래에서 발생하는 경우의 가격을 배제

⑸ 성립될 가능성이 가장 높다고 인정되는 가액

거래가능가격 중에서 가장 일어날 수 있는 빈도수가 높은 거래가능가격을 의미

3) 시장가치의 문제점 및 개선방안

금융조건에 대해서 아무런 언급을 하지 않고 있기에 저당대부가 일반화되어 있는 현실 부동산시장에 대한 고려가 없음, 우리나라의 시장가치는 AI, IVS와 상당히 유사한 개념체계를 갖고 있음에도 상세한 조건규정이 상대적으로 미흡

4. 적정가격

1) 의의

토지, 주택 및 비주거용 부동산에 대하여 통상적인 시장에서 정상적인 거래가 이루어지는 경우 성립될 가능성이 가장 높다고 인정되는 가격

2) 적정가격의 변천과정

⑴ 통상적인 시장

거래당사자들의 진입과 탈퇴가 제한받지 않는 공개된 경쟁시장을 의미

⑵ 정상적인 거래

투기적인 거래나 비정상적인 거래를 배제한다는 의미

⑶ 성립될 가능성이 가장 높다고 인정되는 가격

시장에서의 객관적 가치라는 의미

3) 적정가격의 성격

법정가격, 정책가격, 당위가치

4) 「부동산공시법」상 적정가격과 「토지보상법」상 적정가격의 동일성 여부

⑴ 문제의 소재

⑵ 「토지보상법」상 적정가격의 의미

완전보상을 실현하기 위해 재산권의 객관적 가치를 보상. 해당 공익사업으로 인한 개발이익만을 배제하고 협의 당시 또는 재결 당시의 가격이 기준

⑶ 소결

「부동산공시법」상 적정가격은 행정목적의 법정가격, 정책가격, 당위가치, 「토지보상법」상 적정가격은 헌법상 정당보상을 전제로 한 가격 개념으로서 현실의 지가변동 및 해당 사업이 아닌 다른 공익사업에 의한 개발이익이 반영되는 존재가치 개념

5. 시장가치와 적정가격의 동일성 여부

1) 문제의 소재

2) 같다는 견해

몇 가지 개념요소가 결여되어 있으나 시장가치 개념과 유사(통상적인 시장, 성립될 가능성이 가장 높다고 인정되는), 법적 관행상 행정목적에 따라 다르게 부르고 있을 뿐, 가격선도기능 및 거래지표의 기능

3) 다르다는 견해

시장가치의 조건인 당사자의 정통성, 충분한 기간 동안 거래를 위하여 공개된 후가 충족되지 못함, 투기적인 거래나 비정상적인 거래를 배제, 시장가치는 현실적·객관적 가치, 적정가격은 가치지향적·정책적 가격, 대상물건, 표시(가액과 가격)

4) 검토

6. (구)「감정평가에 관한 규칙」상 정상가격과 현행 「감정평가에 관한 규칙」상 시장가치

1) 각 용어의 개념

(1) 종전 정상가격의 개념

(2) 현재 시장가치의 개념

2) 정상가격과 시장가치의 차이

제7절 시장가치 외의 가치

1. 개설

2. 시장가치 외의 가치의 개념

시장가치 외의 가치는 시장가치의 요건을 충족하지 못하는 경우의 가치

3. 시장가치 외의 가치가 요구되는 이유

1) 시장가치주의 한계

2) 감정평가수요의 다양화

3) 감정평가활동의 안전성 증대

4. 시장가치 외의 가치로 평가하는 경우

1) 법령에 다른 규정이 있는 경우

「토지보상법」에 의한 적정가격, 「부동산 공시법」에 의한 적정가격, 재무보고 목적의 평가에서의 공정가치

2) 감정평가의뢰인이 요청하는 경우

담보가치, 한정가격, 투자가치 등

3) 평가목적이나 대상물건의 특성에 비추어 사회 통념상 필요하다고 인정되는 경우

교회, 사찰, 학교 등 시장성 없는 재화에 대한 특수가격, 환경가치, 공익가치

5. 우리나라 「감정평가에 관한 규칙」상의 문제점

1) 구체성 결여

시장가치 외의 가치에 대한 명칭, 성격, 특징 등에 대한 구체성이 현행 「감정평가에 관한 규칙」에는 결여

2) 적용의 문제

① 감정평가실무의 형식적인 측면에서 기준가치란에 반드시 가치라는 용어만을 사용해야 하는지가 문제

② 감정평가실무의 실질적인 측면에서 감정평가행위 및 그 결과물의 기준이 되는 가치란 경제적 가치를 판정하는 과정에서 기준이 되는 것인지, 아니면 경제적 가치를 판정하여 그 결과를 나타내는 가액의 기준이 되는지가 분명하지 않음

6. 시장가치 외의 가치로 감정평가하는 경우의 검토사항

1) 가치의 성격과 특징을 검토

① 공정가치는 시장에서 시장성과 교환거래를 전제로 하나, 특수당사자 간의 한정된 시장에서 형성되는 가치, ② 투자가치의 경우 시장성은 있으나 통상 교환거래를 전제하지 않음, ③ 특수가치의 경우 통상 시장성이 없는 것으로 현재의 용도와 이용상태를 전제로 경제적 가치를 판단

2) 합리성과 적법성 충족

7. 합리성 및 적법성이 결여된 경우의 감정평가 거부 또는 수임 철회

합리성 및 적법성에 위배되어 가치해석에 오해를 가져올 여지가 있다면 의뢰를 거부하거나 수임을 철회

제8절 가치이론과 가치추계이론

1. 가치이론의 발달사

1) 고전학파

(1) 생산비가치설(아담 스미스)

재화의 가치는 재화의 생산에 투입된 생산요소의 대가로 보고, 가치는 생산비에 의해 결정

(2) 가격발생요인

효용이 곧 비용이라는 전제하에 생산비가치설을 주장하여 공급과 비용 측면을 강조

(3) 가정된 효용

투입된 비용만큼 효용이 증가되어야 하는 가정이 충족

(4) 생산비와 시장가격과의 관계

시장가격이 생산비에 의해 결정

2) 한계효용학파

(1) 한계효용가치설

재화의 한계효용에 의해 재화의 가치가 결정

(2) 가격발생요인

가치란 효용에 바탕을 둔 수요에 의해 좌우되고 수요는 가격에 의해 측정

(3) 기여된 효용

한계효용이 대상 부동산가치에 기여하는 정도에 따라 가치가 결정

(4) 효용, 시장가격과 생산비와의 관계

수요와 공급의 변화에 따라 생산비와 가치가 같아지는 경향, 생산비와 가치는 상관관계

3) 신고전학파

(1) 마샬의 통합

수요와 공급 둘 다 가치를 결정하는 데 중요하다고 주장하고, 단기와 장기라는 시간의 개념을 도입

(2) 단기에서의 가치

공급이 증가되지 않는 단기에서 재화의 가치는 시장에서 사람들이 기꺼이 지불하려는 가격에 의해 결정

(3) 장기에서의 가치

공급이 늘어나게 되는 장기에는 생산비가 가치에 미치는 영향이 커짐

2. 가치이론과 가치추계이론의 관계

1) 개설

2) 고전학파와 원가방식

재화의 가치는 생산비에 의하여 결정, 재화의 가치는 원가방식을 적용

3) 한계효용학파와 수익방식

한계효용에 의해 결정된다는 한계효용학파의 가치이론을 따를 경우에는 수익방식을 적용

4) 신고전학파와 비교방식

고전학파와 한계효용학파의 이론을 수요와 공급의 균형이론으로 결합하여 비교방식을 적용

5) 소결

제9절 가치발생요인

1. 효용(유용성, utility)

1) 의의

인간의 욕구나 필요를 만족시킬 수 있는 재화의 능력으로 수요 측면, 부동산의 효용은 용도의 차이

2) 효용의 형태

(1) 쾌적성

주거용 부동산, 외적 쾌적성과 내적 쾌적성

(2) 수익성

상업용 부동산, 매상고에 따라 측정

(3) 생산성

공업용 부동산, 생산물의 양과 생산비의 절감 등

3) 일반재화와의 비교

① 일반재화는 소멸적, 단일적 효용을 가지지만, 부동산은 영속적, 다용도적 효용

② 일반재화는 향유적 효용(취득해서 소비함)을 가지지만 부동산은 보유적 효용(취득해서 보유함)

2. 상대적 희소성(scarcity)

1) 의의

물리적 측면이 아닌 상대적 측면(지역적, 용도적 측면 등)에서 부족하고, 수요에 비하여 공급이 상대적으로 부족

2) 상대적 희소성의 원인

부증성으로 인해 물리적으로 절대총량은 한정되어 있고, 고정성 및 개별성 등으로 인하여 토지공급은 비탄력적

3) 상대적 희소성의 해소방안

① 공급 측면에서는 가용토지의 신규개발(새만금)이나 기존토지의 집약적, 입체적 이용 등, 용도지역 및 용적률과 같은 규제의 완화와 같이 행정적 측면의 조정

② 수요 측면에서는 유효수요의 조정, 인구 억제 및 분산시책 등

4) 일반재화와의 비교

일반재화는 절대적인 양의 측면에서 절대적 희소성이 문제. 부동산은 공급 측면에서 볼 때 지역적, 용도적 측면에서 희소성 문제가 발생하는 상대적 희소성이 문제

3. 유효수요(effective purchasing power)

1) 의의

살 의사(willing to buy)와 지불능력(ability to pay)을 갖춘 수요

2) 일반재화와의 비교

고가성 → 시장참여자의 수가 제한되고 부동산금융의 역할이 중요

4. 이전성(transferability)

1) 의의

부동산의 소유권을 비롯한 제반 권리가 수요자에게 자유롭게 이전될 수 있어야 함

2) 이전성에 대한 비판

단지 효용의 사적·공적 제한의 한 형태에 불과

5. 가치발생요인 간의 상호관련성

세 가지 요인들도 주어진 상황에서 상호 영향

제10절 가치형성요인

1. 의의

대상물건의 경제적 가치에 영향을 미치는 일반요인, 지역요인, 개별요인 등을 말함(「감정평가에 관한 규칙」 제2조 제4호). 지리적 범위에 따라 일반적, 지역적, 개별적 요인으로, 내용적 측면에 따라 자연적, 사회적, 경제적, 행정적 요인으로 구분함

2. 특징

1) 상호관련성

각 요인들 간의 유기적인 관련성

2) 유동성

사회변화, 경기상태의 변화 등에 의해 항상 변동함

3. 일반요인

1) 의의

대상물건이 속한 전체 사회에서 대상물건의 이용과 가격수준 형성에 전반적으로 영향을 미치는 일반적인 요인(「감정평가 실무기준」).

2) 일반요인의 중요성

일반요인의 지역지향성에 기초하여 일반요인이 지역마다 다르게 작용하기 때문에 지역분석에서도 중요하게 고려해야 함. 또한 감정평가기법을 이용할 때에도 사례수집 및 선택, 시산가액의 조정 시에 그 배경이 되는 일반요인과의 관련성을 충분히 파악하고 분석하여 시산가액 조정의 타당성을 검토하는 데 유용하게 활용함

3) 일반요인의 지역지향성

구분된 지역에 따라 지역마다 각각의 영향력의 정도가 상이하게 나타나는 것

4) 내용적 분류

(1) 자연적 요인

부동산의 상태 및 가격수준 형성에 영향을 미치는 제반 자연적 특성과 환경, 지진, 기후변화, GTX개통 등

(2) 사회적 요인

부동산의 상태 및 가격수준 형성에 영향을 미치는 일련의 사회적 환경 및 현상, 인구변화(출생률 저하, 핵가족화) 등

(3) 경제적 요인

부동산의 상태 및 가격수준 형성에 영향을 미치는 일련의 경제적 상황, 금리, 물가, 경기변동 등

(4) 행정적 요인

부동산의 상태 및 가격수준 형성에 영향을 미치는 공법적 규제 및 기타의 행정적 조치, 부동산거래규제(토지거래허가제, 세금, LTV/DTI 등), 분양가상한제, 토지이용규제 등

4. 지역요인

1) 의의

대상물건이 속한 지역의 가격수준 형성에 영향을 미치는 자연적, 사회적, 경제적, 행정적 요인(「감정평가 실무기준」)

2) 지역요인의 중요성

3) 내용적 분류

5. 개별요인

1) 의의

대상물건의 구체적 가격에 영향을 미치는 대상물건의 고유한 개별적 요인(「감정평가 실무기준」)

2) 내용적 분류

　(1) 토지의 개별적 요인

　(2) 건물의 개별적 요인

　(3) 토지와 건물의 복합적 측면에서 개별요인

6. 가치발생요인과 가치형성요인 간의 관계

가치형성요인 → 가치발생요인(효용, 상대적 희소성, 유효수요)에 영향 → 부동산 시장의 수요와 공급에 작용, 부동산가치에 작용

제11절 가격(치)형성과정

1. 의의

지역성에 따라 지역적 요인의 영향을 받아 그 지역의 가격수준이 형성되고, 개별성에 따라 개별적 요인의 영향을 받아 구체적인 가격으로 개별화·구체화되는 것

2. 가격수준의 형성

1) 지역성

2) 지역적 요인

3) 가격수준의 형성

지역의 가격수준과 표준적 이용이 형성

3. 개별적, 구체적 가격의 형성

1) 개별성

2) 개별적 요인

3) 개별적, 구체적 가격의 형성

구체적인 이용상태(최유효이용)가 형성되고 개별적, 구체적 가격이 형성

1. 의의

가격형성과정에서 나타나는 예외적이고 특별한 현상을 부동산가격의 특별현상이라고 함

2. 부동산가격의 특별현상

1) 부동산가격의 불연속성과 지가단계설

(1) 연속성과 불연속성

연속성은 부동산가격이 시간흐름 속에서 완만하게 변화하는 것. 불연속성은 가격수준이 단절되는 현상

(2) 지가단계설

시간, 공간, 가공적 차원에서 고찰하여 부동산의 연속성과 불연속성의 현상을 체계적으로 정리한 것

① 시간적 차원

② 공간적 차원

③ 가공적(내용적) 차원

2) 가격 상한선의 법칙

(1) 의의

부동산가격이 무한히 상승하지 않고 일정수준의 가격수준까지 상승하는 것

(2) 경기와의 관계 및 평가 시 활용

3) 부동산가격의 하방경직성

가격담합, 상호 의존성, 심리적인 요인 등으로 인해 하락하지 않는 것

4) 지가의 파급효과와 역급현상

(1) 지가의 파급효과

① 의의

어떤 지역의 지가가 상승하는 경우 그 주변지역에까지 영향을 미쳐서 지가가 상승

② 파급의 형태 및 정도

(2) 지가의 역급현상

① 의의

도심에서 멀리 떨어진 토지의 가치가 상승함에 따라 도심 근거리의 지가도 함께 상승하는 현상

② 내용

5) 입지잉여와 피드백원리

(1) 입지잉여

부동산의 입지조건이 양호한 경우에 발생하는 특별한 이익

(2) 피드백원리

토지이용도와 부동산가격 간에 상호 영향을 주고 받게 되는 원리

(3) 입지잉여와 피드백원리의 관계

지가수준이 높은 토지는 집약적으로 이용할 수 있는 이용주체에게 최종적으로 할당

가격제원칙에 대한 이해

제1절 가격제원칙 일반론

1. 의의

부동산의 가격이 어떻게 형성되고 유지되는가에 관한 법칙성을 추출하여 부동산평가활동의 지침으로 삼으려는 하나의 행위기준

2. 가격제원칙의 분류

1) 토대가 되는 원칙

예측과 변동의 원칙을 기반으로 최유효이용과 부동산가격이 결정된다는 측면

2) 내부 측면의 원칙

부동산의 최유효이용 여부 및 그에 따른 부동산가격에 대한 내부적인 판단기준이 되는 원칙, 기여, 수익배분, 균형, 수익체증, 체감의 원칙으로 구성

3) 외부 측면의 원칙

부동산의 최유효이용 여부 및 그에 따른 부동산가격에 대한 외부적인 판단기준이 되는 원칙, 적합의 원칙, 외부성의 원칙, 수요·공급의 원칙, 경쟁의 원칙, 대체의 원칙, 기회비용의 원칙으로 구성

3. 가격제원칙의 특징

1) 부동산의 특성 반영

부동산의 자연적, 인문적 특성으로 인해 부동산의 가격형성과정은 일반재화와 다르고 이러한 가격형성과정상의 법칙성을 추출한 것이 가격제원칙

2) 상호 유기적 관련성

부동산가치형성요인 간에 상호 유기적인 관련성이 존재하므로, 이를 반영한 가격제원칙 사이에도 상호 유기적으로 밀접

3) 최유효이용원칙을 기준

부동산가격은 최유효이용을 전제로 형성되는 최유효이용의 원칙을 기준으로 나머지는 최유효이용의 원칙을 지원하는 형태

제2절 가격제원칙의 내용

1. 토대가 되는 원칙

1] 예측의 원칙

(1) 의의

부동산의 가치가 과거와 현재의 이용 상태에 의해 결정되는 것이 아니라 앞으로 어떻게 이용될 것인가에 대한 예측(예상)을 근거로 결정

(2) 감정평가와의 관련성

비교방식에 있어서 거래사례가격의 검증, 지역요인 및 개별요인의 비교에서 장래 기대되는 동향을 판단하여 반영, 수익방식에 있어서 순수익의 산정과 환원율의 결정에 있어 예측을 바탕, 원가방식에 있어서 감가수정을 행함에 있어 예측을 바탕으로 경제적 내용연수를 판단

2] 변동의 원칙

(1) 의의

부동산의 가치는 끊임없이 변하는 시장상황에 의해 영향을 받아 변동

(2) 감정평가와의 관련성

가치형성요인분석 시 동태적으로 파악, 지역분석의 대상지역 확정, 기준시점의 확정, 시점수정에 대한 이론적 근거

2. 내부 측면의 원칙

1] 기여의 원칙

(1) 의의

부동산의 가치는 부동산을 구성하고 있는 각 구성요소가 전체에 기여하는 공헌도의 영향을 받아 결정

(2) 감정평가와의 관련성

한정가격의 크기가 결정, 비교사례와 대상부동산 간의 비교작업에 있어 특성의 차이에 따른 보정의 근거 제공, 토지상 건물의 신축, 건물의 증축, 건물의 개·보수 등 추가투자에 대한 판단기준을 제공

2] 수익배분의 원칙

(1) 의의

부동산의 가치는 전체 수익에서 노동과 자본과 같은 다른 생산요소에 대한 수익을 제외하고 난 나머지인 잉여생산성에 의해 결정

(2) 감정평가와의 관련성

토지잔여법의 성립 근거

3] 균형의 원칙

(1) 의의

부동산의 가치는 부동산을 구성하고 있는 생산요소 간의 결합비율이 적정한 균형을 이룰 때 최고가 됨

⑵ **감정평가와의 관련성**

토지상 건물의 신축, 건물의 증축, 건물의 개·보수 등 추가투자에 대한 판단기준을 제공, 기능적 감가수정의 요인

4) 수익체증, 체감의 원칙

⑴ **의의**

부동산에 대한 단위투자수익은 체증하다가 어느 수준에 이르게 되면 한계수입과 한계비용이 일치하게 되고 이를 넘어서면 체감

⑵ **감정평가와의 관련성**

추가투자의 적정성 판단, 한계층수의 결정, 입체이용률과 입체이용저해율의 산정 근거, 지가배분율과 층별효용비율의 산정 근거, 공중권의 이용가치 산정

3. 외부 측면의 원칙

1) 외부성의 원칙

⑴ **의의**

부동산의 가치는 외부적인 요인에 의해 영향을 받아서 결정

⑵ **감정평가와의 관련성**

가치형성요인분석

2) 적합의 원칙

⑴ **의의**

부동산의 이용이나 특성이 주위환경이나 시장수요와 일치할 때 최고의 가치가 창출되며 이것이 유지될 수 있음

⑵ **감정평가와의 관련성**

가치형성요인분석에서 인근지역의 표준적 이용과의 비교과정과 최유효이용의 판정에 활용. 기능적, 경제적 감가수정의 요인

3) 대체의 원칙

⑴ **의의**

부동산의 가치는 대체관계에 있는 다른 부동산 또는 다른 재화의 영향을 받아서 결정

⑵ **감정평가와의 관련성**

부동산가격의 평가는 그 부동산을 재조달할 경우의 비용과 동등한 효용을 갖는 부동산의 거래가격과 부동산을 이용함에 의해 얻어지는 수익의 측면에서 행해지므로 대체의 원칙은 3방식과 관련

4) 수요·공급의 원칙

⑴ **의의**

부동산의 가치는 수요와 공급의 상호작용에 의해 결정

⑵ **감정평가와의 관련성**

부동산가격의 이중성을 설명하는 이론적 근거. 비교방식에서 거래사례의 적정성 판단, 원가방식에서 재조달원가의 적정성 판단, 수익방식에서 수익의 적정성 판단에 활용

5) 기회비용의 원칙

(1) 의의

부동산의 가치는 기회비용을 반영한 요구수익률의 영향을 받아서 결정

(2) 감정평가와의 관련성

시장접근법이나 소득접근법에서 유사 부동산의 관련 자료를 분석하는 것

6) 경쟁의 원칙

(1) 의의

부동산의 가치도 경쟁이 있으므로 초과이윤이 없어지고 대상부동산은 그 가치에 적합한 가격을 갖게 됨

(2) 사전적 독점

부동산의 가치에 영향을 줄 수 있는 어떤 사건이 발생하기도 전에 특정 위치에 미리 입지함으로써 생기는 독점

4. 부동산 가격제원칙의 상호작용성

제3절 최유효이용

1. 최유효이용의 개념 및 근거

1) 최유효이용의 개념

2) 최유효이용의 이론적 근거

(1) 인간의 합리성 추구

(2) 토지 할당

(3) 최유효이용의 강제

2. 최유효이용에 대한 판정기준

1) 물리적 이용가능성

지반, 지형, 형상 등 개별적 특성과 공공편익시설의 유용성과 같은 인공환경적 요인

2) 합법적 이용가능성

용도지역제, 건축법규, 환경기준이나 생태기준과 같은 각종 규제요건에 충족되는 이용이어야 한다는 것

3) 합리적 이용가능성(경제적 측면)

합리적으로 가능한 이용이면서 경제적으로도 타당성이 있어야 한다는 것

4) 객관적 자료에 의해 뒷받침되는 최고의 수익성

그 이용이 최고의 수익을 올릴 수 있다는 것이 객관적 자료에 의해 증명될 수 있는 이용이어야 한다는 것

5) 검토

3. 최유효이용의 분석

1) (나지 및 나지를 상정한) 토지에 대한 분석

최고의 토지가치를 창출하는 이용이 최유효이용, 현재 용도와 잠재적 용도 간의 비교

(1) 비수익성 부동산일 경우

개발 후 복합부동산의 시장가치에서 건축비용과 개발업자의 수수료 등을 포함한 개발비용을 공제

(2) 수익성 부동산일 경우

① 직접환원법에 의해 산정하는 경우 복합부동산의 순수익을 종합환원율로 환원하고 건축비용 등 개발비용을 공제

② 토지귀속순수익을 토지환원율로 환원

2) 복합부동산에 대한 분석

최고의 전체가치를 창출하는 이용이 최유효이용, 현재 용도 유지, 용도 전환, 철거 간의 비교

(1) 자본적 지출이 필요 없는 경우

수익성 부동산인 경우 순수익을 종합환원율로 환원시켜 개량부동산의 가치를 산정

(2) 자본적 지출이 필요한 경우

수익성 부동산인 경우 순수익을 종합환원율로 환원하여 부동산가치를 산정한 후 자본적 지출을 공제

3) 토지와 복합부동산에 대한 분석의 결과가 상이한 경우의 처리

개량부동산에 대한 최유효이용의 분석에서는 기존 개량물의 철거비용, 신축비용, 건설기간 동안의 임대료 손실 등이 포함되기 때문에 같은 부동산이라 하더라도 두 가지 분석, 즉 토지에 대한 최유효이용과 개량부동산에 대한 최유효이용의 결과가 다를 수 있음

4) 최유효이용의 분석과 시장분석 및 감정평가방법의 관계

최유효이용의 분석은 선행하는 시장분석과 후행하는 감정평가방법의 적용과 밀접한 관련이 있음

4. 최유효이용 판정 시 유의사항

1) 통상의 이용능력이 있는 사람에 의한 이용일 것

특별한 능력을 가진 사람의 경우 더욱 높은 수익을 올릴 수도 있으나 이는 비정상적인 상황으로 배제

2) 단순한 이용자에 의한 이용이 아닐 것

이용자는 소유자와 달리 계약내용 및 조건에 따라 이용방법이 한정되거나 제한

3) 예측 가능한 이용일 것

효용의 발휘시점이 너무 먼 미래로 예상되는 경우 ×

4) 장기적 고려를 통한 이용일 것

사용·수익이 장래 상당 기간 계속될 수 있는 이용, 일시적으로 초과수익을 누리고 있는 상황 ×

5) 수요분석에 유의

해당 용도에 대한 충분한 수요가 있는지 여부를 확인

5. 판정 시 장애요인

1) 경제주체의 비전문성

부동산의 이용 결정에는 물리적, 사회적, 경제적, 행정적 요인 등 수없이 많은 요인들이 영향을 미치고, 이러한 요인들은 끊임없이 변화하기 때문에 소유자를 비롯한 경제주체들이 최유효이용을 판정한다는 것이 그리 쉬운 일이 아님

2) 부동산시장의 불완전성

부동산의 자연적 특성인 지리적 위치의 고정성으로 인한 지역적 이동의 어려움과 고가성으로 인한 시장참여자의 제한, 개별성으로 인한 정보의 불완전성 등으로 인하여 완전경쟁이 이루어지기 어려움

3) 정부의 행정적 규제

지역지구제나 건축인허가 권한을 행사하여 사유지의 최대수익 창출을 위한 최유효이용으로의 진입을 막거나 임대료 통제 등의 법적 규제를 통해 최유효이용으로의 진입을 지연

6. 특수상황의 최유효이용

사안마다 특별한 주의가 요구되므로 유의

1) 단일이용

주위 용도와는 다른 독자적인 토지이용. 시장수요가 충분한 경우에는 최유효이용

2) 복합적 이용

하나의 토지에 여러 용도가 혼합되어 있는 이용

3) 중도적 이용

가까운 장래에 대상토지 또는 개량부동산에 대한 최유효이용이 도래할 것으로 생각될 때 그 이용을 대기하는 과정에서 현재 할당되고 있는 이용. 일치성의 원리란 토지와 건물을 각각 다른 용도로 보고 평가해서는 안 되고, 동일한 용도로 보고 평가해야 한다는 원리

4) 비적법적 이용

한때는 적법하게 건축되고 유지되던 이용이었으나 현재는 더 이상 각종 규정에 부합하지 않는 이용. 기득권을 보호, 불법적 이용과 구별, 과대개량된 부동산의 경우에는 오히려 높은 가치(건부증가)

5) 비최유효이용

기존 개량부동산의 이용이 나지를 상정하였을 경우 토지의 최유효이용과 부합하지 않는 경우를 의미. 같은 범주는 물리적, 기능적 감가. 다른 범주는 물리적, 기능적, 경제적 감가

6) 특수목적의 이용

호텔, 극장, 대학, 교회, 공공건물과 같은 특정한 활동을 위해서 설계되고 운영되는 부동산의 이용, 개량부동산에 대한 최유효이용 분석(수요가 충분한 경우, 사용가치), 토지에 대한 최유효이용 분석(수요가 충분하지 않은 경우, 교환가치)

7) 투기적 이용

취득 후 별다른 운영을 하지 않은 채 보유만 하면서 처분을 위한 준비상태에 있는 일시적인 현재이용

8) 초과토지와 잉여토지

초과토지란 현존 지상개량물에 필요한 적정면적 이상의 토지를 말하며, 건부지와 다른 용도로 분리되어 독립적으로 사용될 수 있으므로 건부지와는 별도로 평가. 잉여토지란 기존 개량물 부지와 독립적으로 분리되어 사용될 수 없고 별도의 최유효이용 용도에 이용할 수 없는 토지

7. 일단지

1) 일단지 토지의 개념

2필지 이상으로 구분등록이 되어 있는 토지가 해당 토지의 최유효이용의 관점에서 볼 때 인접 토지와 일단을 이루어 같은 용도로 이용되는 것이 가장 수익성이 높은 경우

2) 일단지 토지와 합병토지

2필지 이상의 여러 토지를 합쳐 하나의 필지로 만드는 것이 합병

3) 일단지 토지의 판단기준

(1) 용도상 불가분의 관계

사회적·경제적·행정적 측면에서 합리적이고 해당 토지의 가치형성적 측면에서도 타당하다고 인정되는 관계

(2) 「공간정보의 구축 및 관리 등에 관한 법률」상 지목과의 관계

지목분류 개념과는 반드시 일치하는 것이라고는 볼 수 없음

(3) 일단지와 토지소유자와의 관계

토지소유자가 다른 경우에도 이를 민법 제262조에서 규정한 공유관계로 보아 일단지에 포함

(4) 일단지의 일시적 이용상황

가설 건축물의 부지이거나 조경수목재배지, 조경자재제조장, 골재야적장 등은 일단지 ×

(5) 일단지로 인정되는 시점

현재 건축물 등이 있는 경우, 건축물을 건축 중에 있는 토지의 경우, 나지상태이거나 건축허가 등을 받고 공사를 착수하여 장차 일단지로 이용할 것이 객관적으로 예상되는 경우

4) 토지용도별 일단지의 최유효이용 분석

(1) 주거용지

주택재개발사업이나 재건축사업에 의하여 기존 건축물을 철거하고 새로이 아파트 등을 신축하는 경우

(2) 상업용지

각기 소유자가 다른 최소대지면적에 미달되는 여러 필지의 토지 위에 하나의 건축물이 건립되어 있을 경우에 각 토지소유자가 그 건축물을 수평적으로 구분하여 소유·이용

(3) 공업용지

2필지 이상의 공장용지가 하나의 사업체의 부지로서 일단으로 이용

(4) 농경지 및 임야지

(5) 후보지

개발사업시행예정지역 안에 있는 토지로서 사업시행자가 사업계획의 승인고시일(사업인정고시일) 이후에 해당 개발사업시행예정지역 안에 있는 토지를 매수 등을 통하여 사실상 소유하고 있는 경우

(6) 특수용지

염전, 골프장, 유원지 등

5) 일단지 토지의 최유효이용 분석사례

부동산시장에 대한 이해

제1절 부동산시장의 의의

1. 개념

질, 양, 위치 등 여러 가지 측면에서 유사한 부동산에 대해 가치가 균등해지는 경향이 있는 지리적 구역

2. 형태

제2절 부동산시장의 분류

1. 지리적 위치에 따른 분류
지역시장

2. 용도(유형)에 따른 분류
주거용·상업용·공업용 시장 등

3. 규모에 따른 분류
1) 금액에 따른 분류
저가·중가·고가시장

2) 면적에 따른 분류
소형·중형·대형시장

4. 가격의 유형에 따른 분류
매매시장과 임대차시장

5. 거래의 자연성 여부에 따른 분류
경매시장, 공매시장

6. 시장참가자의 상대적 힘의 차이에 따른 분류
매도자 우위시장과 매수자 우위시장

제**3**절 부동산시장의 특성

1. 시장의 국지성

지역에 따라 여러 부분시장

2. 수급조절의 어려움

수요·공급의 조절이 쉽지 않고 가격 왜곡

3. 상품의 비표준화성

표준화가 불가능한 이질적인 상품

4. 시장의 비조직성

지역마다 상품마다 거래가격이나 내용이 다르고, 거래의 비공개성으로 인해 시장을 유형별로 조직화하기 어려움

5. 거래의 비공개성

정보의 수집이 어려우며 정보탐색비용 또한 많이 듦

6. 자금의 유용성에 큰 영향을 받음

고가의 상품, LTV, DTI, DSR 같은 규제, 금리

7. 제도적 제한의 과다

사회성, 공공성이 매우 큰 자산, 법적 제한, 행정적 제한, 사회적 제약 등 그 종류도 매우 다양함

8. 시장의 불완전성

1. 정보의 창출 및 제공기능

가격 및 거래량 등 거래정보를 창출하고 필요한 사람들에게 제공

2. 공간의 배분 및 자원배분기능

부동산을 소유하고 이전하고 공간을 배분, 다른 자원의 부동산에 대한 배분도 촉진

3. 교환기능

부동산과 현금, 부동산과 부동산 등의 형태로 교환 가능

4. 양과 질의 조정기능

농지·산지 등이 택지로 개발되어 해당 용도에 대한 토지 공급이 증가함. 시장의 변화와 수요가 대상부동산의 양과 질을 변화

5. 토지이용의 결정기능

지대지불능력에 따라 토지이용의 유형을 결정

6. 가격의 창조기능

시간의 흐름에 따라 매수자 제안가격은 점차 상승하고, 매도자 제안가격은 점차 감소

제5절 부동산시장의 한계 및 정부개입

1. 부동산시장의 한계

1) 시장의 불완전성으로 인한 문제

부동산의 자연적 특성으로 인해 불완전경쟁시장의 성격

2) 시장실패로 인한 문제

불완전경쟁시장, 외부효과, 공공재, 불확실성

2. 정부의 개입

효율적 이용문제의 해결뿐 아니라 부동산의 이용에 있어서의 형평성 문제 해소

제6절 부동산에 대한 수요

1. 수요의 개념

재화나 용역에 대한 구매욕구

2. 수요의 특징

1) 국지적인 수요

지역적 차원의 국지적 수요

2) 일회성 아닌 지속적인 수요

효용이 없어지지 않고 장기간에 걸쳐 지속적인 수요

3) 차별화된 수요

비동질적이며 개별적인 수요

4) 비탄력적인 수요

필수재의 성격이기에 수요는 비탄력적인 경우가 일반적

5) 파생수요

다른 형태의 수요에서 파생되어 발생

3. 수요곡선의 개념 및 모양과 수요곡선의 변화

1) 수요곡선의 개념 및 모양

수요곡선이 우하향하는 이유는 대체효과와 소득효과로 설명

2) 수요량의 변화와 수요의 변화

수요량의 변화란 임대료가 변화함에 따라 동일 수요곡선 상에서 수요량이 변화하는 것. 수요의 변화란 수요 자체에 대한 변화를 말하는 것으로 곡선 자체를 상하로 이동

4. 부동산수요의 결정요인

해당 부동산의 가격변화(수요량의 변화), 관련 재화의 가격변화, 소득의 변화, 기호 및 선호도의 변화, 해당 부동산의 가격예상 등이 있음. 이외에도 이자율, 신용의 유용성, 부의 크기, 인플레이션, 광고 등 요인(수요의 변화)

제7절 부동산에 대한 공급

1. 공급의 개념

공급주체가 일정기간 상품을 판매하고자 하는 욕구

2. 공급의 특징

1) 공간 및 위치의 공급

공간의 공급임과 동시에 위치의 공급

2) 비탄력적, 독점적인 공급

부동산의 공급은 비탄력적이고 독점적인 성격

3) 경제적 공급의 가능

부동산개발, 이용의 집약화 등에 의한 효율성의 증대, 용도전환 및 공법상 규제의 완화 등을 통해 경제적 공급이 가능

4) 장기적인 공급

수요나 가격의 변화에 대한 공급의 반응시간은 비교적 김

5) 공급의 전환

기존 공급이 다른 공급으로 전환될 수 있으며 수요가 공급으로 전환

3. 공급곡선의 개념 및 모양과 공급곡선의 변화

1) 공급곡선의 개념 및 모양

공급곡선이 우상향하는 이유는 생산비와 관계가 있는데 가용자원이 제한되어 공급량이 증가하면 생산비도 상승하기 때문임

2) 공급량의 변화와 공급의 변화

공급량의 변화란 임대료가 변화함에 따라 동일 공급곡선에서 공급량이 변하는 것. 공급의 변화란 공급 자체에 대한 변화로 곡선 자체를 상하로 이동

4. 부동산공급의 결정요인

해당 부동산의 가격변화(공급량의 변화), 관련 재화의 가격변화, 생산요소의 가격변화, 기술수준 등의 부동산 자체 요인들과 이자비용, 인플레이션, 세금, 정부정책 등 외부적 요인(공급의 변화)

제8절 부동산시장의 효율성

1. 정보의 효율성

1] 의의

부동산시장의 정보가 얼마나 많이 그리고 얼마나 빨리 가치에 반영되는가 하는 것을 정보의 효율성

2] 효율적 시장의 분류

(1) 약성 효율적 시장

역사적 정보가 이미 반영되어 있기 때문에 가치에 대한 과거의 역사적 자료를 분석하더라도 정상 이상의 수익을 획득할 수 없는 시장

(2) 준강성 효율적 시장

어떤 새로운 정보가 공표되는 즉시 시장가치에 반영되는 시장

(3) 강성 효율적 시장

공표된 것이건 공표되지 않은 것이건 어떠한 정보든지 모두 시장가치에 반영되는 시장

2. 배분의 효율성(할당적 효율성)

1] 의의

모든 자산의 가격이 모든 수요자와 공급자의 한계수익률을 일치시키도록 균형가격이 성립되고 이 가격이 경제 전체적으로 자원의 효율적 배분을 가능하게 하는 것

2] 배분의 효율성과 불완전경쟁시장

불완전경쟁시장에서 발생하는 초과이윤이 초과이윤을 발생하도록 하는 데 드는 비용과 일치하면 비록 불완전경쟁시장이라도 배분 효율적

3. 운영의 효율성

1] 의의

제도적 운영 면에서 마찰을 가급적 줄여 거래 또는 자원의 이전이 원활하게 이루어지도록 하는 내부효율성

2] 부동산시장의 경우

각종 법률 및 행정규제, 사회적 제약 등으로 운영의 효율성을 기대하기 어려운 경향

부동산시장의 분석에 대한 이해

제1절 부동산경기변동

1. 부동산경기변동의 의의

부동산도 경제재의 하나로서 일반경기변동과 마찬가지로 일정기간을 주기로 하여 호황과 불황을 반복하면서 변화하는 것

2. 부동산경기변동의 종류

1) 순환적 변동

'경기순환'이라고 표현하는데 경제가 파형과 같이 상승운동과 하강운동을 반복하는 것

(1) 확장기(상향시장)

불황을 완전히 벗어나 호황에 이르게 되며 상승국면을 지속하는 단계로서 일반기의 확장에 해당하는 국면

(2) 후퇴기(후퇴시장)

경기의 정점을 지나 하향세로 접어들며, 불황시장까지는 도달하지 않은 상태

(3) 수축기(하향시장)

불황 속에서 계속적인 경기하강이 진행되며 저점에 도달하는 시기

(4) 회복기(회복시장)

경기 저점을 지나 상승하는 단계이나 아직도 불황의 단계

(5) 안정시장

부동산가격이 안정되어 있거나 물가상승률정도의 약한 상승만 나타남. 도심의 택지 등 위치 좋은 곳의 불황에 강한 부동산

2) 계절적 변동

일 년을 단위로 하여 적어도 일 년에 한 번씩 주기적으로 나타나는 경기변동

3) 장기적 변동

시간에 초점을 맞춘 것으로 50년 또는 그 이상의 기간으로 장기적인 관점에서 측정되는 경기변동

4) 무작위적 변동

예상하지 못한 사건으로 인해 발생하는 비주기적인 경기변동

3. 부동산경기변동의 특징

1) 일반경기보다 후순환적

부동산경기는 착공부터 완공까지 시간이 장기간 소요되므로 일반적으로 후순환적이고, 각 부문별 경기의 가중평균치적 성격을 가지기에 전반적으로 후순환적

2) 일반경기보다 주기가 김

영속성과 내구성으로 인해 일반재화의 경기변동보다 주기가 더 김

3) 일반경기보다 경기순환의 진폭이 큼

일반재화의 경기변동에 비해 저점이 깊고 정점이 높음

4) 일반경기와 대칭구조가 다름

우경사 비대칭형 경기회복은 느리고 경기후퇴는 빠르게 진행

5) 기타

고정성과 지역성으로 국지적인 특징이 있음. 또한 이사철과 같은 계절적인 불안, 행정적 요인에 의해 많은 영향 받음

4. 부동산경기변동의 제 요인

1) 사회적 요인 및 경제적 요인

인구의 변동, 주택보급률, 주택건설 호수, 가구수의 변동, 교육 및 사회복지의 상태 등의 사회적 요인과 도매물가지수, 국민총생산, 임금 및 고용의 증가, 이자율 및 통화량, 무역수지, 기술혁신 및 산업구조 등의 경제적 요인

2) 행정적 요인 및 자연적 요인

토지이용규제, 토지 및 주택정책, 부동산세제 등의 행정적 요인과 계절적 요인 및 지진, 홍수, 화재와 같은 자연재해 등의 자연적 요인

5. 부동산경기의 측정

1) 부동산경기측정지표

(1) 부동산가격변동

부동산가격이 상승할 때는 부동산경기도 상승국면에 있고 하락할 때는 하락국면, 인플레이션이나 건축비 상승에 따른 가격상승이거나 투기적 요인에 의한 일시적 상승에 유의

(2) 거래량

거래량이 많으면 호경기이고, 적으면 불경기. 거래량의 통계가 행정적인 절차에 따라 다소 시차를 두고 발표된다는 점에 유의

(3) 건축허가량

건축허가량이 많으면 호경기, 적으면 불경기

(4) 택지분양실적

택지분양이 활발하면 경기가 상승국면, 분양실적이 저조한 때에는 경기가 하락국면

(5) 미분양 재고량

미분양재고가 증가하면 가격이 하락하고 공급이 감소됨에 따라 불경기로 볼 수 있는 반면, 감소하면 회복국면

(6) 공가율과 임대료수준

공가율이 높아지면 임대료수준이 낮아지고 신규건설도 둔화되어 시장이 악화되는 반면, 공가율이 낮아지면 임대료가 상승하며 부동산경기도 회복국면

⑺ 부동산금융의 상태

부동산금융의 상태가 악화되면 시장상태도 악화. 금융상태가 호전되면 부동산경기도 좋아짐

⑻ 기타

내적(인구수, 가구수, 주택보급률 및 부족률 등 수요와 관련된 변수와 주택건설 호수 등 공급과 관련된 변수), 외적(경기종합지수, GNP, 수출과 수입량, 임금상승률, 금리, 통화량, 종합주가지수 등 거시경제변수), 대체요인(예금금리와 채권수익률, 주가지수 등)

2) 부동산경기의 측정방법

⑴ 과거 추세치를 연장하는 방법

통계적 기법을 이용해서 과거의 자료를 통해 그 추세를 파악

⑵ 지역경제분석 등 경제분석에 의하는 방법

특정지역이나 도시의 모든 부동산에 대한 수요요인과 시장에 미치는 요인을 확인하고 분석

⑶ 지수를 이용하는 방법

실거래가격지수, 거래량 등 대표적인 지수를 통해 경기흐름을 측정

⑷ 대체수요를 이용하는 방법

예금금리, 채권수익률, 주가지수 등 부동산경기와 역행하는 지표를 활용하여 측정

6. 감정평가 시 유의사항

1) 가격제원칙 관련한 유의사항

현재의 시장이 어디에 위치하고 있는지를 합리적이고 정확하게 판단하기 위해서는 변동의 원칙과 예측의 원칙에 유의

2) 지역분석 및 개별분석 관련 유의사항

지역성(국지성), 개별성으로 인해 전체 부동산경기변동과 특정지역, 개별부동산의 상황이 상반될 수도 있기에 유의

3) 평가방법 적용 시 유의사항

⑴ 거래사례비교법 적용 시 유의사항

① 가장 가까운 최근의 사례를 수집, 거래가 한산한 하향시장, 후퇴시장에서는 사례수집이 어려움, ② 각 국면마다 어떠한 사정과 동기가 개입될 수 있는지를 파악, ③ 정점 이전 기간은 상승변동률을, 이후 기간은 하강변동률을 적용하는 등 기간을 다시 세분해서 적용, ④ 최유효이용 기준으로 비교

⑵ 원가법 적용 시 유의사항

① 기준시점 현재의 최신 신축원가, 각 국면에 따라 건축비지수 변동 등을 참고하여 원가를 보정, ② 기능적, 경제적 가치 감소부분을 적절히 파악, 관찰감가법 등을 병용

⑶ 수익환원법 적용 시 유의사항

거래가격에 대한 유력한 검증수단으로 활용.

① 순수익은 현재 어떤 국면이고 장래에 어떻게 변동될 것인가를 예측

② 자본환원율과 지가등락은 역상관관계에 있으므로 경기순환국면에 따라 적절히 조정

4) 시산가액 조정 시 유의사항

안정국면에서는 비준가액의 신뢰도가 높아지므로 상대적으로 높은 비중을 둠. 극단적인 호황, 불황 시에는 사례가 불안정하므로 비준가액보다 적산가액, 수익가액에 비중을 두고 합리성 검토

제2절 일반분석

1. 의의

일반경제사회에 있어 부동산의 이용상태 및 가격수준에 전반적으로 영향을 미치는 제반 요인을 분석

2. 일반분석의 중요성

1) 세계의 글로벌화

세계 속에서 한국의 가치형성요인은 어떻게 작용하고 다른 나라와의 관계에서 상대적으로 어떤 특징과 현상을 나타내는지를 파악

2) 지역분석의 선행단계

그 기초가 되는 일반요인에 대한 분석을 보다 철저하게 할 필요가 있음

3) 정확한 시장가치의 도출

배경이 되는 일반요인과 관련성을 충분히 파악하고 분석해야 정확한 가치를 도출

3. 일반분석의 지역지향성

부동산은 지역성이 있고 지역마다 차별화된 지역특성을 지니고 있어서 실질적인 분석작업은 지역단위로 구분되어 이루어짐

1. 의의

지역분석이란 대상 부동산이 속하고 있는 지역의 범위를 확정하고 그 지역 내 부동산의 이용상태 및 가격수준 형성에 영향을 미치는 지역요인의 분석을 통하여 지역의 특성과 장래동향, 대상 부동산이 속한 인근지역의 지역 내 상대적 위치를 파악함으로써 궁극적으로 표준적 이용과 가격수준을 파악하는 작업

2. 필요성 및 목적

1) 부동산의 지역성

다른 부동산과 어떤 지역을 구성하고 그 지역과 상호의존·보완관계에 있으며 그 지역 내 타 부동산과 협동, 대체, 경쟁 등의 상호관계를 통하여 사회적, 경제적, 행정적 위치를 점하게 되는 지역성이라는 특성

2) 지역특성

다른 지역과 구별되는 그 지역 나름대로의 지역특성

3) 지역의 변화

지역은 고정되어 있는 것이 아니라 자연적, 사회적, 경제적, 행정적 요인의 변화에 따라 항상 변화

4) 상대적 위치의 파악

대체·경쟁관계에 있는 유사지역, 동일수급권까지 분석함으로써 대상지역의 상대적 위치를 보다 명확하게 파악

5) 표준적 이용의 파악을 통한 최유효이용에 대한 판정방향 제시

표준적 이용은 그 지역 내 부동산의 최유효이용을 판정하는 유력한 기준

6) 가격수준의 파악을 통한 개별·구체적 가격판정 기초

가격수준을 파악함으로써 개별부동산의 구체적인 가격을 제대로 판정

7) 사례자료의 수집범위 결정

감정평가에 필요한 사례자료의 수집범위와 한계를 결정

3. 지역분석의 방법

1) 인근지역의 확정

용도적 공통성, 기능적 동질성을 지닌 인근지역을 확정. 너무 좁게 잡으면 사례선정이 어렵고, 너무 넓게 잡으면 가격수준의 파악이 어려움

2) 지역요인의 분석

해당 지역의 시장상황과 시장참가자들의 거래관행 등에 초점을 맞추어 지역요인의 분석

3) 표준적 이용 및 가격수준의 판정

4. 관련 가격제원칙

1) 변동의 원칙

지역 및 지역요인은 부단한 변동을 하고 이는 지역특성을 변동시키고 가격수준에 영향

2) 예측의 원칙

표준적 이용과 장래 동향을 명백하게 파악

3) 대체·경쟁의 원칙

인근지역, 유사지역, 동일수급권은 대상 부동산과 대체관계가 성립하고 가격형성에 있어 서로 영향을 주고받음

4) 적합의 원칙

대상지역 판정과 관련하여 지역 내 일반적·표준적 이용상황과 적합한지 정도가 관건임

5. 지역분석 시 유의사항

1) 일반요인의 지역지향성

일반요인이 지역적 범위로 축소됨에 따라 나타나는 여러 가지 현상과 특징에 대하여 면밀하게 검토함

2) 인근지역의 명확한 경계설정

자료의 수집정리, 현장답사 등을 통해 인근지역의 범위를 명확하게 설정함

3) 동태적 분석의 필요성

지역요인은 고정되어 있는 것이 아니라 경제사회의 변화에 따라 항상 변화해가기 때문에 시계열적인 측면에서 동태적으로 지역분석을 해야 함

4) 유사지역, 동일수급권 분석의 병행

인근지역의 상대적 위치를 보다 정확하게 파악하기 위해서는 유사지역과 동일수급권도 획정해서 비교작업을 병행함

5) 부동산시장에 기반한 자료의 수집과 분석

구체적인 자료의 수집과 분석을 통해 객관적으로 이루어져야 정확성과 신뢰성이 높아짐. 부동산시장의 현황과 시장참가자들의 행동, 거래상황 등을 기준으로 한 실증적인 것

제4절 지역분석의 대상지역

1. 인근지역

1) 의의

대상 부동산이 속한 지역으로서 부동산의 이용이 동질적이고 가치형성요인 중 지역요인을 공유하는 지역

2) 특징

용도적·기능적으로 동질성, 대상 부동산의 가격형성에 직접적인 영향, 상호 대체·경쟁의 관계에 있고 동일한 가격수준, 인근지역 생애주기 패턴을 가지고 변화함

3) 인근지역의 조건

4) 인근지역의 경계(범위)설정

(1) 의의

동질성이 인정되는 지역의 범위를 정하는 것

(2) 경계설정의 중요성

1차적인 대상지역으로 중요한 의미를 가지고, 대상의 가격형성에 직접 영향을 미치며, 개별부동산의 최유효이용의 판정 방향을 제시하는 표준적 이용의 파악을 위한 공간적 범위

(3) 경계설정의 기준

① 일반적 기준(종별과 용도적 동질성을 기준으로 토지의 이용행태, 연속성의 차단, 토지이용의 편리성, 교통체계 등)

② 구체적 기준('자연적 경계'는 지반, 지세, 지질, 하천, 구릉, 산악 등, '인위적 경계'는 도로, 철도, 공원 등. 언어와 같은 무형적 측면, 종교와 같은 사회적 측면, 소득수준, 문화생활과 같은 경제적 측면, 행정구역, 용도지역지구제와 같은 행정적 측면)

(4) 경계설정의 방법

지역의 물리적 특성 검토 → 지도상에 예비적 경계 설정 → 예비적 경계의 적정성 검토

(5) 경계설정 시 유의사항

적정범위 설정, 동태적 분석을 통한 설정, 과학화, 객관화, 법상 용도지역과 불일치 가능성

2. 유사지역

1) 의의

대상 부동산이 속하지 아니하는 지역으로서 인근지역과 유사한 특성을 갖는 지역

2) 유사지역 분석의 필요성 및 목적

(1) 대체의 원칙

인근지역은 대체의 원칙에 의거 유사지역과 밀접한 관계

(2) **인근지역의 상대적 위치와 지역특성의 명확한 파악**

인근지역의 상대적 위치와 지역특성을 보다 명확하게 파악하고, 인근지역의 표준적 이용과 가격수준을 보다 적정하게 파악하기 위함

(3) **지역의 변화**

인근지역의 장래동향을 보다 명확히 함

(4) **사례자료의 수집범위 확장**

유사지역의 사례를 분석함으로써 인근지역의 사례에 대한 적정성을 검증함으로써 감정평가액의 정확도를 높일 수 있음

3] 특징

지리적 위치는 다르나, 용도적·기능적으로 유사하여 지역구성요소가 동질적인 것

3. 동일수급권

1] 의의

일반적으로 대상부동산과 대체·경쟁관계가 성립하고 가치형성에 서로 영향을 미치는 관계에 있는 다른 부동산이 존재하는 권역으로 인근지역과 유사지역 등을 포함하는 광역적인 지역

2] 동일수급권 분석의 필요성 및 목적

(1) **대체의 원칙**

(2) **인근지역의 상대적 위치와 지역특성의 명확한 파악**

(3) **지역의 변화**

(4) **사례자료의 수집범위 확장**

3] 특징

대상부동산과 위치적 유사성, 물적 유사성을 지닌 부동산이 존재하는 권역, 그리고 부동산 상호 간에 대체·경쟁관계가 성립하고 가격에 영향을 미칠 수 있어야 함

4] 토지의 종별에 따른 동일수급권 파악

(1) **택지의 동일수급권**

주거지(도심으로부터 통근가능한 지역의 범위와 일치), 상업지(상업배후지를 기초로 성립되는 상업수익의 대체성이 인정되는 지역의 범위와 일치), 공업지(제품생산 및 판매비용의 경제성, 생산의 능률성이 대체성을 갖는 지역의 범위와 일치)

(2) **농지의 동일수급권**

해당 농지를 중심으로 농업경영이 가능한 거리의 범위와 일치

(3) **임지의 동일수급권**

통상의 임업 생산활동이 가능한 지역의 범위와 일치

(4) **예정지, 이행지의 동일수급권**

대상토지가 전환하리라 예견되는 토지 종별의 동일수급권과 일치

5] 동일수급권 분석 시 유의사항

① 인근지역, 유사지역과 대체·경쟁관계를 고려, ② 대상 부동산의 종류, 성격, 규모, 위치, 가치 등을 고려, ③ 예정지, 이행지를 파악할 때 성숙도를 고려

4. 인근지역의 변화와 생애주기

1) 의의 및 중요성

어떤 지역이 새로 생성되어 물리적, 사회적, 경제적 기능을 다하기까지의 연한으로 생태학적 개념에서 착안한 것, 시계열적 흐름에 따른 지역의 상태를 판단하는 데 중요함

2) 생애주기의 국면

(1) 성장기

어떤 지역이 처음으로 형성, 지가의 상승이 계속되고, 투기현상, 지역 내 공간이용에 대한 경쟁이 치열함

(2) 성숙기

지역이 점차 안정단계에 이르고 지역의 기능도 자리 잡히기 시작, 지가 및 지역기능이 최고도에 달하며 지가의 흐름은 안정적이거나 가벼운 상승세, 중고부동산의 거래가 부동산시장의 중심, 주민의 사회, 경제적 수준이 가장 높음

(3) 쇠퇴기

점차 노후화되기 시작, 주택여과과정현상이 시작

(4) 천이기

쇠퇴의 진행과정에서 갈림길

(5) 악화기

재개발하지 않은 경우 슬럼화되어 가는 단계로서 부동산관리비용이 수익을 초과하여 방기현상이 가속화

3) 유의사항

해당 지역이 순환적 수명의 국면에서 현재 어떤 상태의 위치에 있는지를 판단하고 대상 부동산의 쾌적성에 있어 진부화 정도와 잔존 경제적 내용연수에 의한 수익에 미치는 영향을 분석

제5절 개별분석

1. 의의

지역분석에 의해 파악된 지역의 표준적 이용과 가격수준을 기준으로 부동산의 개별성에 근거하여 가격형성의 개별적 제 요인을 분석하여 최유효이용을 판정하고 구체적 가격에 영향을 미치는 정도를 분석

2. 필요성 및 목적

1) 부동산의 개별성

각각의 개별성에 의해 가격형성 또한 개별적으로 이루어지기 때문

2) 가격전제로서 최유효이용의 판정

부동산의 가격은 최유효이용을 전제로 형성

3) 구체적 가격에 영향을 미치는 정도의 분석

개별부동산 차원의 구체적 가격에 어떠한 영향을 얼마나 미치는지 분석

4) 지역분석과의 Feed-Back 관계로 인한 적정성의 검증, 보완

표준적 이용과 가격수준이 개별부동산의 최유효이용 및 개별적·구체적 가격에 영향을 미치고, 개별부동산의 최유효이용과 개별적·구체적 가격이 바로 표준적 이용 및 가격수준이 됨

3. 개별분석의 방법

1) 대상 부동산의 확정

어떤 상태를 기준으로 하느냐에 따라 최유효이용의 행태가 달라지고 가격에 미치는 영향의 정도가 상이함

2) 개별요인의 분석

자연적 제 조건과 사회적, 경제적, 행정적 관점에서 구체적으로 개별부동산에 미치는 영향의 정도를 파악함

3) 최유효이용의 판정 및 구체적 가격에 미치는 영향의 정도 분석

(1) 최유효이용의 판정

해당 부동산의 최유효이용이 무엇인지를 판정함

(2) 개별부동산의 구체적 가격에 미치는 영향의 정도 분석

다양한 가치형성요인들이 개별부동산의 구체적 가격에 미치는 영향의 정도를 분석함

4. 개별분석의 내용

1) 토지의 종별에 따른 개별요인의 분석

(1) 주거지

주택의 쾌적성에 영향을 미치는 제반 요인에 대한 분석이 중요함

(2) 상업지

상가의 수익성에 영향을 미치는 제반 요인에 대한 분석이 중요함

(3) 공업지

생산성에 영향을 미치는 제반요인의 분석이 중요함

(4) 농업지

토지의 생산성에 영향을 미치는 제반 요인의 분석이 중요함

(5) 임지

토지의 생산성에 영향을 미치는 제반 요인의 분석이 중요함

2) 건물의 개별요인 분석

구조, 면적, 고저, 설계 등의 양부, 시공의 질과 양, 공사법상의 규제와 제약 등

3) 건물과 그 부지에 관한 요인의 분석

건물의 배치, 부지와 건물과의 적합 상태 등

5. 개별분석 시 유의사항

1) 대상 부동산의 명확한 확정

어느 범위로 어떻게 설정하느냐에 따라 최유효이용 및 개별부동산의 가격에 미치는 영향에 대한 파악 정도가 달라짐

2) 가치형성요인의 개별성

개별성에 따라 제반 가치형성요인 또한 지역적 차원에서와 달리 개별부동산마다 부동산의 이용상태 및 구체적 가격에 미치는 영향의 정도가 달라짐

3) 동태적 분석의 필요성

시장상황에 따라 변화하므로 시계열적인 측면에서 동태적 분석

4) 부동산시장에 기반한 자료의 수집과 분석

구체적 자료의 수집과 분석을 통해 객관적으로 이루어져야 정확성과 신뢰성이 높아짐

5) 지역분석의 결과를 적절하게 활용

지역분석에 의해 파악된 표준적 이용과 가격수준은 개별부동산의 최유효이용 및 구체적 가격에 영향을 미치게 되기 때문임

제6절 지역분석과 개별분석의 관계

1. 부동산의 종별과 유형

지역분석은 부동산의 종별에 의한 지역의 관점. 개별분석은 부동산의 유형에 의한 개별부동산의 관점

2. 분석범위

지역분석은 대상지역에 대한 광역적, 전체적, 거시적 분석. 개별분석은 대상 부동산에 대한 개별적, 부분적, 미시적 분석

3. 분석순서

일반적으로 분석의 순서는 지역분석이 먼저, 그 후에 개별분석이 행해짐. 그러나 반드시 선후관계가 있다고 단정할 수는 없음

4. 분석목적

지역분석은 표준적 이용과 가격수준을 파악하는 것. 개별분석은 최유효이용과 구체적 가격에 미치는 영향의 정도를 파악하는 것

5. 관련 가격제원칙

지역분석은 적합의 원칙, 외부성의 원칙 등을 비롯한 외부 측면의 원칙과 관련됨. 개별분석은 균형의 원칙, 기여의 원칙 등을 비롯한 내부 측면의 원칙과 관련됨

제7절 표준적이용과 최유효이용의 관계

1. 일치성 여부

일반적으로 표준적 이용에 적합한 것이 최유효이용

2. 창조적 토지이용

창조적 토지이용이 침입, 계승된 경우 새로운 최유효이용의 형태가 형성되고, 이는 표준적 이용의 변화를 초래함

3. 피드백(Feed-Back) 관계

어떤 지역의 표준적 이용은 개별부동산의 최유효이용에 영향을 미침. 한편 개별부동산의 최유효이용의 집약적, 평균적 이용방법이 바로 표준적 이용이 됨

제**8**절 **시장분석**

1. 의의

2. 부동산분석의 체계

"지역경제분석<시장분석<시장성분석<타당성분석<투자분석"의 계층체계.

지역경제분석, 시장분석, 시장성분석은 시장분석으로 이는 특정 개발사업과 관련한 시장에 초점.

타당성분석, 투자분석은 경제성분석(타당성분석)으로 개발업자의 의사결정에 초점

1) 지역경제분석

특정 지역이나 도시의 모든 부동산에 대한 기본적인 수요요인과 시장에 영향을 미치는 요인을 확인, 분석

2) 시장분석

특정 부동산에 대한 시장의 수요와 공급상황을 분석하는 것. 이를 위해서 먼저 부동산의 종류와 용도를 결정하고 시장지역을 획정

① 차별화는 상품의 특성에 따라 부동산을 범주화하여 다른 부동산과 구별짓는 것

② 세분화는 소비자의 특성에 따라 가능소비자를 범주화하여 다른 사람과 구별짓는 것

3) 시장성분석

개발된 부동산이 현재나 미래의 시장상황에서 매매되거나 임대될 수 있는가 하는 가능성 또는 능력을 조사

(1) 부지분석과 입지분석

부지분석이란 크기와 모양, 지형, 편익시설, 접근성, 용도지역제 등 대상 부동산 자체를 분석하는 것, 입지분석이란 대상 부동산의 위치의 양부에 대하여 분석

(2) 흡수분석

흡수율이나 흡수시간 등을 조사하여 부동산의 수요와 공급의 상황과 강도를 구체적으로 조사하고 분석

(3) 시장분석과 시장성분석의 관계

시장분석은 어떤 특정한 부동산 자체가 아닌 시장 전반의 수요와 공급상황을 분석하는 것이므로 시장성분석에 비해서는 거시적인 분석임. 시장성분석은 시장의 수요와 공급상황을 기초로 특정 부동산의 매매나 임대 가능성을 분석하는 것이므로 시장분석은 이러한 시장성분석에 대한 선행작업에 해당함

4) 타당성분석

계획하고 있는 개발사업이 투하자본에 대한 투자자의 요구수익률을 확보할 수 있는지 여부를 파악하여 대상 개발사업이 성공적으로 수행될 수 있는 것인가를 분석함. 물리적, 법률적, 경제적 측면에서 구분

5) 투자분석

위험과 수익의 상쇄관계 속에서 여러 가지 투자대안을 분석하여 받아들일 수 있는 위험수준에서 최고의 수익을 창출하는 대안을 선택하는 과정

1. 의의

대상 부동산에 대한 적절한 시장지역을 획정 짓고, 대상 부동산의 가치에 영향을 줄 수 있는 여러 가지 시장상황을 연구하는 것

2. 시장분석의 구분

① 거시적 관점에서 특정 부동산과 상관없이 지역 전체의 부동산시장을 분석, ② 미시적 관점에서 특정 부동산이 다른 부동산과 경쟁하는 부동산시장을 분석

3. 시장분석의 목적

① 가치추계 시 대상 부동산의 최유효이용을 확인하고 감정평가 3방식을 적용하기 위한 선행절차, ② 비가치추계 시 의사결정 지원

4. 시장/시장성분석의 단계

1) 생산성분석

대상 부동산의 여러 가지 특성을 조사하여, 시장성 있는 대안적 용도를 선정하는 것. 물리적, 법적, 입지적 특성을 고려함

2) 시장획정

대상 부동산에 대한 시장을 획정해야 함. 특정한 부동산제품의 소비자시장을 보다 동질적인 소집단으로 구분하는 것

3) 수요분석

수요분석은 매수자와 임차자 등 대상 부동산의 가능수요자를 확인하는 작업, 주거용, 상업용, 공업용 등 부동산의 용도에 따라 그 초점을 달리해야 함

4) 공급분석

대상 부동산과 동일한 유형의 공급상황을 분석. 경쟁부동산의 공급에는 건축 중인 부동산, 계획예정인 부동산, 그리고 기존 부동산까지 포함해서 분석함

5) 균형분석(잔여분석)

전 단계의 수요와 공급분석의 결과를 종합하여, 현재와 미래의 시장수요와 공급량이 균형을 이루고 있는지, 수요가 초과되고 있는지, 공급이 초과되고 있는지를 분석하고 만약 수요와 공급이 초과되고 있다면 언제쯤 해소되는지 분석함

6) 포착률의 예측

대상 부동산의 특성에 따른 경쟁력을 파악하여 시장에서의 예상포착률을 예측. 포착률이란 특정 유형의 부동산에 해당하는 잠재적인 전체시장에서 대상 부동산이 차지하고 있거나 차지할 것으로 예상되는 비율. 시간의 장단에 따라 단기의 포착률을 시장흡수율로, 장기의 포착률을 시장점유율로 구분함

7) 타당성분석(예정부동산의 경우)

대상 부동산의 경제적 성공과 실패의 가능성을 분석하는 것으로 예정부동산의 시장분석에서 추가

5. 감정평가에서의 활용

대상 부동산의 가치를 평가하기 위한 필수적인 과정. 컨설팅업무에 있어서는 대상 부동산의 가치평가를 포함하여 시장분석 자체가 그 목적임

6. 시장분석의 한계

1) 개설

2) 자료와 관련한 한계

과거의 통계자료는 단지 과거의 현상만을 설명해 주는 한계가 있음. 분석보고서에 사용된 자료 중에는 해당 프로젝트와 관련이 없는 자료가 활용되어 시장분석한 경우가 있음

3) 분석과 관련한 한계

중요한 현상에 대하여 충분한 고려를 하지 않고 시장분석한 경우가 있음

1. 개요

2. 부동산과 금융시장의 관계

1) 부동산과 금융시장과의 관계

부동산거래활동에 있어서 담보대출을 이용. 부동산개발 및 건축활동에 있어서도 자금을 대여 받아 이용. 부동산투자활동에 있어서 예금, 주식, 채권과 같은 다른 재화의 수익률에 영향을 받음

2) 양 시장이 관련을 맺고 있는 이유

(1) 고가성

고가의 자산으로서 자기자본에 의해서만 부동산활동이 이루어지기 어려운 특성

(2) 내구재

부동산은 오랜 기간에 걸쳐 지속적으로 서비스와 수익을 창출하는데 이는 부동산의 경우 할부구매가 수요자들의 합리적인 소비행위에 더 적합함

(3) 타인자본을 이용함에 따른 혜택

타인자본을 활용함으로써 자기자본의 수익률을 극대화

(4) 자산으로서의 대체·경쟁관계의 성립

예금, 증권, 부동산으로 구분되는데, 이들은 투자를 결정하는 측면에서 대체·경쟁관계가 성립함

3. 금융시장에 대한 이해

1) 금융시장

(1) 의의

(2) 금융시장의 종류 및 관계

① 화폐시장

만기가 1년 미만인 금융상품이 거래되는 시장으로 기업의 운전자금에 충당할 단기자금이 조달되는 시장, 콜시장, 기업어음, CD, 상업어음 등

② 자본시장

비교적 장기에 걸치는 것이 많기 때문에 장기금융시장

③ 화폐시장과 자본시장의 관계

2) 금리

(1) 의의

금리란 화폐에 대한 수요와 공급을 통해 결정되는 화폐의 가격

(2) 단기금리와 장기금리의 관계

(3) 금리의 역할(부동산과 금융시장을 연결하는 매개체)

금리는 부동산과 금융시장을 직접적으로 연결해주는 매개체 역할을 하기 때문에 부동산에 있어서도 매우 중요

4. 부동산시장의 증권화

1) 부동산의 증권화와 유동화

2) 부동산시장과 자본시장의 통합화

이자율이라는 변수를 토대로 하여 연관성을 지니며 점점 서로 통합되어 가는 추세

3) 부동산시장의 증권화와 감정평가

부동산의 개발, 건설, 분양, 관리, 포트폴리오 및 투자자문 등의 서비스를 종합적으로 수행해 낼 수 있는 부동산종합관리회사 등의 육성에 있어서도 감정평가회사들이 선도적인 역할을 할 수 있는 역량을 갖출 것이 요구됨

5. 4사분면 모형(공간시장과 자산시장)

1) 공간시장과 자산시장의 상호작용

토지 및 건물 등과 같이 공간사용을 목적으로 하는 공간시장과 자산시장이 부동산건설산업에 의하여 중·장기적으로 어떻게 연결되는지를 이해하는 것이 매우 중요함

2) 4사분면 모형과 위 모형의 유용성 및 한계

(1) 의의

부동산시장을 자산시장(매매시장)과 공간시장(임대차시장)으로 구분하고 이를 다시 단기시장과 장기시장으로 나누어 전체 부동산시장의 작동을 설명하는 모형

(2) 각 분면에 대한 설명

① 1사분면

공간이용에 대한 수요가 임대료나 주어진 경제상황에 의해 어떻게 결정되는가

② 2사분면

1사분면에서 결정된 임대료를 기준하여, 자산시장에서의 자산가격과 임대료를 비교

③ 3사분면

건설산업부문에서 신규부동산을 추가 공급할지 여부를 결정

④ 4사분면

공간시장에서 이용 가능한 부동산공간의 총량과 신규로 개발되는 건설량을 연계

3) 비교정태분석

(1) 공간서비스에 대한 수요의 증가

최초에 비하여 임대료, 자산가격, 신규공급량, 공간재고가 모두 다 높은 수준

(2) 장기이자율의 하락

최초에 비하여 임대료는 낮아지고 자산가격, 신규공급량, 공간재고는 모두 높은 수준

(3) 신규건설비용의 상승

최초에 비하여 임대료와 자산가격은 높아지고 신규공급량과 공간재고는 줄어듦

4) 유용성 및 한계

(1) 유용성

두 시장의 관계에 대한 장기균형효과를 설명하는 데 매우 유용하며, 비교정태분석을 통해 외생적 환경변화로 인한 균형의 이동방향을 설명하는 데 매우 효과적인 분석틀. 자본시장의 변화가 부동산시장에 미치는 영향을 분석할 수 있다는 측면에서도 유용함

(2) 한계

① 그래프를 통해 장기균형점을 찾기 위해서는 시행착오 있음, ② 장기균형으로의 조정과정에서 나타나는 중요한 특징들을 구체적으로 보여주지 못함, ③ 자본환원율이 자본시장에서 결정되는 외생변수라고 가정함, ④ 기대와 공실이라는 현실적인 측면을 무시함

감정평가에 대한 이해

제1절 감정평가의 개념 및 감정평가제도

1. 감정평가의 이론적 개념

1) 일원설

(1) 의의

감정과 평가의 기능을 구분하지 않고 감정과 평가를 하나의 개념으로 봄

(2) 논거

감정활동과 가격을 판정하는 평가활동이 일련의 과정, 「감정평가법」 제2조(정의)에서도 감정과 평가를 구분하지 않음

2) 이원설

(1) 의의

감정과 평가를 별개의 개념으로 봄

(2) 논거

부동산에 관한 전문지식과 경험을 굳이 평가활동으로만 국한할 필요는 없음

3) 삼원설

(1) 의의

감정과 평가 이외에도 evaluation 또는 appraisal consulting까지 그 범위를 넓혀 이를 포함

(2) 논거

감정과 평가 이외에 evaluation은 감정평가액의 표시가 필수적이지 않은 것으로서 토지이용계획이나 시장성 및 투자성 분석 등 컨설팅 개념을 포괄하는 광범위한 개념, appraisal consulting은 평가가액에 대한 평가사의 의견이 컨설팅의뢰 목적의 일부인 경우에 문제해결방안, 권고안, 분석 등을 제시하는 행위나 과정

(3) 소결

2. 감정평가의 법적 개념

1) 감정평가의 개념요소

(1) 감정평가의 대상 : 토지 등

토지 등이란 감정평가법 제2조 제1호에서 토지 및 그 정착물, 동산, 그 밖에 대통령령으로 정하는 재산과 이들에 관한 소유권 외의 권리로 정의

(2) 감정평가의 목표 : 경제적 가치

경제적 가치 또한 사용되는 용도와 바라보는 관점에 따라 매우 다양하다는 특징이 있음(가치다원론)

(3) 감정평가의 본질 : 판정

부동산시장을 철저하게 분석하고 객관적인 자료에 근거한 합리적인 감정평가방법을 적용

⑷ **감정평가의 결과 : 가액으로 표시**

특정 가액으로 표시하는 것이 일반적, 일정한 가액의 범위 또는 기준가액과의 관계로도 표시

2) 「공인회계사법」 제2조 회계에 관한 감정

회계처리의 대상이 실제로 존재하는지 여부에 대한 진위, 회계처리의 적부를 판정하는 것

제2절　감정평가의 필요성

1. 합리적 시장의 결여

일반재화와는 다른 여러 가지 특성으로 인하여 보편적이고 합리적인 시장이 결여되어 가격형성 메커니즘이 제대로 작동하기 어려운 특성

2. 부동산가격 형성의 복잡성 및 변동성

부동산가격은 자연적 요인, 사회적 요인, 경제적 요인, 행정적 요인(일반요인, 지역요인, 개별요인) 등 복잡하고 다양한 가치형성요인에 의해 가격이 형성

3. 부동산의 사회성, 공공성

국가 성립의 기반이고, 사회형성기초로 공익에 기여하는 바가 크고, 일반재화에 비해 경제적 비중이 매우 큼

4. 가격형성의 기초

시장에서의 수요와 공급의 논리에 의해 형성되는 적정가격의 성립이 어렵게 되고 이는 곧 가격의 본질적인 기능인 시장참가자의 행동지표로서의 기능을 수행할 수 없게 만듬

5. 부동산거래의 특수성

일반재화와 달리 거래당사자 간의 사정개입이 이루어지고 특수한 관계가 형성되며 정보가 비공개되는 경우가 많음

제3절 감정평가의 기능

1. 감정평가의 정책적 기능

부동산정책의 효율적인 수립과 집행에 기여함

1) 부동산의 효율적 이용과 관리

최유효이용을 파악하게 되는데 이는 부동산의 효율적인 이용과 관리를 지원함

2) 적정한 가격형성 유도

비정상적인 가격형성을 억제하고 적정한 가격형성을 유도함

3) 손실보상의 적정화

공익사업을 수행하는 경우 적정가격을 평가하여 합리적인 보상액을 산정함으로써 국민의 재산권 보호에 기여함

4) 과세의 합리화

국민의 재산권을 적정하게 평가함으로써 공정하고 합리적인 과세활동

2. 감정평가의 일반·경제적 기능

자원의 효율적 배분과 거래질서 확립을 통해 시장기능이 제대로 발휘되는 데 도움을 줌

1) 부동산자원의 효율적 배분

합리적인 시장을 상정한 균형가격을 파악하여 적정한 가격을 제시함으로 부동산자원의 효율적인 배분함

2) 부동산 의사결정의 판단기준 제시

부동산의 거래나 투자결정 등 다양한 의사결정에 있어서 판단기준

3) 거래질서의 확립과 유지

매매, 임대, 담보, 경매 등 활동을 합리적이고 능률적으로 수행하도록 하여 거래질서의 확립과 유지에 기여함

4) 파라미터(parameter)적 기능

부동산시장에서 하나의 행동지표로서 기능을 수행하여 종국적으로 수요와 공급이 서로 같아지도록 유도함

제4절 감정평가의 사회성, 공공성

1. 부동산의 사회성, 공공성

1) 국토공간으로서 사회성, 공공성

국민 생활의 터전이고 국가구성의 필수적 요소로서 영토를 의미함

2) 환경요소적 측면에서 사회성, 공공성

주변의 환경적 요인의 영향을 많이 받음. 다른 한편으로는 주위의 다른 부동산과 지역에도 영향을 주게 되는 등 상호관계가 형성됨

3) 용도적 측면에서 사회성, 공공성

용도의 다양성이 존재함으로써 희소성이 완화됨, 여러 가지 용도 중에서 최고의 효용을 창출할 수 있는 최유효이용의 필요성이 제기되고 국가나 사회가 공익을 위하여 최유효이용을 강제함

4) 경제적 비중과 중요성 측면에서 사회성, 공공성

각종 부동산활동에 있어서 고용원의 역할, 투자원의 역할 및 소비원의 역할 등을 수행함으로써 국가 경제의 근간임

2. 감정평가의 필요성

가격형성과정의 복잡성 및 합리적인 시장의 저해 등으로 인하여 일반인에 의한 가격의 평가가 어려움. 부동산은 중요한 자산으로서 일반인에게 거래의 지표로서의 기능을 수행할 수 있는 적정가격 지표가 필요함

3. 감정평가의 기능

부동산정책의 수립과 집행을 가능하게 하고, 국민의 재산권을 보호하고 보장하는 정책적 기능과 불완전한 부동산시장의 결함을 보완함으로써 부동산의 효율적 배분과 거래질서의 확립에 기여하게 되는 일반·경제적 기능

제5절 **감정평가법인등의 직업윤리**

1. 의의

감정평가법인등이 그 직무를 수행함에 있어 관계법규에 의한 제 규정은 물론 그 외에도 자율적으로 준수해야 할 전문직업인으로서의 행위규범

2. 직업윤리가 강조되는 근거

1) 감정평가의 사회성, 공공성

감정평가의 결과는 개인과 국가의 재산과 직접적으로 관련이 되며, 나아가 개인의 행복과 사회복지에 영향을 미침

2) 전문자격사로서의 소양

국가가 고도의 지식과 공공성이 요구되는 분야를 법으로 규율하여 국민들에게 안정적으로 서비스를 제공하도록 하는 것을 목적, 전문자격사 제도는 법으로 규율하기에 해당 업무행위를 할 수 있는 권한이 배타적으로 보장함

3) 외부환경의 변화

자본주의와 민주주의 발달, 사유재산권에 대한 높아진 인식, 재산권 대상의 세분화 등 사회, 경제환경의 변화에 따른 시대적 흐름은 보다 다양한 대상에 대한 높은 수준의 감정평가서비스를 요구함

3. 감정평가법인등의 직업윤리

1) 공인으로서의 윤리적 준수사항

기여성, 성실성, 공정성, 신뢰성, 비밀엄수, 감정제한

2) 전문직업인으로서의 직무적 준수사항

전문지식의 보유 및 향상과 자료를 수집하고 조직적으로 정리하는 능력, 수집된 자료를 비교, 분석하기 위한 정확한 판단력, 풍부한 경험 및 상식의 함양 등

3) 제도적 준수사항(윤리규정)

(1) 「감정평가법」 제25조 등

동법 제25조 성실의무 등에서는 품위유지, 불공정한 평가금지, 겸업금지, 보수제한, 중복소속금지 등. 동법 제26조의 비밀엄수, 제27조의 명의대여 등의 금지, 제28조의 손해배상책임(민사상 책임) 등

(2) 「감정평가에 관한 규칙」 제3조

자신의 능력으로 업무수행이 불가능하거나 매우 곤란한 경우, 이해관계 등의 이유로 자기가 감정평가하는 것이 타당하지 않다고 인정되는 경우 제한함

(3) 협회 윤리강령

(4) 외국의 윤리규정

(5) 「감정평가실무기준」

기본윤리(품위유지, 신의성실, 청렴, 보수기준 준수, 업무윤리(의뢰인에 대한 설명 등, 불공정한 감정평가 회피, 비밀준수 등 타인의 권리보호)

제6절 감정평가의 업무영역

1. 의의

가치평가업무, 컨설팅업무, 평가검토업무 등

2. 이론적 측면

1) 가치평가업무(valuation)

(1) 의의

토지 등의 경제적 가치를 판정하여 그 결과를 가액으로 표시하는 것

(2) 시장가치의 기준성

시장가치를 판정하는 업무가 가장 중요, 감정평가에 있어 시장가치가 기준으로 작용, 다른 종류의 가치는 이러한 시장가치에서 사용되는 이론과 기법이 그대로 원용됨

2) 컨설팅업무(appraisal consulting)

(1) 의의

부동산과 관련한 제반문제를 해결하기 위해 자료를 분석하고 합리적인 대안이나 결론을 제안하는 행위 또는 과정

(2) 컨설팅업무의 주요 내용

① 경제기반분석

지역의 경제기반이 현재의 고용, 인구, 부동산가치에 어떤 영향을 미치고 있으며, 앞으로 어떻게 될 것인지 분석함

② 토지이용분석

토지에 대한 여러 가지 대안적 이용을 분석하여 어떤 용도가 최유효이용에 해당되는지를 판단함

③ 비용편익분석

여러 경제, 정책적 투자대안 가운데 목표달성에 가장 효과적인 대안을 찾기 위해 각 투자대안에 대해서 투입되는 비용과 산출되는 편익을 비교분석

④ 타당성분석

계획하고 있는 개발사업이 투하자본에 대한 투자자의 요구수익률을 확보할 수 있는지 여부를 분석함

⑤ 현금흐름분석

현금유입과 유출을 비교분석하는 것으로 주로 세후현금흐름의 수익률 산정에 주로 활용함

(3) 컨설팅업무의 상호관계

3) 평가검토(appraisal review)

(1) 의의 및 구별개념

이미 작성된 감정평가서를 형식적인 측면과 내용적인 측면에서 정밀하게 확인하고 그 적정성을 검토하는 업무

(2) 필요성 및 목적

① 정확성과 일관성 제고

② 의사결정의 근거로서 기능수행

③ 다양한 수요자의 요구 충족

④ 감정평가의 질적 발전 도모

(3) 평가검토의 종류

현장검토, 탁상검토, 총괄검토

(4) 평가검토의 범위

관련 법령에서 정하는 바에 따라 대상 물건이 적정하게 평가되었는지 여부 등을 심사, 원 평가사에 의해 결정된 가치결론까지 변경할 수 있는 것은 아님

(5) 평가검토자의 책임

원 평가사와 동일한 책임을 진다고 보기는 어려움. 그러나 감정평가서에서 확인 가능한 내용에 대한 적법성 및 적정성 등에는 책임져야 함

(6) 평가검토 시 유의사항

① 보고서 전체를 대상으로 업무수행

② 공정하고 객관적인 업무수행

③ 평가시점 당시의 시장상황과 관점에 근거하여 판단

④ 평가전제 존중 및 평가내용의 임의 변경금지

3. 법률적 측면

1) 관련조문

「감정평가 및 감정평가사에 관한 법률」 제10조(감정평가법인등의 업무)

2) 분류

가치평가업무에 해당하는 조문은 제1, 2, 3, 4, 5, 8호이고 컨설팅업무에 속하는 조항은 제6, 7호

제7절 감정평가의 분류

1. 의의 및 분류목적

1] 의의

일반적인 감정평가업무(가치평가업무)를 기준으로 여러 관점에서 분류한 것

2] 분류목적

감정평가방법의 체계화에 기여함으로 이론의 구성에 대한 지침을 제공, 감정평가제도의 성장과 발전에 기여함으로써 제도 발전에 대한 지침을 제공, 감정평가활동의 목표를 명백히 함으로써 감정평가활동의 능률화에 기여하게 되고 궁극적으로는 감정평가의 신뢰성을 향상, 대상 부동산을 확정하는 데 유용함

2. 제도상 분류

1] 평가주체에 따른 분류

(1) 공적평가

공적기관에 의해 평가가 수행되는 제도

(2) 공인평가

국가 또는 공공단체로부터 일정한 자격을 부여받은 개인이 평가를 수행함

2] 평가의 강제성 여부에 따른 분류

(1) 필수적 평가

일정한 사유가 발생하면 의무적으로 평가가 수행되어야 하는 평가제도, 부동산가격공시업무, 보상평가업무 등

(2) 임의적 평가

강제성 없이 이해관계인의 자유의사에 따라 임의적으로 평가의뢰 여부를 결정하고 수행함

3] 평가결과의 활용목적에 따른 분류

(1) 공익평가

평가결과가 공익을 목적

(2) 사익평가

평가결과가 사익을 목적

3. 평가목적에 따른 분류

부동산가격공시업무, 보상평가업무, 담보평가업무, 경매·소송평가업무, 국공유재산관리, 매수, 처분, 교환을 위한 평가업무, 일반거래목적의 평가업무 등

4. 업무기술상 분류

1] 전문성에 따른 분류

(1) 1차 수준의 평가

가장 낮은 수준의 지식과 정보에 기반한 평가로 소유자, 임차자, 투자자 등이 매수, 임대차 및 투자 등의 의사결정

(2) 2차 수준의 평가

부동산 관련 업무에 종사하는 자(중개사, 건축업자, 금융기관의 부동산업무 담당자) 등이 자신의 업무와 관련해서 행하는 평가

(3) **3차 수준의 평가**

감정평가에 대한 공인된 능력을 인정받은 감정평가사에 의한 평가

2) 평가주체의 구성인원수에 따른 분류

(1) **단독평가**

한 사람이 평가의 주체가 되어 수행

(2) **공동평가**

다수인이 공동으로 평가의 주체가 되어 수행

3) 평가주체의 복수 여부에 따른 분류

(1) **단수평가**

하나의 감정평가법인등이 평가의 주체가 되어 수행하는 평가

(2) **복수평가**

둘 이상의 감정평가법인등이 평가의 주체가 되어 수행하는 평가

4) 평가의 독립성 및 일상성에 따른 분류

(1) **참모평가**

평가사가 독립된 평가활동을 수행하는 것이 아니라 주로 고용주의 업무를 위해 일상적으로 수행하는 평가

(2) **수시평가**

평가를 수행함에 있어서는 독립적인 위치에 있으나 평가업을 전업으로 하지 않는 평가사가 일시적으로 참여하여 전문가로서 수행하는 평가

(3) **일반평가**

참모평가와 수시평가 외에 감정평가법인 또는 감정평가사무소에 소속된 감정평가사가 독립적으로 수행하는 대부분의 감정평가

5) 평가조건에 따른 분류

(1) **현황평가(「감정평가에 관한 규칙」 제6조 제1항)**

기준시점에서의 대상물건의 이용상황(불법적이거나 일시적 이용은 제외) 및 공법상 제한을 받는 상태를 기준으로 하는 평가

(2) **상정평가**

① 조건부평가(「감정평가에 관한 규칙」 제6조 제2항)

감정평가법인등은 법령에 다른 규정이 있는 경우, 의뢰인이 요청하는 경우, 감정평가의 목적이나 대상물건의 특성에 비추어 사회통념상 필요하다고 인정되는 경우에 기준시점의 가치형성요인 등을 실제와 다르게 가정하거나 특수한 경우로 한정하는 조건을 붙여 감정평가

② 기한부평가

장래 도달이 확실한 일정시점을 기준으로 장래 일정시점에서의 상황을 상정하여 평가

③ 소급평가

과거의 일정시점을 기준으로 그 당시의 상황을 상정하여 평가

6) 일본 「부동산감정평가기준」에 따른 분류

(1) 독립평가

부동산이 토지 및 건물 등으로 결합되어 있는 경우에 건물 등이 없는 것으로 가정하고 토지만을 감정평가

(2) 부분평가

부동산이 토지 및 건물 등으로 결합되어 있는 경우에 그 상태를 주어진 것으로 하여 전체 부동산의 구성부분 중 토지와 건물 등 일부분만 감정평가

(3) 병합, 분할평가

부동산의 병합 또는 분할을 전제로 하여 병합 후 또는 분할 후의 부동산을 대상

7) 「감정평가에 관한 규칙」에 따른 분류

(1) 개별평가(「감정평가에 관한 규칙」 제7조 제1항)

감정평가는 대상물건 개별로 해야 한다는 것

(2) 일괄평가(「감정평가에 관한 규칙」 제7조 제2항)

둘 이상의 대상물건이 일체로 거래되거나 대상물건 상호 간에 용도상 불가분의 관계에 있는 경우에 일괄하여 감정평가하는 것

(3) 구분평가(「감정평가에 관한 규칙」 제7조 제3항)

하나의 대상물건이라도 가치를 달리하는 부분은 구분하여 감정평가하는 것

(4) 부분평가(「감정평가에 관한 규칙」 제7조 제4항)

일체로 이용되고 있는 대상물건의 일부분에 대하여 평가해야 할 특수한 목적이나 합리적인 이유가 있는 경우에 그 부분에 대하여 감정평가하는 것

07 감정평가의 절차

제1절 감정평가절차의 필요성

1. 능률성 제고

계획적이고 단계적인 평가를 수행

2. 주관배제 및 신뢰성 확보

평가과정상의 객관성을 제고하고 신뢰성을 확보

3. 의뢰인의 이해증진

체계적인 절차를 제시함으로써 평가결과에 대한 의뢰인의 이해를 증진

4. 책임소재 파악에 기여

분쟁발생 시 책임소재를 명확히 하여 문제점을 파악하고 해결하는 데 도움

제2절 감정평가의 절차

1. 기본적 사항의 확정

1) 의의

의뢰서에 포함되어 확정해야 할 사항들을 의뢰인과 협의하여 결정하는 절차(감칙 제9조)

2) 중요성

평가결과의 적정성을 보장하고, 책임소재를 명확히 하며, 의뢰인과의 불필요한 분쟁을 방지하고, 평가사의 사회적 신뢰를 유지

3) 대상 부동산의 확정

대상 부동산의 소재, 범위 등 물적 사항과 소유권, 임차권 등의 권리관계를 확정하는 것

4) 기준시점의 확정

(1) 의의

감정평가액 결정의 기준이 되는 날짜가 기준시점이 된다. 기준시점은 「감정평가에 관한 규칙」 제9조 제2항에 따라 가격조사 완료일을 원칙. 다만, 기준시점을 미리 정하였을 때에는 그 날짜에 가격조사가 가능한 경우

(2) 기준시점 확정의 중요성

① 가격의 본질

장래 기대되는 편익의 현재가치로서의 의미

② 변동의 원칙

영속성, 사회적·경제적·행정적 위치의 가변성이라는 특성은 가치형성요인을 변동시키고 이로 인해 부동산가격도 항상 변동

③ 책임소재의 명확화

평가사의 책임소재를 명확히 하기 위해 필요

(3) 기준시점의 종류

① 가격조사 완료일이 기준시점이 되는 경우

② 과거의 특정일이 기준시점이 되는 경우(과거의 특정일)

③ 미래의 특정일이 기준시점이 되는 경우(미래의 특정일)

④ 임대료의 기준시점(일정기간을 대상으로 하여 책정되고 그 기간의 시작일)

(4) 기준시점과 평가시점의 관계

① 의의

평가대상물건의 사실상 평가기준일

② 양자의 관계

양자는 일치함이 원칙이나, 기준시점이 미리 정해진 경우는 기준시점에서 가격조사가 가능한 경우(소급평가, 기한부평가)에 한해 예외적으로 일치하지 않음

5) 기준가치

「감정평가에 관한 규칙」 제5조에서는 기준가치를 시장가치와 시장가치 외의 가치로 구분

2. 처리계획의 수립

감정평가활동을 능률적으로 수행하기 위하여 평가결과를 도출할 때까지의 과정을 사전에 체계적으로 수립하는 것

3. 대상물건의 확인

1) 의의

확정된 대상물건의 물리적 현황과 제 권리관계의 실제와의 부합 여부를 확인하는 작업(감칙 제10조)

2) 물적 사항의 확인

(1) 동일성 여부의 확인

토지, 건물 등

(2) 상태조사

3) 권리상태의 확인

소유권 및 기타 소유권 이외의 권리관계의 존부와 그 내용

4) 대상물건의 확정과 확인의 관계

(1) 근거

확정은 부동산의 개별성에 근거, 확인은 부동산의 지리적 위치의 고정성이라는 부동산의 특성과 소유권 기타 권리이익의 가격이 부동산가격과 동일하다는 가격의 특징에 근거

(2) 절차적인 측면(선후관계)

확정이 관념적·형식적, 확인은 실질적·물리적

5) 확정과 확인의 불일치 시 : 물적 불일치의 처리방법

(1) 의의

기본적 사항의 확정단계에서 확정된 대상물건의 내용, 물적 사항이 실제의 현황과 불일치하는 것

(2) 일반적인 처리방법

물적 불일치가 근소하거나 경정될 수 있는 경우에는 불일치와 사유, 제한정도 등을 감정평가서의 '가격결정 및 산출 근거에 관한 의견' 또는 기타 참고사항란에 기재하고 감정평가할 수 있음. 다만, 동일성이 인정되지 않을 정도의 불일치한 경우에는 불가능

4. 자료의 수집 및 정리

1) 의의

물적 사항, 권리관계, 이용상황, 가격평가를 위해 필요한 자료를 수집하고 정리하는 단계

2) 자료수집의 중요성

결과의 합리성·논리성을 부여하는 중요한 기초자료가 되므로 풍부하고 질서 있게 수집·정리하고 후일의 증빙자료 및 다른 평가에 활용

3) 자료의 종류 및 수집방법

(1) 자료의 종류

① 확인자료

물적 확인 및 권리상태를 확인하기 위하여 필요한 자료로 등기부등본, 건축물관리대장, 설계도면 등

② 요인자료

사회적·경제적·행정적·환경적 제 요인의 분석에 필요한 자료

③ 사례자료

매매사례, 임대차사례, 건설사례, 수익사례 등과 같이 감정평가 3방식의 적용에 필요한 자료들

(2) 자료의 수집방법

① 징구법

의뢰인으로 하여금 평가에 필요한 자료를 평가사에게 제출하도록 하는 방법

② 실사법

평가사가 실지조사를 통하여 대상물건에 관한 여러 가지 자료를 파악하고 수집하는 방법

③ 탐문법

평가활동에 필요한 자료와 정보를 중개업자, 관공서, 인근주민, 건축업자 등의 여러 관계인을 탐문함으로써 얻어내는 방법

④ 열람법

공부상 기재사항이나 지적도의 불분명한 사항 그리고 공부에는 나타나지 않는 행정규제 사항 등에 대해 관련 자료나 문서를 직접 열람하여 조사하는 방법

(3) 자료의 정리

물리적인 것과 법적인 것으로 나누어 정리하고 요인자료를 정리할 때 일반자료는 용도지역마다 수집·정리하여야 하며, 개별자료는 사정보정, 시점수정, 지역·개별요인 비교가 가능한 것으로 분류하여 정리

5. 자료의 검토 및 가치형성요인의 분석

1) 자료의 검토

수집, 정리된 자료가 대상물건의 평가에 필요하고 충분한 자료인지 또는 대상물건의 특성, 평가목적이나 조건 등에 부합하는 자료인지를 판단하는 절차

2) 가치형성요인의 분석

수집, 정리, 검토된 자료를 바탕으로 대상물건의 가격형성에 영향을 미치는 제반 가치형성요인을 분석하는 절차

6. 감정평가방식의 선정 및 적용

1) 감정평가방법의 선정

제12조에서는 각 조에서 원칙으로 정하는 감정평가방법(주방법)에 따르되 다만, 주방법에 따르는 것이 곤란하거나 부적절한 경우 다른 평가방법에 따를 수 있다고 하여 3방식을 병용

2) 감정평가방법의 적용

감정평가방법의 적용은 여러 가지 감정평가방법 중에서 선정된 평가방법을 통해 가격을 산정하는 단계

7. 감정평가액의 결정 및 표시

1) 감정평가액의 결정(시산가액의 조정)

감정평가방법의 적용을 통해 선정된 시산가액을 검토하고 조화시켜 최종적인 감정평가액을 결정하는 단계

2) 감정평가액의 표시

하나의 수치로 표시하는 점추정과 범위로 표시하는 구간추정이 가능하지만 우리나라의 경우 대부분의 감정평가에서 하나의 가격, 즉 점추정치를 최종 평가액으로 제시함

감정평가서

제1절 감정평가서의 작성 및 기재사항

1. 감정평가서의 작성

1) 의의

2) 유형

  (1) 구두보고서

  (2) 단엽식 감정평가서

  (3) 정형식 감정평가서

  (4) 서술식 감정평가서

3) 감정평가서의 작성원칙

  (1) 구분작성의 원칙

  (2) 책임소재 명확화의 원칙

2. 감정평가서의 기재사항

1) 개설

  「감정평가에 관한 규칙」 제13조에서 규정

2) 필수적(절대적) 기재사항

3) 감정평가액의 산출근거 및 결정의견

  (1) 의의

  (2) 기재해야 할 내용(「감정평가에 관한 규칙」 제13조 제3항)

감정평가의 방식

제1절 감정평가 3방식

1. 비교방식

1) 의의

거래사례비교법, 임대사례비교법 등 시장성의 원리에 기초한 감정평가방식 및 공시지가기준법

2) 근거

(1) 대체의 원칙

전형적인 매도자는 유사매매사례의 가격 이하로는 팔려고 하지 않을 것이며, 매수자도 그 이상으로 사려고 하지 않을 것

(2) 시장성

대상물건이 시장에서 어느 정도의 가격으로 거래되고 있는가

(3) 신고전학파의 수요공급이론

수요·공급의 상호작용에서 재화의 가치를 파악

3) 적용대상

충분한 거래사례가 있는 경우 모든 종류의 물건, 오래된 건물이나 수익을 창출하지 않는 부동산

4) 장단점

(1) 장점

시장성의 원리에 의한 것으로 실증적, 객관적이고 설득력, 거래사례가 있는 모든 부동산에 적용이 가능, 재생산이 불가능한 토지평가에 유용, 산식이 간편하고 의뢰인 등이 이해하기 쉬움, 순수익 예측, 재조달원가, 감가상각 파악 시 추계의 주관성을 배제, 인플레가 지속적으로 심한 상황하에서 보다 직접적으로 시장가치를 지지할 수 있는 수단

(2) 단점

거래사례가 없으면 적용이 불가능, 가치형성요인 비교 시 감정평가주체의 주관이 개입, 사례가격은 과거가격으로 현재 시장가치와의 관계가 문제, 당사자의 사정, 거래동기, 매도자나 매수자의 협상력의 차이 등에 의해 매매가격의 왜곡이 있을 수 있어 사정보정에 어려움이 존재

2. 원가방식

1) 의의

원가법 및 적산법 등 비용성의 원리에 기초한 감정평가방식

2) 근거

(1) 대체의 원칙

전형적인 매수자는 대상 부동산과 동일한 효용을 제공하는 대체 부동산의 생산비보다도 더 많은 가격을 지불하지 않을 것이며 매도자도 그 비용 이하로는 팔려고 하지 않을 것

(2) 비용성

대상물건이 어느 정도의 비용이 투입되었는가

(3) 고전학파의 생산비가치설

공급 측면에서 비용과 가격과의 상호관계를 파악하는 것으로 공급자 가격의 성격, 재화의 가치를 비용에서 구함

3) 적용대상

건물, 구축물 등 재생산이 가능한 재화. 건설기계, 선박, 항공기 등, 조성지, 매립지, 개간지, 간척지 등 개량된 토지

4) 장단점

(1) 장점

비용성에 따른 공급자 측면의 평가방식으로 논리적, 설득력, 특히 부동산개발의 타당성분석에 유용하게 활용, 재생산이 가능한 모든 부동산에 적용이 가능, 공공·공익용 부동산, 교회, 사찰 등 시장성이 없는 특수목적 부동산의 평가에 유용, 조성지, 매립지 등의 평가에 가능, 감가상각 정도가 적고 최근의 비용자료 수집이 가능한 신축건물의 평가

(2) 단점

표준비용 추계치 문제, 건축의 질적 차이 파악문제, 간접비용 차이 문제, 비용항목의 문제 등 재조달원가의 파악이 어려움, 재생산이 불가능한 기성시가지, 나지 등의 평가가 불가능, 시장성 및 수익성이 반영이 되지 않아 현실성이 없음, 감가수정이 어렵고 주관개입 가능성, 비용은 과거의 값이라는 점에서 현재 값을 구하는 가치의 정의에 부합하지 않음

3. 수익방식

1) 의의

수익환원법 및 수익분석법 등 수익성의 원리에 기초한 감정평가방식

2) 근거

(1) 수익성

대상물건에서 향후 어느 정도의 수익이 발생할 것인가

(2) 예측의 원칙과 대체의 원칙

장래 기대이익의 현재가치로서 부동산의 가격을 파악하며, 대체 부동산의 수익을 감안하여 매수자와 매도자의 가격이 영향을 받게 됨

(3) 한계효용학파의 한계효용가치설

수요 측면에서 효용과 가격과의 상호관계를 파악하므로 수요자 가격의 성격, 재화의 가치는 수요자의 주관적 효용에 의해서 결정

3) 적용대상

부동산, 동산 등의 구분 없이 수익이 발생하는 물건이면 적용

4) 장단점

(1) 장점

수익성에 따른 수요자 측면의 가격으로 이론적이며 가치의 본질에도 부합. 수익이 발생하는 모든 부동산의 평가에 적용, 기업용·임대용 부동산의 평가에 유용, 오늘날 가치평가업무, 비가치추계업무 등에 있어 강한 현실적인 필요성

(2) 단점

수익이 없는 부동산에 적용이 불가능함, 불완전한 시장에서는 순수익과 자본환원율의 파악이 어려움. 예측의 오류가능성이 존재, 수익만을 고려하기 때문에 신축건물과 오래된 건물의 차이를 반영하기 어려움

1. 의의

현실적으로 차이가 발생하는 감정평가의 3방식을 함께 적용할 것인가 하는 3방식 병용에 대한 논의가 필요

2. 3방식 병용에 대한 찬반론

1) 찬성하는 입장

특정 방법만을 사용했을 때 생길 수 있는 편의현상의 회피가 가능. 세 가지 접근법에 의한 결과치를 비교해 봄으로써, 현재 시장이 왜곡되었는지 여부의 추론이 가능하며, 시산가액 간의 상당한 차이를 보이는 경우 대상 부동산의 부적절한 평가방법이 있음을 시사함. 시장가격이 극도로 왜곡되어 있는 경우 세 가지 접근법을 모두 적용함으로써 왜곡된 평가를 회피하여 공신력 제고의 기능을 수행. 세 가지 접근법을 모두 적용하는 것은 평가기법이 크게 발전하는 계기를 제공

2) 반대하는 입장

시장이 극도로 왜곡되어 있는 경우에는 모르지만 그렇지 않은 상황에선 의미가 없음. 단독주택과 같이 아무런 수익을 창출하지 못하는 부동산의 경우에 소득접근법의 적용이 어려움. 세 가지 접근법이 근거하고 있는 기본가정이 서로 다르기 때문에 모두 사용할 필요가 없음

3. 병용의 필요성

1) 각 방식의 상호 관련성

각 방식에서 추구하는 가격목표는 서로 일치할 뿐만 아니라 각 방식은 각기 다른 방식의 사고방식이 채택되어 혼합 적용되고 있음

2) 각 방식의 유용성·한계

각 방식은 각 방식마다의 특징과 유용성을 가지고 있지만, 한편으로는 적용범위의 한계

3) 평가주체의 주관개입 방지

감정평가 3방식 적용 시 평가주체의 자의적인 판단이 개입될 소지

4) 부동산시장의 불완전성

부동산시장은 기본적으로 불완전한 특성을 지님

5) 단일평가방식에 의한 오류의 방지

하나의 평가방식만을 적용하게 될 경우 대상물건의 성격 등과 맞지 않는 평가방식의 적용으로 인해 불합리한 결과가 발생

6) 평가의 합리성 측면

3방식을 적용하여 어떤 범위를 나타내는 가격으로 도출함으로써 보다 합리적이고 현실에 부합하는 평가결과를 도출

7) 부동산시장의 개방화·국제화의 시대적 요청

3방식 병용을 통한 국제적 수준의 평가기준을 정립하여 외국자본 등에 대한 감정평가서비스의 수준을 높이고 제공할 필요

4. 단일방식에 의한 평가가 인정되는 사항

1) 불가능한 경우

(1) 특수목적 부동산

공공청사, 하천, 기타 국유재산과 같이 3방식 병용에 필요한 자료 자체가 없는 경우

(2) 자료의 신뢰성이 없는 경우

아주 오래된 건물의 비용자료처럼 너무 오래되었다거나 시장의 급격한 변화로 신뢰성이 없는 경우

2) 부적절한 경우

(1) 거래관행이 있는 부동산

부동산거래에 있어 일정한 관행이 형성되어 있는 경우 기타 방식에 의한 평가가 그러한 관행과 어긋나는 경우

(2) 대상 부동산의 성격

대상 부동산의 성격에 따라 3방식 중 하나의 방식 또는 두 개의 방식만이 유용함

3) 기타

(1) 평가방식의 선택이 법령에 정해져 있는 경우

관련 법률에서 규정하고 있는 방식

(2) 평가목적 및 평가조건에 따라

최근의 REITs나 ABS, MBS 등 각종 금융상품의 평가 시, 그 목적상 수익방식(DCF법)의 적용이 타당할 경우

5. 외국의 규정 및 우리나라의 규정 검토

1) 외국의 경우

2) 우리나라의 경우

(1) 「부동산공시법」 제3조

인근 유사토지의 거래가격·임대료 및 해당 토지와 유사한 이용가치를 지닌다고 인정되는 토지의 조성에 필요한 비용추정액 등을 종합적으로 참작

(2) 「토지보상법 시행규칙」 제18조

이 규칙에서 정하는 방법에 의하되, 그 방법으로 구한 가격 또는 사용료를 다른 방법으로 구한 가격 등과 비교하여 그 합리성을 검토

(3) 「감정평가에 관한 규칙」 제12조

어느 하나의 감정평가방법을 적용하여 산정한 가액을 다른 감정평가방식에 속하는 하나 이상의 감정평가방법으로 산출한 시산가액과 비교하여 합리성을 검토

3) 소결

제3절 시산가액 조정에 대한 논의

1. 의의

시산가액이란 대상물건의 최종적인 감정평가액을 결정하기 위해 각각의 감정평가방식에 따라 산정된 금액을 말하며, 시산가액의 조정이란 각 시산가액을 비교·분석하여 그들 사이에 존재하는 유사점과 차이점을 찾아내어 통일적이고 일관된 가액이 도출될 수 있도록 조화시키는 작업

2. 시산가액 조정에 대한 견해

1) 마샬의 견해

2) 배브콕의 견해

3) 허드의 견해

4) 앳킨슨의 견해

3. 시산가액 조정의 필요성

1) 3면등가의 한계

현실의 부동산시장은 불완전할 뿐만 아니라 가치형성요인이 항상 변화의 과정에 있는 동적 시장

2) 평가방식의 특징과 유용성에 따른 한계

각 방식의 특징과 유용성을 살리고 한계를 극복함으로써 특정 방식에 의한 가격 편의현상을 막고 적정한 가격을 도출

3) 상관·조정의 원리

각 평가방식에 의한 시산가액 또한 그러한 상관성을 고려하여 조정함으로써 보다 정확하고 객관적인 가액을 도출

4. 시산가액 조정의 기준 및 조정방법

1) 조정방법

(1) 개설

정량적인 방법, 정성적인 방법 등 다양한 방법이 존재하나, 「감정평가 실무기준」에서는 정량적인 방법 중 각 시산가액에 적절한 가중치를 부여하는 방법을 채택

(2) 가중평균에 의한 방법

각 시산가액에 대하여 가중치를 부여한 후 평균하는 방법

(3) 종합적인 판단에 의한 방법

평가목적, 평가대상물건의 특성, 시장의 상황 등을 고려하여 시산가액의 수치상의 차이점을 수학적 계산방법을 동원하지 않고 종합적인 판단에 의하여 조정하는 방법

(4) 최적정 평가방법에 의한 방법

가장 적절하다고 판단되는 감정평가방식에 의한 시산가액을 중심으로 다른 감정평가방식에 의한 시산가액과의 검토를 통하여 결론을 내리는 방법

(5) **통계적 분석기법**

일정범위 내에 분포할 확률분석기법을 통하여 최종적인 감정평가액을 구하는 방법

2) 시산가액 조정의 기준

(1) 평가목적

부동산의 가치는 가격다원론의 입장에서 평가목적에 따라 다양한 가치의 개념으로 접근

(2) 대상물건의 성격

시장성이 있는 물건이라면 비교방식이, 수익성이 있는 물건이라면 수익방식이 보다 타당한 평가방식이 될 것

(3) 시장상황

대상 부동산이 속하고 있는 지역 부동산시장의 상태, 지역주민, 혹은 부동산 투자자들이 상대적으로 정확하고 신뢰성이 있다고 판단하는 방법이나 거래관행 등이 해당

(4) 자료의 신뢰성

① 개설

② 적절성

평가방법의 적절성이 평가목적이나 용도에 적절한지를 판단

③ 정확성

각 방법의 적용에 있어서 사용된 자료 및 수정의 정확성에 근거

④ 증거의 양

질적인 비교기준을 지지해주는 것으로 증거가 부족한 경우 적절성과 정확성은 당연히 신뢰가 떨어지기 마련

5. 시산가액 조정 시 유의사항

1) 일반적 유의사항

단순히 기계적으로 산술평균하거나 작위적으로 차이를 없애는 것이 아님에 유의

2) 구체적 유의사항

(1) 자료의 선택 및 활용의 적부

수집·선택된 자료가 적절한가 그리고 그 검토와 평가과정에서의 활용방법은 어떠했는가를 체크

(2) 부동산가격에 관한 제원칙의 해당 조건에 부응한 활용의 적부

감정평가의 전 과정에 영향을 미치는 부동산가격에 관한 제원칙이 적절하게 활용되었는지를 재검토

(3) 일반요인의 분석과 지역, 개별분석의 적부

일반요인과 지역요인 그리고 개별요인이 어떠한 것이 있으며 그것의 영향관계를 제대로 파악하고 분석하여 적용했는지를 확인

(4) 단가와 총액과의 관계 적부

단순히 단가를 기준으로 하여 가액을 산정하고 비교하게 되면 정확한 평가에 이르지 못할 위험성이 있으므로 단가를 기준으로 거래사례, 수익사례를 파악한 경우와 총액을 기준으로 파악한 경우 등을 면밀히 비교·검토

3) 검토

6. 시산가액 조정의 문제점

1) 개설

2) 시산가액의 조정에 관한 문제점

(1) 부동산시장의 불완전성으로 인한 등가성의 배제

부동산시장의 수급조절의 곤란성, 추상성, 불완전성으로 '수익가격 = 시장가격 = 생산원가'는 성립되지 않는다고 보아야 할 것

(2) 부동산이용의 복잡화로 인한 가격형성의 개별화

개별성을 근거로 그 부동산의 특성에 맞는 가격이 개별적으로 형성되며 감정평가 시 이를 무시하지 않는다면 개개의 부동산 특성에 부응하는 평가방식을 적용하는 것이 타당함

(3) 시산가액 조정의 방법상의 한계

가중치를 적용하는 방법은 가중치의 설정에 있어서 부동산의 개별성으로 인해 적정한 가중치의 파악이 곤란할 뿐만 아니라 평가주체의 주관성이 개입될 여지가 많음

PART

03

감정평가이론 각론

거래사례비교법

1. 의의

대상물건과 가치형성요인이 같거나 비슷한 물건의 거래사례와 비교하여 대상물건의 현황에 맞게 사정보정, 시점수정, 가치형성요인 비교 등의 과정을 거쳐 대상물건의 가액을 산정하는 감정평가방법 (거래사례가격 × 사정보정 × 시점수정 × 지역요인비교 × 개별요인비교)

2. 사례의 수집 및 선택기준

1) 위치적 유사성(지역요인의 비교가능성)

인근지역, 동일수급권 내 유사지역에 존재

2) 물적 유사성(개별요인의 비교가능성)

물적 사항에서 대상물건과 동일성, 유사성

3) 사정보정의 가능성

수집된 거래사례에 특수한 사정이나 개별적인 동기가 개재되어 있거나 거래당사자가 시장에 정통하지 못하는 등의 사유로 그 가격이 적정하지 못한 경우에 그러한 사정이 없었을 경우의 가격수준으로 사례가격을 정상화

4) 시점수정의 가능성

거래사례의 거래시점과 기준시점이 시간적으로 불일치하여 가격수준의 변동이 있는 경우에 거래사례가격을 기준시점의 가격수준으로 정상화

5) 거래사례의 수

비교가능성이 낮으면 질적인 문제를 양적인 보완으로 상쇄시키기 위해 사례의 수는 많아야 할 것

제2절 거래사례수집의 필요성

1. 의의

한계를 극복하고 적절하고 신뢰성 있는 평가결과를 도출하기 위해서 다수의 거래사례수집이 필요함

2. 거래사례비교법의 한계

1) 거래사례 수의 부족 문제

거래사례가 없거나 그 수가 매우 적은 경우

2) 거래사례가격의 왜곡 문제

매수자와 매도자 간의 협상력의 차이에 따라 시장가치의 개념과 일치하지 않을 가능성

3) 대표성 없는 거래사례의 문제

관련 당사자 간의 편의에 의한 거래, 부당한 압력에 의한 거래, 투기적인 동기에 의한 거래 등이 많이 이루어지기에 대표성 없는 사례

4) 비교가능성 없는 거래사례 문제

대체관계·경쟁관계에 있는 동일 또는 유사한 부동산과 비교하여야 함에도 불구하고 실제로는 비교가능성이 없는 거래사례를 기준

5) 지불방법 및 금융조건에 따른 거래사례 가격 차이 문제

거래를 하는 데는 다양한 지불방법이 존재하기 때문에 실질적인 거래사례 가격은 얼마든지 달라질 수 있음

6) 거래사례가격의 신뢰성 문제

취득세, 양도소득세 등의 세금을 덜 내기 위한 목적으로 이루어지는 일명 다운(down)계약, 업(up)계약이 대표적 문제임

7) 거래사례가격의 성격 문제

거래사례가격은 어디까지나 과거의 역사적인 가격

8) 평가과정상의 주관성 개입 문제

사례수집·선택 후의 사정보정, 시점수정, 지역요인 비교, 개별요인 비교라는 과정을 거치게 되는데 언제든지 평가사의 주관이 개입 가능함

3. 다수의 거래사례를 수집해야 하는 이유

1) 거래사례 자체의 신뢰도 향상

거래사례자료가 많으면 많을수록 거래사례 간의 비교분석을 통해 거래사례 자체의 신뢰도를 향상

2) 평가과정상의 객관성 부여

① 사정보정 시 다수거래사례를 수집하고 검토함으로써 당사자 간의 특별한 사정이나 개별적인 동기 등에 대한 체크(check) 가능, ② 시점수정 시 다수거래사례를 시계열적으로 분석함으로써 가격변동률의 측정에 있어 객관성을 보장, ③ 지역, 개별요인 비교 시 다수거래사례로부터 보다 객관적으로 지역 간 격차 및 가격수준을 판정할 수 있고, 개별적 가격 차이에 대한 실증적인 분석이 가능함

제3절 배분법

1. 개요

2. 의의 및 근거

1) 의의

거래사례가 대상물건과 동일한 유형을 포함한 복합부동산으로 구성되어 있는 경우 복합부동산을 유형별로 배분·공제함으로써 대상물건과 동일한 유형의 부분만을 사례자료로 선택하는 방법

2) 근거

시장성 및 대체의 원칙 논리하에 균형의 원칙과 기여의 원칙

3. 적용방법

1) 비율방식

복합부동산의 거래가격에 대상부분과 동일한 유형의 가격구성비율을 곱하여 대상부동산과 동일한 유형의 사례가격을 구하는 방법

2) 공제방식

복합부동산의 거래가격에서 대상 부동산과 다른 유형의 가격을 공제하여 대상 부동산과 동일한 유형의 가격만을 구하는 방법

4. 유용성 및 적용

1) 유용성

거래사례의 채택범위가 넓어지므로 거래사례비교법의 객관화, 신뢰성 제고에 기여함

2) 적용

대도시지역에 나지만의 거래사례가 없는 경우에 유용. 산림의 거래사례에서 입목의 가격을 공제하여 임지만의 사례가격

5. 적용 시 유의사항

① 거래사례는 인근지역 또는 동일수급권 내 유사지역에 소재, ② 세분화된 지역에 따라 복합부동산의 유형별 구성비율의 차이, ③ 대상 부동산과 이용상태가 유사한 사례, 가급적 최유효이용 상태에 있는 사례를 선택, ④ 복합부동산의 규모, 형태, 보수 여부에 따라 가격구성비율에 차이

PART 03

제4절 대표성 없는 거래사례의 처리

1. 대표성 없는 거래사례의 유형

1) 관련 당사자 간의 거래사례

거래당사자 간에 특정한 관련성을 맺고 있고 그러한 관련성에 따라 은혜적인 거래가 이루어졌거나 이루어질 수 있는 거래사례

2) 편의에 의한 거래사례

매도인과 매수인이 편하고 쉬운 상황이나 조건을 우선으로 하여 이루어지는 거래사례

3) 정부 등 공공기관에 의한 거래사례

거래당사자 모두가 정부, 공공기관이거나 일방이 공공기관인 거래사례

2. 대표성 없는 거래사례의 처리방안

거래사례로 채택하지 않음이 원칙. 보정이 가능한 경우에 한하여 제한적으로 사용이 가능함

제5절 거래사례 분석 시 유의사항

1. 개요

2. 거래사례의 분석 시 유의사항

1) 비교가능성, 대표성 없는 사례의 선택

대상을 바라보는 관점에서 비교가능성 및 대표성의 기준이 유동적일 수 있으므로 비교가능성 및 대표성이 없는 거래사례가 선택될 가능성은 상존

2) 자료의 확대해석

주어진 거래사례로부터 보증할 수 없는 결론을 산출했을 때

3) 불추종의 오류

어떤 명제의 진위가 불확실함에도 불구하고 마치 확실한 것으로 간주하여 결론을 도출했을 때

1. 개요

2. 사정보정

1) 의의

2) 보정의 유형

(1) **보정할 때 감액해야 할 특수한 사정**

영업장소의 한정 등 특수한 이용방법을 전제로 거래, 극단적인 공급부족이나 장래에 대한 과도한 낙관적인 견해 등의 특이한 시장조건하에서 거래, 업자 또는 계열회사 간의 중간이익 취득을 목적으로 하는 거래 등

(2) **보정할 때 증액해야 할 특수한 사정**

매도인의 정보부족으로 과소한 금액으로 거래, 상속 등으로 인한 급매

(3) **보정할 때 감액 또는 증액해야 할 특수한 사정**

3) 보정의 방법

철저한 시장분석과 다수거래사례의 비교·분석을 통해 각 사안에 따라 평가사가 전문적인 지식이나 경험을 바탕으로 개별적으로 판단함

4) 유의사항

거래사정이 정상적으로 인정되는 거래사례를 최우선적으로 선택

3. 시점수정

1) 의의

거래사례의 거래시점과 대상물건의 기준시점이 불일치하여 가격수준의 변동이 있을 경우 거래사례의 가격을 기준시점의 가격수준으로 정상화

2) 시점수정의 방법

(1) **지수법**

① 의의

거래시점과 기준시점 간의 지수를 비교

② 산식

사례의 거래시점가격 × (기준시점지수 / 거래시점지수)

(2) **변동률법**

① 의의

거래시점과 기준시점 간의 시간의 흐름에 따른 변동률을 적용

② 산식

사례의 거래시점가격 × 거래시점부터 기준시점까지 가격변동률

3) 시점수정상 문제

개별성이 강한 부동산에 있어 지역시장의 변동추세를 개별물건에 일괄적용하는 것은 타당성이 결여됨

4) 유의사항

지수, 변동률은 인근지역의 것을 사용하는 것을 원칙. 부동산가격은 항상 변화하므로 시계열적·동태적으로 분석·검토. 다수거래사례를 검토함으로써 객관성을 부여, 국민소득의 동향, 재정상태 및 금융상황, 건축부문의 동향, 공공투자의 동향 등 일반적 요인의 동향을 종합적으로 고려, 시장의 수급동향, 매도, 매수희망가격 동향 등 실증적인 자료를 참고하여 정확성을 높일 필요 있음

4. 가치형성요인의 비교

1) 의의

거래사례와 대상물건 간에 종별, 유형별 특성에 따라 지역요인이나 개별요인 등 가치형성요인에 차이가 있는 경우에 이를 각각 비교하여 대상물건의 가치를 개별화·구체화하는 작업

2) 비교의 절차

지역요인의 비교 → 개별요인의 비교

3) 비교의 항목 및 방법

(1) 비교항목

(2) 비교방법

① 종합적 비교법

거래사례가격을 형성하고 있는 사례물건의 지역·개별요인의 분석을 통해 대상물건의 요인과 종합적으로 비교하여 얻은 비율을 격차율로 조정하는 방법. 비교적 간단하나 평가주체의 주관이 개입될 여지가 많음.

② 평점비교법

사례물건과 대상물건에 있어 비교항목을 세분하여 평점을 부여한 후 각 항목별로 상호 비교를 통해 얻어진 비율을 격차율로 결정하는 방법. 주관개입의 소지는 줄어들지만 계산과정이 다소 복잡함

4) 요인비교 시 한계

평가주체의 주관개입 소지

5) 유의사항

다수거래사례 분석을 통해 객관성을 확보

1. 개요

거래사례와 대상물건을 서로 비교할 때 비교기준이 되는 특성들

2. 거래사례의 비교요소

1] 거래조건의 보정

(1) 부동산권익(양도되는 권리)

거래사례의 권익이 대상 부동산의 권익과 다를 때는 그 차이를 적절하게 반영

(2) 금융조건

차이를 수정하는 방법이 현금등가분석인데 이는 사례물건이 비전형적인 금융조건으로 거래되었을 때 전형적인 금융조건을 기준으로 수정하는 절차

(3) 거래상황

부동산 거래 시에는 거래당사자의 특수한 사정이나 개별적인 동기가 개재되는 거래상황이 발생하므로 매도자와 매수자의 전형적인 거래동기를 반영하여 가격을 수정

(4) 매수 직후 지출

부동산 거래 시 매수자는 기존 건물의 철거비용, 지목이나 용도변경에 따른 행정적 비용, 환경오염에 대한 치유비용 등 추가적인 비용을 부담하는 경우

(5) 시장상황

부동산가격은 인플레이션, 디플레이션, 수요와 공급의 변화 등 여러 가지 요인에 의해 일어나는 시장상황의 변화에 따라 끊임없이 변동하므로 거래시점의 가격은 기준시점의 가격수준으로 수정

2] 부동산 특성의 보정

(1) 위치

모든 종류의 부동산은 위치에 따라 큰 가격 차이를 보이는바, 위치의 격차를 비교·수정

(2) 물리적 특성

부동산의 물리적 측면에 관한 모든 특성으로 부동산의 가치는 물리적 특성에 따라 많은 영향을 받으므로 이에 대한 수정

(3) 경제적 특성

부동산의 수익과 비용에 관련된 것으로 임차자 혼합, 운영경비, 관리의 질 등

(4) 용도와 지역지구제

용도의 차이에도 불구하고 거래사례로 선택한 경우에는 용도 차이에 대한 수정이 요구됨. 지역지구제는 부동산가치에 지대한 영향을 미치는 중요한 특성

(5) 비부동산 가치구성요소

동산, 기업가치 등

제8절 거래사례의 비교분석 및 수정방법

1. 개요

2. 비교분석방법

1) 계량분석법(정량분석법)

(1) 의의

(2) 종류

① 대쌍자료분석법과 집단자료분석법

㉠ 대쌍자료분석법

특정의 비교요소를 가진 부동산과 그렇지 않은 부동산을 비교하여 해당 요소에 관한 수정량을 분리하여 측정하는 방법

㉡ 집단자료분석법

거래사례를 비교요소에 따라 몇 개의 집단으로 분류하고 분류된 집단을 대상으로 단위당 평균가격, 거래시점의 평균날짜를 계산하고 각 집단자료를 대쌍으로 하여 비교·분석

② 민감도분석법과 통계적 분석법

㉠ 민감도분석법

투입변수의 양이 달라질 때 부동산의 최종가치가 얼마만큼 변화하는가를 분석하는 기법

㉡ 통계적 분석법

통계적 추론이나 회귀분석 등의 방법을 통해 수정량을 도출하는 방법

③ 그래프분석법과 추세분석법

㉠ 그래프분석법

자료를 그래프로 표시하고 이를 시각적으로 해석하거나 선형적합분석을 적용하여 수정량을 획득하고자 할 때 사용되는 방법

㉡ 추세분석법

시장자료가 그 양은 많지만 비교가능성이 크지 않을 때 적용되는 방법으로 추세분석에 의해 나타난 수치를 특정요소의 시장민감도로 생각하고, 이를 근거로 수정량을 결정하는 방법

④ 기타분석법

㉠ 2차자료분석법

대상 부동산이나 비교 부동산과는 직접적인 관련이 없는 2차자료를 사용하여 수정량을 결정하는 방법

㉡ 비용분석법

원가방식의 논리를 이용하여 수정량을 결정하는 방법

㉢ 임대료차이환원법

수익방식의 논리를 이용하여 수정량을 결정하는 방법

2) 정성분석법(질적분석법)

(1) 상대비교분석법

비교요소들을 상대적으로 비교·분석하여 우월, 동등, 열등한지를 결정하고 이

를 종합함으로써 전체적으로 비교 부동산과 대상 부동산의 우월, 동등, 열등관계를 표시하고 수정량을 결정하는 방법

(2) 순위분석법

상대비교분석법과 마찬가지로 개별적 비교요소에 따라 우월, 동등, 열등으로 표시하고 이를 모두 합산하여 순위를 부여함으로써 수정량을 결정하는 방법

(3) 개인면접법

부동산에 전문적인 지식이 있는 사람을 개인적으로 면접한 후 그 의견을 참조하여 대상 부동산에 대한 수정량을 결정하고 가치범위를 조정하는 방법

3. 수정방법

1) 비율수정법

(1) 의의 및 종류

대상 부동산과 유사 부동산의 특성별 우월성과 열등성의 차이를 백분율로 치환하여 수정량을 도출하는 방법. 평가실무에서는 평균비율수정법과 비율승제법을 일반적으로 사용

(2) 장단점

① 장점은 각 특성이 전체가치에서 차지하는 비중을 쉽게 파악할 수 있고 이해가 쉬움. ② 단점은 소수점까지 정확한 추계치가 산출되지만 이는 수학적 조작일 뿐이므로 이것으로 평가사의 합리적인 추론을 대신할 수 없음. 평균비율수정법의 경우 개별적 특성에 대해 모두 동일한 비중을 두어 실제 발생할 수 있는 특성 간의 차이를 제대로 반영하지 못함. 비율수정법은 가치추계치를 하향편의

2) 금액수정법

(1) 의의

대상 부동산과 비교 부동산 간의 특성별 차이를 실제의 화폐액으로 수정하는 방법

(2) 장단점

① 장점은 대부분 경험적 사실을 토대로 하여 실증적이고 객관적, 금액으로 표시하여 이해가 쉬움. ② 단점은 시장상황, 위치, 부동산 특성 등 절대액으로 표시하기 어려운 경우가 많이 존재. 각 특성이 가격에 미치는 상대적인 영향력 차이를 쉽게 파악하기 어려움

3) 연속수정법

(1) 의의

비율과 절대금액을 모두 사용하여 비율로 표시할 것은 비율로, 금액으로 표시할 것은 금액으로 표시한 뒤 이들을 각각 금액과 비율로 치환시킨 후 수정액을 연속적으로 합산하는 방법

(2) 장단점

① 장점은 비율과 금액 두 측면을 모두 보여줌으로써 이해가 쉽고 이론적으로도 가장 합리적. ② 단점은 절대액으로 표시하지 못하는 비교항목이 존재하는 경우 적용이 곤란, 비율과 금액을 모두 환산하고 표시하므로 상대적으로 많은 시간과 노력이 소요됨

제9절 거래사례비교법의 과학화 · 객관화 방안

1. 개요

2. 거래사례비교법의 과학화 · 객관화의 필요성

1) 의의

과학화는 감정평가이론의 지식적인 체계화와 관련된 개념. 객관화는 감정평가에 대한 검증가능성 제고를 위한 평가방법의 개발과 관련된 개념

2) 사례비교 논리의 중추적 기능성

중추적인 역할을 수행하고 있는 비교방식의 기본이 되는 거래사례비교법을 과학화 · 객관화함으로써 감정평가 전체의 신뢰성을 제고

3) 거래사례비교법의 본질적 한계

(1) 과거의 가격을 기준

과거의 거래사례가격을 기준으로 하므로 이론적 측면에서 타당성이 결여됨

(2) 부동산시장의 불완전성

거래가 이루어지는 부동산시장은 불완전성을 가지므로 거래사례 또한 불완전한 모습을 띠게 될 가능성이 많음

4) 거래사례비교법의 평가과정상 한계

(1) 거래사례 수집 및 선택의 한계

유사한 거래사례자료를 획득하는 것이 어렵고, 부동산거래 시 은밀히 거래하고자 하는 시장참가자들의 속성 때문에 거래사례 수집에 한계, 사례의 선택과정에서 평가사의 주관이 개입될 가능성

(2) 사정보정의 한계

쉽게 설명할 수 없는 여러 상황들이 발생하여 사정보정하는 데 한계

(3) 시점수정의 한계

현실적으로 시점수정에 활용되고 있는 변동률이나 각종 지수는 다양한 가치형성요인들을 모두 반영하는 데 한계. 해당 시 · 군 · 구별 또는 전국적인 단위로 작성되어 공표되는 자료들은 대상 부동산이 속하는 지역의 가치변동 상황을 제대로 반영할 수 없음

(4) 가치형성요인 비교상 한계

지역요인, 개별요인 비교치를 수치적으로 정확하게 구하는 것이 사실 어려운 일, 평가사의 주관이 개입될 가능성

3. 과학화 · 객관화 방안

1) 평가이론의 과학화 방안

(1) 기초개념의 명확한 정립

가격 · 가치의 개념과 측정기준, 평가대상에 대한 개념과 같은 기초개념의 명확한 정립이 필요함

(2) 이론적 체계의 과학화

경제, 경영 등의 주변 학문의 제 원리와 이론적 성과 등을 수용하여 이론적 체계의 정립을 통해 과학화할 필요가 있음

(3) 평가기술의 과학화

이론적 체계의 과학화를 바탕으로 새로운 평가기술이 생성되어 축적되고 이를 기초로 새로운 평가기법이 탄생하는 등 기술적 측면에서도 실질적인 과학화

2) 객관화 방안

(1) 다수거래사례의 수집 및 부동산 정보의 구축

사례가 풍부할수록 정확도가 높아지므로 다수의 거래사례를 수집할 수 있는 시스템을 마련

(2) 평가과정상 객관화 방안

① 사례선택 및 사정보정

컴퓨터를 활용한 특성별 코딩, 집합이론, 통계적 분석 등의 방법을 활용하여 주관을 배제하고 객관성과 신뢰성을 높임

② 시점수정

시계열 분석모형과 같은 통계적 분석기법을 통해 시점수정률을 결정, 지가변동률 외 각종 경제지표를 활용하고 경기국면을 판단할 수 있는 기법 등을 참작하여 시장동향을 보다 객관적으로 반영

③ 가치형성요인 비교

가치형성요인과 가치의 상관관계분석, 판별분석, 회귀분석 등 각종 통계적 분석기법을 활용하여 가치형성요인이 가치에 미치는 영향을 규명. 이를 바탕으로 요인 특성의 정형화나 격차율 비교치를 작성

4. 거래사례비교법을 검증, 지원하는 기법과 새로운 기법의 개발

1) 개요

2) 다중회귀분석법

부동산의 가치형성요인으로 선택될 수 있는 변수와 시장가치의 상관관계를 파악하고 일정한 회귀식을 만들어 부동산가치를 도출하는 방법

3) 비준표의 활용

지가와 토지의 특성 또는 가치형성요인과의 규칙성을 규명하여 격차율을 표시한 비준표를 활용하여 대상 부동산의 가치를 구하는 방법

4) 노선가식평가법

접근성이 유사한 가로별로 표준획지의 노선가를 설정하고 이를 기준으로 각 획지의 개별요인에 대한 보정을 하여 개별획지의 가치를 평가하는 방법

공시지가기준법

1. 의의

2. 비교표준지의 선정 및 정상화

1) 비교표준지의 선정

(1) 비교표준지의 의의

비교표준지라 함은 공시지가 표준지 중에서 대상토지와 가치형성요인이 같거나 비슷하여 유사한 이용가치를 지닌다고 인정되어 대상토지의 감정평가 시에 비교기준으로 선정하는 표준지

(2) 비교표준지의 선정기준

① 원칙

② 용도지역·지구·구역 등 공법상 제한사항이 같거나 비슷할 것

원칙적으로 용도지역 등 공법상 제한사항이 같거나 비슷한 것을 선정

③ 이용상황이 같거나 비슷할 것

토지가치의 형성에 용도지역 등 다음으로 영향을 미치는 것이 이용상황이므로, 이용상황이 같거나 비슷한 표준지를 선정

④ 주변 환경 등이 같거나 비슷할 것

주변 환경 등의 비교가 필요하지 않은 표준지를 우선적으로 선정

⑤ 인근지역에 위치하여 지리적으로 가능한 한 가까이 있을 것

인근지역에 소재하며 지리적으로 근접한 표준지를 선정

2) 공시지가의 보정방법

특히 공시지가의 적정성 판단은 표준지면적을 공시지가로 곱한 총액을 기준

3) 공시지가의 시점수정

공시지가 공시기준일로부터 기준시점까지의 지가변동률·생산자물가상승률 등을 참작하여 토지를 평가

4) 비교표준지와의 요인비교

비교표준지와 평가대상토지와의 위치·지형·환경 등 토지의 객관적 가치에 영향을 미치는 제 요인을 비교하여 가격이 균형을 유지하도록 하고, 지역요인 및 개별요인에 대한 분석 등 필요한 조정

5) 그 밖의 요인보정(기타요인보정)

(1) 의의

그 밖의 요인이란 시점수정, 지역요인 및 개별요인의 비교 외에 대상토지의 가치에 영향을 미치는 요인, 공시지가기준법에 의한 감정평가액이 시점수정.

개별요인 및 지역요인 비교를 거쳤음
에도 불구하고 기준가격에 도달하지
못하는 경우가 발생할 수 있음. 그 밖
의 요인보정은 일반적으로 이러한 격
차를 보완하기 위하여 실무적으로 행
하는 절차

(2) 근거법규

「감정평가에 관한 규칙」 제14조 제2항
제5호

(3) 보정방법

비교표준지를 기준으로 산정된 대상토
지의 감정평가액과 거래사례 등을 기
준으로 산정된 대상토지의 감정평가액
을 비교하여 보정하는 방법(대상토지
기준 산정방식), 거래사례 등을 적용하
는 직접 보정방법(표준지 기준 산정방
식)도 가능함

(4) 유의사항

시장상황, 대상토지의 개별적 특성 등
을 참작하여 일부 가감조정하여 최종
비율로 결정하는 것이 실무적인 관행
으로 정립. 그 밖의 요인보정을 한 경
우에는 그 근거를 감정평가서에 구체
적이고 명확하게 기재

3. 공시지가기준법의 예외

4. 공시지가기준법의 문제점

첫째, 평가기준인 공시지가가 실제 거래
가격과 괴리되는 그 공시지가 또는 거래
가격의 적정성 보정이 쉽지 않고 그 보정
방법에 있어서도 구체적 기준이 제시되지
아니하여 공시지가기준법의 자의성과 신
뢰성이 문제

둘째, 시점수정에 필요한 지가변동률은
실제 거래시장의 지가동향에 의하지 않은
평균지가변동률에만 의존하고 있어 적정
한 가치가 제대로 반영되지 못할 위험

셋째, 공시지가와 평가대상토지의 지역요
인·개별요인의 품등비교항목이 무수히 많
아 평가가액의 정도를 높일 수 있는 비교항
목의 설정과 비교치를 일일이 법령규정으
로 정하는 데에는 한계

넷째, 공시지가기준법의 적용방법에 있어
서는 면적에 대비한 공시지가 총액의 적
정성을 판단하여 이를 단가로 환산한 후
그 단가를 평가기준으로 하여야 할 것이
나 단순히 공시지가 1㎡의 단가만을 평가
기준으로 함으로써 단가와 총액의 관계에
있어 불합리한 평가가격이 도출될 수 있
는 위험

원가법

1. 의의

대상물건을 기준시점에 재생산하거나 재취득하는 데 필요한 적정원가의 총액

2. 종류

1) 복제원가(재생산원가, 재생산비용)

(1) 개념

대상물건과 동일한 모양, 구조, 원자재, 노동의 질 등을 갖는 복제품을 기준시점 현재 새로 조달하는 데 소요되는 비용과 같은 물리적 측면에서의 동질성에 착안한 것

(2) 적용대상

교회, 절과 같은 건물, 건축 중인 건물의 평가, 보험목적의 평가

(3) 장단점

장점은 대상물건의 현재 상태를 가장 잘 반영하므로 정확하고 신뢰도가 높으나, 단점은 건축시점과 기준시점의 차이가 큰 경우, 자재 및 건축기법의 변화, 관련 자료의 부재, 시점 간의 과다한 차이 등으로 인한 신뢰성에 문제가 발생

2) 대체원가(대치원가, 대체비용)

(1) 개념

대상물건과 동일한 효용을 가지는 현대적 감각의 건물을 기준시점 현재 새로 재조달하는 데 소요되는 비용으로 기능적 측면에서의 효용의 동질성에 착안한 것

(2) 적용대상

건축기법, 자재 등의 변화로 복제원가를 구하는 것이 현실적으로 곤란한 오래된 건물의 평가

(3) 장단점

장점은 기존 구조물이 대상물건의 가치에 얼마만큼 기여하는지 파악하는 데 활용할 수 있음(기능적 감가를 할 필요가 없는 경우도 있음), 단점은 현실적으로 동일한 효용에 대한 판단이 곤란, 주관의 과다한 개입

3) 복제원가와 대체원가의 차이점

(1) 개념

복제원가는 물리적인 측면의 동일한 복제품을 만드는 데 소요되는 원가, 대체원가는 기능적인 측면에서 동일한 효용을 갖는 물건을 만드는 데 소요되는 원가

(2) 원가의 크기

일반적으로 복제원가보다 대체원가의 크기가 작음(이는 대체물건의 구성요소들이 현재 시장에서 상대적으로 쉽고 싸게 구할 수 있기 때문)

(3) 정확성

대체원가는 산정 시 주관개입의 여지가 크므로 실무적인 측면에서 복제원가가 대체원가보다 더 정확

(4) 현실적 우수성

복제원가는 물리적인 측면의 동일성을 기준으로 하기 때문에 비용의 추정이 상대적으로 수월

(5) 이론적 우수성

동질적인 효용을 제공하는 현대적 감각의 건물을 선호하는 시장참가자들의 특성을 고려할 때 대체원가가 복제원가보다 우수

4) 복제원가와 대체원가의 혼용

(1) 혼용하는 경우

(2) 혼용하지 않는 경우

신축된 건물과 신축된 지 얼마되지 않아 복제원가를 정확하게 파악할 수 있는 경우, 역사·문화적 가치가 있는 건물 등을 평가

3. 재조달원가의 산정기준

1) 개설

2) 도급방식의 전제

도급방식이란 당사자 일방이 어떤 일을 완성할 것을 약정하고 상대방이 그 일의 결과에 대하여 일정한 보수를 지급할 것을 약정함으로써 효력이 발생하는 계약방식

3) 개발이윤의 포함 여부

개발이윤은 도급인이 개발과정에서 기여한 노력의 대가 또는 기회비용의 관점에서 보면 비용으로 인정할 수 있기 때문에 개발이윤도 포함

4. 재조달원가를 구하는 방법

1) 직접법과 간접법

(1) 개념

재조달원가의 산출근거를 어디에 두느냐에 따른 구분, 직접법은 대상물건에서 직접 구하는 방법, 간접법은 대상물건이 아닌 동일 또는 유사한 물건에서 찾는 방법

(2) 병용의 타당성

적정한 재조달원가의 산정을 위해서는 양자를 병용하는 것이 바람직

2) 총량조사법, 구성단위법, 단위비교법, 비용지수법

(1) 총량조사법(총가격적산법)

① 의의

원자재와 노동량 등 건축과 관련되는 모든 항목의 비용을 세세히 조사하여 재조달원가를 산정하는 방법

② 장단점

모든 항목에 대한 세목별 조사로 중요항목이 누락되지 않으므로 정확하게 재조달원가를 산정, 특히 계획 중인 건물의 평가에 유용하게 활용. 시간과 비용이 많이 들어가고 상세한 조사를 위해 전문적인 지식과 상당한 기술 및 경험 등이 필요하다는 한계

(2) 구성단위법(부분별 단가적용법)

① 의의

건물을 바닥, 벽, 지붕 등과 같은 몇 개의 중요한 구성부분으로 나누고 각 구성 부분별 측정단위에 단가를 곱하여 재조달원가를 산정하는 방법

② 장단점

총량조사법에 비해 시간과 비용 절약. 상세하지 못하여 정확성이 떨어지고 표준비용 자료가 최근의 것이 아닌 경우에는 유용성을 발휘할 수 없음

③ 유의사항

전문기관에서 발간되는 표준비용 자료를 이용하게 되는데, 이때 해당 지역의 특성이나 대상물건 특성을 고려하여 표준비용 자료를 수정

(3) 단위비교법

① 의의

평방미터(m^2)나 입방미터(m^3)와 같은 총량적 단위를 기준으로 하여 총량적 단위에 단가를 곱하여 재조달원가를 산정하는 방법

② 장단점

건축 관련된 전문지식이 없어도 활용이 가능, 시간과 비용이 적게 들고, 이해가 쉬우며, 사용하기 편리하고, 검증하는 데도 용이함. 상세하지 못하며 정확성이 떨어지고 원가산정에 사용하는 자료가 최근의 것이 아니면 그 유용성을 발휘할 수 없음

③ 유의사항

실무적으로 한국부동산원 등을 비롯한 감정평가기관에서 발간하는 건물 신축단가표를 이용하는데 이때 해당 지역의 특성이나 대상물건의 특성을 고려하여 수정

(4) 비용지수법(변동률적용법)

① 의의

최초의 재조달원가에 신뢰성 있는 기관으로부터 발표된 건축비지수를 사용하여 재조달원가를 산정하는 방법

② 장단점

최근에 지어진 건물의 경우 타당성이 높고 시간과 비용 등이 절약됨. 신축 후 오래된 건물을 평가하는 경우에는 상대적으로 부정확하며 경기변동이 심한 시기에는 적용상의 어려움

5. 재조달원가 산정 시 유의사항

1) 대체원가의 적용 여부 및 대체원가 적용 시 감가수정

교회나 절 같은 특수건물이나 문화재와 같은 건물 등의 경우에는 자재 및 공법 자체에 존재의의가 있으므로 대체원가를 적용하는 것은 적절하지 않음. 대체원가를 기준으로 재조달원가를 산정하는 경우 이미 기능적 변화에 따른 가치손실을 고려하기에 기능적 감가를 할 필요가 없음

2) 재조달원가의 구성요소의 구분

직접비용과 간접비용의 구분이 현실적으로 명확하지 않기 때문에 수급인의 이윤과 개발이윤의 범위를 어느 정도까지 인정하는지가 문제

3) 재조달원가의 산정방법의 병용

산출근거를 어디에 두느냐에 따라 직접법, 간접법이 있고 구체적으로 무엇을 기준으로 하느냐에 따라 총량조사법, 구성단위법, 단위비교법, 비용지수법 등 다양한 방법

4) 건축비의 기본구조에 대한 이해

(1) 건축신축단가표 활용 시 유의사항(한국부동산원)

(2) 기타 유의사항

① 단위당 기본비용과 바닥면적과의 관계

② 단위당 기본비용과 둘레와의 관계

③ 단위당 전체비용과 바닥면적과의 관계

제2절 감가수정

1. 의의

감가란 신규 또는 최유효이용 상태에서 실현되는 원가의 감소분. 감가수정이란 대상물건에 대한 재조달원가를 감액하여야 할 요인이 있는 경우에 물리적 감가, 기능적 감가 또는 경제적 감가 등을 고려하여 그에 해당하는 금액을 재조달원가에서 공제하여 기준시점에 있어서의 대상물건의 가액을 적정화하는 작업

2. 감가의 유형

1) 개설

2) 물리적 감가

(1) 의의

대상물건의 물리적 상태에 따른 가치의 손실로서 감가를 발생시키는 요인

(2) 발생원인

시간의 경과에서 오는 손실과 마모, 사용으로 인한 마모 및 파손, 풍우 등의 자연작용에 의해 생기는 노후화, 화재 등의 사고로 인한 손상, 기타 물리적인 하자

(3) 유의사항

상각자산에만 발생하므로 영속성이 있는 토지에는 발생하지 않음. 물건의 개별성에 따라 감가의 형태가 다양하게 나타나므로 체계적인 조사가 필요함. 또한 치유가능 여부에 대한 판단이 선

행되어야 하며 이때 물리적 가능성과 경제적 타당성을 바탕으로 분석

3) 기능적 감가

(1) 의의

대상물건의 기능적 효용이 변화(퇴화)함으로써 나타나는 가치의 손실

(2) 발생원인

설계의 불량, 설비의 부족과 과잉, 형식의 구식화, 능률의 저하, 기타 기능적인 하자

(3) 유의사항

물리적 감가와 마찬가지로 상각자산에만 발생함. 기능적 감가를 파악함에 있어 구체적인 기준은 시장을 통해서 파악해야 함. 조달원가를 대체원가로 적용한 경우는 이미 기능적 감가가 반영되어 있기에 별도의 감가대상이 되지 않음

4) 경제적 감가(외부적 감가, 환경적 감가)

(1) 의의

대상물건 자체가 아닌 외부의 부정적인 요인에 의해 발생하는 가치의 손실

(2) 발생원인

먼지, 소음, 악취 등의 근린폐해, 인근지역의 쇠퇴, 주위 환경과의 부적합용도지역제 및 최유효이용의 변화, 기타 경제적인 하자

(3) 유의사항

상각자산뿐만 아니라 토지에도 발생함. 경제적 감가는 외부적인 요인 및 시장상황에 영향을 받으므로 다양한 외부요인의 파악, (부분)시장의 확인, 시장변화의 추세파악 등에 유의해야 함. 치유불가능한 감가

3. 감가수정의 방법

1) 개설

감가수정 자료의 출처가 대상물건인지, 대상과 같거나 유사한 물건에서 비롯된 것인지에 따라 직접법과 간접법으로 구분, 각각의 방법은 구체적인 감가수정방법에 따라 내용연수법, 관찰감가법, 분해법, 시장추출법, 임대료손실환원법으로 세분

2) 내용연수법

(1) 의의 및 구분

대상물건의 내용연수를 바탕으로 감가수정을 하는 방법. 실무상 적용이 간편하고 객관적. 개별성이 있는 부동산의 실제 감가액과 괴리될 수 있음

(2) 정액법(균등상각법, 직선법)

대상물건의 가치가 매년 일정액씩 감소한다는 가정하에 대상물건의 감가총액을 단순히 내용연수로 나누어 매년의 감가액을 산정하는 방법

(3) 정률법

대상물건의 가치가 매년 일정비율로 감소한다는 가정하에 대상물건의 매년말 가치에 일정한 비율을 곱하여 매년의 감가액을 산정하는 방법

(4) 상환기금법

내용연수 만료 시에 기준시점의 상태와 동일한 가치를 갖는 물건을 재취득하기 위하여 매년의 감가액을 외부에 축적하고 그에 따른 복리이자도 발생하는 것을 전제로 내용연수 만료 시에 감가누계액 및 복리이자 상당액의 합계액이 감가총액과 같아지도록 매년 일정액을 감가하는 방법

(5) 내용연수의 조정

부동산의 변동사항과 개별적인 상태를 반영하여 감가수정의 정확성을 높이기 위해 내용연수의 조정이 하나의 대안

(6) 내용연수법의 한계

감가의 기준을 내용연수에 의존하고 있어 감가액의 산정이 획일화되기 쉬우므로 개별적이고 정확한 감가액의 산정이 제대로 이루어지기 어려움

3) 관찰감가법

(1) 의의

감정평가 주체가 대상물건의 전체 또는 구성부분을 면밀히 관찰하여 물리적·기능적·경제적 감가요인을 분석하여 감가액을 직접 구하는 방법

(2) 산정절차

(3) 장단점

① 시장자료가 충분하게 존재하는 경우에 유용함. 감가의 개별성이 반영되므로 현실에 부응할 뿐만 아니라 기능적, 경제적 감가도 동시에 반영하므로

보다 정교하고 신뢰성 있는 가격을 도출할 수 있음 ② 달관적인 방법으로 평가사의 주관개입의 소지가 크기에 보조적인 검증수단으로 쓰임. 감가수정액을 시장자료를 통해 도출할 수 있을 만큼 시장자료가 유용하다면 거래사례비교법으로 직접 가치를 구하면 되지, 굳이 원가법으로 구할 필요가 있느냐는 비판

4) 분해법

(1) 의의 및 활용

대상물건에 대한 감가의 유형을 물리적·기능적·경제적 감가로 세분한 후 이에 대한 감가액을 별도로 산정하고 이것들을 전부 합산하여 감가수정액을 산정하는 방법

(2) 산정절차

(3) 유용성과 한계

① 다른 감가수정방법보다 정교하고 합리적으로 산정할 수 있음. 의뢰인에게 어떤 항목에서, 어떤 이유로, 얼마만큼의 감가가 발생되었는지 알려줄 수 있음. 특히 기능적, 경제적 감가를 파악할 수 있음 ② 물리적 감가와 기능적 감가는 실제로 복합적으로 작용하기 때문에 둘을 정확히 분리할 수 있는가에 대한 비판, 치유비용 이상으로 가격이 하락하는 경우가 있음. 어디에서 얼마만큼 발생한 것인지를 명확하게 밝힌다는 것은 현실적으로 매우 어려움

5) 시장추출법

(1) 의의

대상부동산의 감가수정을 시장에서 수집한 유사 부동산의 거래사례자료를 적용하여 구하는 방법

(2) 산정절차

(3) 장단점

① 시장의 거래사례를 바탕으로 하기에 객관적이고 합리적임 ② 유사거래사례가 풍부해야 적용할 수 있기에 특수부동산과 같이 거래사례가 없거나 자료의 신뢰성이 떨어지면 적용할 수 없음

6) 임대료손실환원법

(1) 의의

감가요인으로 인해 감소된 순수익(임대료 손실)을 자본환원하여 감가액을 추출하는 방법

(2) 산정방법

(3) 장단점

① 장래기대편익의 현재가치라는 가치개념의 이론적 근거에 부합함 ② 부동산의 가치는 각 구성부분이 복합적으로 작용한 결과 나타나는 것으로, 실제 그 차이가 어디에서 얼마만큼 발생한 것인지를 명확하게 밝힌다는 것은 현실적으로 매우 어려움

수익환원법

제1절 수익환원법의 개요

1. 개요

2. 의의, 근거 및 기본산식

1) 의의 및 근거

(1) 의의

대상물건이 장래 산출할 것으로 기대되는 순수익이나 미래의 현금흐름을 환원하거나 할인하여 대상물건의 가액을 산정하는 감정평가방법

(2) 근거

수익성의 원리, 예측의 원칙 및 대체의 원칙

2) 기본산식

3. 수익환원법의 유용성

부동산, 동산에 구분 없이 수익이 발생하는 물건이라면 어느 것이든 적용이 가능. 특히 임대용 부동산 및 임대 이외의 사업용에 제공되는 부동산의 가치를 구하는 경우에 유용. 부동산시장이 활황인 경우에는 선행하는 경향이 있는 거래가격에 대한 유력한 검증수단으로 활용

1. 개요

2. 수익의 산정

1) 소득수익의 계산(임대용 부동산 기준)

(1) 가능총수익(PGI)

가능총수익은 100% 임대 시 창출 가능한 잠재적 총수익

(2) 유효총수익(EGI)

가능총수익에서 공실손실상당액 및 대손(손실)충당금을 공제하여 산정

(3) 순수익(NOI)

대상물건을 통해 획득할 수 있는 총수익에서 그 수익을 발생시키는 데 소요되는 경비를 공제

(4) 세전현금흐름(BTCF)

순수익에서 저당지불액(DS)을 공제

(5) 세후현금흐름(ATCF)

세전현금흐름에 소득세 또는 법인세를 공제

2) 복귀가액의 산정

(1) 복귀가액

① 의의

대상물건의 보유기간 말 재매도가치에서 매도비용 등을 차감하여 매도자가 얻게 되는 순매도액

② 보유기간 말 매도가치를 추정하는 방법

㉠ 내부추계법

보유기간 말이나 기간 말 다음 해의 순수익을 적절한 환원율로 환원하여 가격을 구하는 방법

㉡ 외부추계법

부동산가격과 관련한 과거의 시계열적인 변화추세나 각종 거시경제변수와의 상관관계 등을 통해 기간 말 부동산의 가격을 추계하는 방법

(2) 세후지분복귀액의 산정

보유기간 경과 후 초년도의 순수익을 기초로 하여 복귀가액에서 미상환저당잔금을 공제한 세전지분복귀액과 세전지분복귀액에서 자본이득세를 공제한 세후지분복귀액

3. 보유기간

1) 의의

부동산을 매입하여 매도하기까지의 기간으로서 부동산에 투자한 투자자들의 전형적인 사용수익기간

2) 유의사항

너무 긴 기간으로 설정 시에 장래예측에 따른 불확실성이 커지기 때문에 전형적인 투자자가 보유하는 기간을 표준으로 해야 함

4. 환원대상수익의 조건

1) 보통의 일반적인 이용방법에 따라 발생하는 수익

2) 계속적, 규칙적으로 발생하며, 안전하고 확실한 수익

3) 합리적, 합법적인 수익

4) 경험적 자료에 의한 객관적인 수익

5. 환원대상수익의 종류

1) 일반적인 분류

가능총수익, 유효총수익, 순수익, 세전현금흐름, 세후현금흐름 등

2) 기타에 의한 분류

영속성 여부, 감가상각 여부, 세공제 여부, 금융적 구성요소, 수익의 발생원천

6. 수익의 산정방법

1) 직접법과 간접법

수익의 산출근거를 어디에 두느냐에 따른 구분으로 직접법은 대상부동산으로부터 직접적으로 수익·비용에 대한 자료를 파악하여 구하는 방법. 간접법은 유사사례의 수익을 적절히 보정한 후 대상부동산의 수익을 구하는 방법

2) 잔여법

수익사례가 대상물건과 동일한 유형을 포함하고 있는 복합부동산으로 구성되어 있는 경우 각각의 유형에 해당되는 수익을 합리적으로 배분·공제함으로써 대상물건과 동일한 유형에 해당하는 수익만을 구하는 방법

7. 수익의 산정 시 유의사항

1) 최근사례

2) 최유효이용 상태

3) 장래동향 파악

4) 안정적 수익

5) 회계학적 수익과의 구별

제**3**절 자본환원율

1. 자본환원율의 의의 및 구분

1) 의의

장래 발생할 예상수익을 현재가치로 환원하여 자본을 산출하는 데 사용되는 율

2) 일반적 구분

(1) 환원율

한 해의 수익을 현재가치로 환산하기 위하여 사용되는 율

(2) 할인율

여러 해의 수익을 현재가치로 환산하기 위하여 적용되는 율

(3) 환원율과 할인율의 비교

① 공통점

부동산의 수익성을 나타내는 기준. 수익가액을 산정하는 데 이용. 자본으로부터 발생하는 과실을 환원시켜 원래의 자본의 가치를 측정함

② 차이점

환원율은 직접환원법의 수익가액 및 DCF법의 복귀가액을 산정할 때, 일정기간의 순수익에서 대상부동산의 가액을 직접 구할 때 사용하는 율. 장래 수익에 영향을 미치는 요인의 변동예측과 예측에 수반한 불확실성을 포함. 할인율은 DCF법에서 어떤 장래시점의 수익을 현재시점의 가치로 환산할 때 사용하는

율. 환원율에 포함되는 변동예측과 예측에 따른 불확실성 중 수익예상에서 고려된 연속하는 복수기간에 발생하는 순수익과 복귀가액의 변동예측에 관계된 것은 제외한 것

2. 자본환원율의 종류

1) 소득률과 수익률

소득률은 한 해의 수익을 현재가치로 환산하는 데 사용하는 율로서 환원율이 여기에 해당. 수익률은 여러 기간의 수익을 현재가치로 환산하는데 사용하는 율로서 할인율이 여기에 해당소득률은 단기에 적합한 율, 수익률은 여러 기간에 적용되는 율

2) 종합환원율과 개별환원율

부동산의 구성요소에 따른 구분

3) 상각전 환원율과 상각후 환원율

상각전 환원율 = 상각후 환원율 + 회수율(상각률)

4) 세공제전 환원율과 세공제후 환원율 세공제후 환원율 = 세공제전 환원율 × (1 − t)

5) 기입환원율과 최종환원율

기입환원율은 보유기간 중의 현금흐름을 자본환원하는 데 사용하는 율. 최종환원율(기출환원율)은 복귀가액을 산정하는 데 사용하는 율

6) 임대권환원율과 임차권환원율

임대권환원율은 임대인의 관점에서 임대수익을 환원하여 임대권가치를 평가하는 데 사용. 임차권환원율은 관점에서 임차권수익을 환원하여 임차권가치를 평가하는 데 사용

3. 자본환원율의 성격

1) 장래의 이익을 현재가치로 환원하는 율

부동산의 소유에서 비롯되는 장래이익을 현재가치로 환원한 것이고 이때 환원하는 데 사용하는 율

2) 필수적 투자수익률

투자액에 대한 최소한의 이익보장을 전제로 하는 필수적 투자수익률

3) 가치의 방향과 폭을 가늠하는 지표역할

자본환원율과 수익가액은 역의 상관 관계

4) 자본화승수의 핵심요소

자본환원율의 역수

4. 자본환원율의 산정방법

1) 시장추출법

(1) 의의

시장에서 직접 유사한 사례로부터 자본환원율을 추출하는 방법

(2) 산식

순수익 / 거래사례가격

(3) 장단점

① 시장성에 근거하고 있어 실증적, 설득력 있음. 유사거래사례가 풍부할 경우 회귀분석 등을 통해 객관적인 산출이 가능함 ② 과거의 사례가격, 순수익에 바탕을 둔 것으로 사후적인 것이 되어 미래를 예측해서 구해야 하는 자본환원율의 사전적 개념에 배치됨. 부동산 개개의 개별적 위험 등의 개별성을 반영하기 곤란함. 사례가 부족하거나 수집이 어려운 경우에는 신뢰성이 떨어짐

2) 유효총수익승수에 의한 산정방법

(1) 의의

순수익비율(또는 운영경비비율)과 유효총수익을 바탕으로 한 유효총수익승수를 사용하여 자본환원율을 구하는 방법

(2) 산식

(1 − 운영경비비율) / 유효총수익승수

(3) 장단점(시장추출법의 변형이기에 시장추출법의 장단점 공유함)

3) 요소구성법(조성법)

(1) 의의

대상부동산에 관한 위험을 여러 가지 구성요소로 분해하고 개별적인 위험에 따라 위험할증률을 산정하고 무위험률에 더함

(2) 산식

자본환원율 = 무위험률 + 위험할증률

(3) 장단점

① 자본환원율을 구성하고 있는 각각의 요소를 분해하고 이에 대응하는 위험할증률을 무위험률에 가산하는 방법으로 이론적으로 타당성이 있음. 금융시장의 변동성이 심하고 저당대출이 일반적이지 못한 시장에서 유용함 ② 자본환원율의 결정과정에서 평가사의 주관개입 문제가 있음. 저당대출과 세금이 환원율에 미치는 영향을 전혀 고려하지 못하여 일반투자자의 시장행태와도 부합하지 못함

4) 투자결합법

(1) 의의

대상부동산에 대한 투자자본의 구성비율과 각 투자자본의 자본환원율을 결합하여 자본환원율을 구하는 방법

(2) 산식

① 물리적 투자결합법

R = 토지가치비율 × 토지환원율 + 건물가치비율 × 건물환원율

② 금융적 투자결합법

㉠ ROSS

R = 지분비율 × 지분환원율 + 저당비율 × 저당이자율(i)

㉡ KAZDIN

R = 지분비율 × 지분환원율 + 저당비율 × 저당상수(MC)

(3) 장단점(금융적 투자결합법)

① 저당대출이 일반화되고 자본시장이 고도로 발달한 나라에서 유용함. 장기의 저당대출에 유용함. 부동산투자에 따른 수익률 및 자금조달과 관련하여 금융시장의 동향을 반영할 수 있음 ② 금융적 투자결합법은 저당대출의 상환에 따른 지분형성. 부동산가치의 변화, 세금효과를 고려하지 못함. ROSS의 경우 저당이자율을 적용하고 있어 저당투자자의 자본회수가 고려되지 않아 종합환원율을 도출할 수 없게 됨

5) ELLWOOD법

(1) 의의

투자자의 전형적인 보유기간을 가정한 후, ① 매 기간 동안의 세전현금흐름, ② 보유기간 동안의 지분형성분, ③ 보유기간 동안의 부동산가치 상승·하락 등의 세 가지 요소가 자본환원율에 미치는 영향을 고려하여 자본환원율을 구하는 방법

(2) 산식

$$R = y - L / V(y + P \times SFF - MC) \pm \triangle SFF$$

(3) 장단점

① 투자자가 지불할 수 있는 투자가치의 산정에 적용 가능함. 부동산의 가치와 금융 간의 관계를 고려함. 전형적인 보유기간을 설정하고 저당대출이 상환됨에 따른 지분형성분과 부동산가치의 변화를 반영하는 점에서 우수함 ② 미

래의 부동산가치 변화와 관련하여 주관개입 가능성이 있음. 세금효과를 고려하지 않아 전형적인 투자형태에 부합하지 못함

6) 부채감당법

(1) 의의

저당투자자의 입장에서 대상부동산의 순수익이 매 기간의 원금과 이자를 지불할 수 있느냐 하는 부채감당률에 근거하여 자본환원율을 구하는 방법

(2) 산식

$$R = DCR \times L / V \times MC$$

(3) 장단점

① 미래의 부동산가치 변화에 대한 예측이 필요하지 않아 주관이 배제됨. 객관적이고 간편하게 구할 수 있음 ② 지나치게 대출자 입장에 치우침

7) 설문조사법

(1) 의의

시장에서 직접 참여하고 있는 투자자, 참여할 의사를 지니고 있는 잠재적 투자자 또는 투자와 관련된 전문적인 서비스를 제공하는 전문가 등을 대상으로 한 설문조사를 통해 자본환원율을 산정하는 방법

(2) 유의사항

① 평가사가 개별적으로 시장참가자를 대상으로 의견청취하는 경우

② 공표된 자료를 활용하는 경우

5. 자본환원율 결정 시 유의사항

1) 타자산의 수익률 검토

대체·경쟁관계에 있는 다른 자산의 수익성과 밀접한 관계를 맺으므로 리츠수익률, 주식수익률, 회사채수익률, 국공채수익률, 기타금융상품의 수익률 등을 참조

2) 금융시장의 환경 고려

금리추세, 금융정책의 변경 등 금융환경의 변화를 고려

3) 거시경제변수의 종합적 고려

GDP, 소비자물가지수, 생산자물가지수, 환율 등 거시경제적 상황에 따른 부동산시장의 변화요인을 파악

4) 용도, 유형에 따른 지역·개별분석

부동산이 속한 지역, 용도, 유형, 상태 등에 따라 다양하게 나타날 수 있으므로 지역·개별요인에 대한 분석을 철저히 한 후 결정

제4절 실무기준의 자본환원율 산정방법

1. 환원율

1) 환원율 적용기준

2) 환원율 산정방법

  (1) 시장추출법

  (2) 요소구성법

  (3) 투자결합법

    ① 물리적 투자결합법

    ② 금융적 투자결합법

  (4) 유효총수익승수에 의한 결정방법

  (5) 시장에서 발표된 환원율

2. 할인율

1) 투자자조사법

2) 투자결합법

3) 시장에서 발표된 할인율

3. 실무상 환원율 및 할인율 결정 시 유의
사항

제5절 자본환원방법

1. 개요

2. 직접환원법

1) 의의 및 구분

직접환원법은 단일기간의 순수익을 적절한 환원율로 환원하는 방법으로 전통적인 직접환원법과 잔여환원법으로 구분

2) 전통적 직접환원법

(1) 직접법

시간의 흐름에도 변하지 않는 순수익을 환원율로 환원하여 수익가액을 구하는 방법

(2) 직선법, 상환기금법, 연금법(자본회수방법에 따른 분류)

① 개설

② 직선법

상각전 순수익을 상각후 환원율에 상각률(회수율)을 더한 상각전 환원율로 환원하여 부동산가치를 구하는 방법

③ 상환기금법

상각전 순수익을 상각후 환원율에 축적이율과 잔존내용연수에 의한 감채기금계수를 더한 상각전 환원율로 환원하여 부동산가치를 구하는 방법

④ 연금법

상각전 순수익을 상각후 환원율에 수익률과 잔존내용연수에 의한 감채기금계수를 더한 상각전 환원율로 환원하여 부동산가치를 구하는 방법

3) 잔여환원법

(1) 의의

부동산에서 발생하는 순수익을 구성요소에 따라 분리할 수 있다는 가정에 따라 각각의 구성요소에 대한 수익가치를 산정하는 방법

(2) 구분

(3) 물리적 측면의 잔여환원법

① 토지잔여법

복합부동산의 순수익에서 건물에 귀속되는 순수익을 공제한 후 토지에 귀속되는 순수익을 토지환원율로 환원하여 토지의 수익가치를 구하는 방법

② 건물잔여법

복합부동산의 순수익에서 토지에 귀속되는 순수익을 공제한 후 건물에 귀속되는 순수익을 건물환원율로 환원하여 건물의 수익가치를 구하는 방법

③ 부동산잔여법

부동산으로부터 발생하는 수익은 토지, 건물이 복합적으로 작용하여 창출되는 것으로 보고 부동산의 가치를 구하는 방법

(4) 금융적 측면의 잔여환원법

① 지분잔여법

지분수익을 지분환원율로 환원하여 지분의 수익가치를 구하는 방법

② 저당잔여법

타인자본에 귀속되는 수익을 저당환원율로 환원하여 저당의 수익가치를 구하는 방법

3. 할인현금흐름분석법(DCF)

1) 의의

미래의 현금흐름과 보유기간 말의 복귀가액에 적절한 할인율을 적용하여 현재가치로 할인한 후 대상물건의 수익가액을 산정하는 방법

2) 산식

3) 종류

순수익을 기준으로 하는 순수익분석법, 세전지분복귀액을 기준으로 하는 세전현금흐름분석법(대표적 방법이 저당지분환원법), 세후지분복귀액을 기준으로 하는 세후현금흐름분석법

4) 할인현금흐름분석법의 가정

(1) 보유기간에 대한 고려

전형적인 투자자들은 비교적 짧은 기간 동안 부동산을 보유

(2) 저당대출에 대한 고려

고가이므로 자기자본이 부족한 경우에는 타인자본을 조달

(3) 부동산가치의 변동에 대한 고려

부동산가치는 시간의 흐름에 따라 하락하는 것이 아니라, 사회·경제적 상황에 따라 상승 또는 하락

(4) 다양한 가치구성요소에 대한 고려

매 기간의 순수익에서 지분투자자의 몫으로 돌아오는 지분수익, 보유기간 동안의 저당대출에 대한 원금상환으로 인한 지분형성분, 기간말 예상되는 부동산가치의 변동

(5) 지분수익률에 대한 고려

자신들의 지분투자액에 귀속되는 지분수익에 더 많은 관심

5) 순수익분석법

(1) 의의

대상부동산의 보유기간에 발생하는 복수기간의 순수익과 보유기간말의 복귀가액에 적절한 할인율을 적용하여 현재가치로 할인한 후 부동산의 가치를 평가하는 방법

(2) 산식

(3) 평가절차

6) 저당대출과 세금을 명시적으로 고려하는 경우의 할인현금흐름분석법

제6절 동적 DCF법

1. 정적 DCF법의 변수와 문제점

동적 DCF법에서는 불확정요소를 모두 순수익 예측에 반영시키므로, 할인율에는 무위험이자율을 채택

2. 동적 DCF법의 개념

미래 환경의 변동성을 변수로 감안하여 투자결정 또는 가치평가를 하는 방법

3. 동적 DCF법의 가치의 표현

가치는 특정한 값이 아닌 확률분포를 갖게 되기 때문에 일정 범위의 값으로 표현

3방식의 확장 및 응용

1. 개요

전통적인 평가방식인 3방식만으로는 현실의 부동산시장에서 형성되는 가치를 찾아내기에는 한계가 있고, 감정평가 자체의 주관성 개입을 극복하는 데 문제가 있음

2. 회귀분석법의 의의 및 종류

1) 의의

통계적 관점에서 여러 변수들 특히 독립변수와 종속변수 사이의 상호관계성을 찾아 이를 일반화시키는 계량적 분석기법

2) 종류

(1) 단순회귀분석과 다중회귀분석

한 개의 독립변수와 종속변수와의 관계를 분석하는 방법, 여러 개의 독립변수와 종속변수와의 관계를 분석하는 방법

(2) 선형회귀분석과 비선형회귀분석

회귀모형에서 계수들이 선형관계에 있도록 회귀식을 구성하여 분석하는 것. 회귀모형의 계수들이 비선형형태로 이루어진 함수로 회귀분석을 하는 것

3. 회귀분석의 자료요건

1) 자료의 종류

횡단면자료(같은 시점을 기준), 시계열자료(시간에 따라 주기적으로 측정된 자료), 패널자료

2) 자료의 요건

(1) 일반적인 자료의 요건

거래사례 전체의 자료수가 충분해야 함. 거래사례별 개별특성 자료도 많아야 함. 수집된 사례의 거래가격, 개별특성들의 값이 정규분포를 이루어야 함. 거래사례는 여러 면에서 유사성이 있어야 하고 거래사례는 동일한 시장으로부터 나와야 함

(2) 통계학적 자료의 요건

종속변수와 독립변수 간의 선형관계가 성립하여야 함. 독립변수들 간의 다공선성이 없어야 하고 회귀선을 둘러싼 모든 오차항의 평균은 0이어야 함. 오차항들이 정규분포를 이루고, 모든 독립변수의 각 값에 대해 동일한 분산을 가져야 하며 확률적으로 서로 독립적이어야 함

4. 다중회귀분석에 의한 평가절차

1) 사례표본의 선정

(1) 공간적인 측면

공간적인 측면에서 동질성, 인근지역의 설정이 중요

(2) 시간적인 측면

시간적인 측면에서 동질성, 일반적으로 1년을 표준

2) 특성변수의 선정

어떠한 변수를 기준으로 분석할 것인가를 결정

3) 특성의 코딩

(1) 의의

각종의 특성을 적절히 정리하여 입력하는 절차

(2) 유의점

더미변수의 처리에 특별하게 주의

4) 통계치의 분석

(1) 의의

도출된 회귀식을 부동산가치의 평가에 활용하기 위해 회귀식이 통계학적으로 의미가 있는 것인지 분석하는 것

(2) 결정계수

주어진 자료로부터 독립변수가 종속변수를 얼마나 정확하게 설명해줄 수 있느냐를 나타내는 지표로서 보통 R^2으로 표시

(3) 추정의 표준오차와 표본의 평균값 비교

추정의 표준오차란 잔차(실제의 값 − 추정치)의 표준편차를 말하는 것으로 이는 표본들의 실제 관찰치가 회귀식으로부터 얼마나 흩어져 있는가를 나타내는 것으로 SE2로 표시

(4) 잔차비율과 평균잔차

각 표본의 값에서 잔차가 차지하는 비율로 잔차비율이 크다는 것은 각 표본의 값이 회귀식으로 설명되지 않는 부분이 많다는 것. 잔차비율의 평균을 말하는 것으로 평균잔차가 크다는 것은 회귀모형이 그만큼 정확하지 못하다는 것

(5) T−검증

각 독립변수의 회귀계수가 통계적으로 의미가 있는지 확인하는 것으로 회귀계수가 일정한 유의수준에서 통계학적으로 0인지 아닌지, 또는 0보다 큰지 작은지를 판별하는 것

(6) 다공선성

독립변수가 여러 개일 경우 이들 사이에 높은 상관관계가 존재하는 것, 이는 하나의 사례에 두 개 이상의 특성이 동시에 나타날 경우에 주로 발생

5) 투입된 자료 및 특성변수에 대한 재검토

(1) 개요

다중회귀분석을 통해 도출된 회귀식에 대한 통계적 검증을 한 결과 통계치가 적절하지 못한 것으로 판명된 경우에

는 자료, 특성변수의 선정, 코딩 등에 대한 재검토를 통해 모형을 수정

⑵ 표본에 대한 검토 및 수정

⑶ 특성변수에 대한 재검토

⑷ 특성코딩에 대한 재검토

6) 회귀모형의 검증과 적용

회귀모형이 실제로 부동산가치를 정확히 평가할 수 있는지 최종적으로 검증. 이러한 검증에 있어서는 표본에 포함되지 않은 거래사례를 사용

5. 장단점

1) 장점

평가사의 주관을 배제하고 객관적인 가치평가를 할 수 있음. 많은 자료를 기반으로 하므로 설득력이 있고 대량의 부동산을 평가하는 경우 신속하고 공정하게 할 수 있음. 개별적 특성에 따른 기여도를 파악할 수 있으며 시간경과를 독립변수로 선정할 경우 시점수정이 필요 없음

2) 단점

회귀분석 시 많은 자료가 필요하므로 시간과 노력이 많이 소요되며, 자료의 선택 과정에서 세심한 주의가 요구됨. 회귀분석모형 설정 시에 평가사의 주관성을 완전히 배제하기 힘듦. 부동산가치는 수없이 많은 가치형성요인들의 영향을 받으므로 회귀분석은 이러한 요인들을 제대로 반영하지 못함. 부동산의 가치를 평가함에 있어 전문가적인 판단과 경험이 반영되지 않으므로 오히려 왜곡된 결과를 초래할 수 있음

1. 의의

특정한 가로에 접하고 있는 접근성이 유사한 일단지를 선정하여 이를 바탕으로 표준획지와 노선가를 정한 후 이를 기초로 다른 획지의 가격을 깊이, 토지의 형태, 가로 등에 따른 보정을 가하여 가치를 평가하는 방법

2. 근거

모든 택지는 가로의 접한 부분에서 깊이가 깊어짐에 따라 가치가 체감하고 가로에 접한 표준획지라도 획지의 이용상황, 가로조건, 접근조건 등에 따라 가치의 차이가 발생한다는 사고

3. 적용

1) 이론상 적용

과세가치의 평가, 보상가치의 평가, 토지구획정리사업 및 재개발사업에 따른 대량평가에 주로 활용

2) 실무상 적용

공시지가기준법에 의한 평가결과의 합리성을 검토하기 위한 보조적인 수단으로 내부검토용으로 활용

4. 노선가식평가법에 의한 평가절차

1) 노선가의 설정

(1) 노선가의 설정기준

가로조건, 접근조건, 획지조건이 노선가의 3요소임

(2) 노선가의 설정방법

① 달관식

가치형성요인을 종합적으로 분석하여 지식과 경험치에 입각하여 노선가를 달관적으로 결정하는 방법

② 채점식

각 요인에 점수를 매기고 채점한 결과를 모두 합산하여 노선가를 결정하는 방법

(3) 노선가 설정 시 유의사항

제반 가치형성요인을 적절하게 구분하고 개별적인 영향력을 정확히 파악

2) 획지계산

주어진 노선가에 깊이가격체감률을 곱하고 대상토지의 가로조건, 접근조건, 획지조건 등의 증감요인을 보정하여 획지의 구체적인 가치를 평가

5. 장단점

1] 장점

대량의 택지를 감정평가함에 있어 단기간에 기계적으로 공평하게 처리할 수 있음. 과세가치의 평가, 보상가치의 평가, 재개발사업 등에 유용하고 주관개입 여지가 적어 평가사 간의 가치편차가 적음. 과학적이고 설득력이 있음

2] 단점

각 획지의 개별성으로 인해 각종 계수 파악이 어렵고, 보정에 있어 완벽을 기할 수 없음. 건부지 등으로 이용 중인 택지의 경우 건물과의 관련성이 반영되기 어렵고 나지, 건부지와 같이 이용상황이 다른 경우 정상적인 비교가 어려움. 현실의 시장성을 제대로 반영하기 어렵고 이에 따라 시장가치와 괴리. 대상 획지의 가치가 몇 가지 수식조합에 따라 평가될 수 있는 것인가라는 본질적 한계

1. 가산방식

1) 의의

소지가액에 개발비용을 더하여 조성 택지의 가치를 평가하는 방법

2) 성격

소지가액은 비교방식이나 원가방식으로, 개발비용은 원가방식으로 구하는 면에서 3방식의 논리를 혼용. 근본적으로는 토지를 가공하여 부가가치를 창출한다는 점에 착안한 것으로 원가방식의 사고를 바탕으로 함

3) 내용

(1) 개발스케줄

(2) 산식

{소지가액 + (조성공사비 + 공공공익시설부담금 + 개발부담금 등 + 판매비와 일반관리비 + 개발업자의 적정이윤)} × 성숙도 수정률

(3) 소지가액

(4) 개발비용

(5) 유효택지면적

(6) 성숙도 수정

2. 공제방식과 개발법

1) 공제방식

(1) 의의

분양예정가격에서 개발비용을 뺌으로써 택지예정지 또는 소지의 가치를 평가하는 방법

(2) 성격

'수익 − 비용'이라는 산정구조상 수익방식. 근본적으로는 토지를 가공하여 부가가치를 창출한다는 점에 착안한 것으로 모두 원가방식의 사고

(3) 산식

{분양예정가격 − (조성공사비 + 공공공익시설부담금 + 개발부담금 등 + 판매비 및 일반관리비 + 개발업자의 적정이윤)} × 성숙도 수정률

(4) 내용

2) 개발법

(1) 의의

대상획지를 개발하였을 때 예상되는 분양예정가격의 현재가치에서 개발비용의 현재가치를 뺌으로써 가치를 평가하는 방법

(2) 성격

'수익 – 비용'이라는 산정구조상 수익방식, 근본적으로는 토지를 가공하여 부가가치를 창출한다는 점에 착안한 것으로 모두 원가방식의 사고

(3) 산식

분양예정가격의 현가 – [조성공사비 + 공공공익시설부담금 + 개발부담금 등 + 판매비 및 일반관리비]의 현가

(4) 내용

3) 공제방식과 개발법의 비교

공제방식은 화폐의 시간가치를 고려하지 않지만 개발법은 화폐의 시간가치를 고려함. 공제방식에서는 개발업자의 적정이윤을 명시적으로 고려하지만 개발법에서는 별도항목으로 처리하지 않고, 이윤을 고려한 투자수익률을 기초로 한 복리현가율로 처리함. 공제방식에서는 성숙도 수정이 평가과정에서 중요한 절차이나, 개발법에서는 성숙도수정을 하지 않음. 공제방식은 개발사업을 즉시 착수할 수 없는 경우에 소지가액을 개략적으로 구하는 방법인데 비해, 개발법은 즉시사업을 실시할 수 있는 충분히 성숙된 토지를 대상으로 소지가치를 구하는 방법

3. 가산방식, 공제방식 및 개발법의 실무적 활용

PART 03

제4절　총수익승수법

1. 의의 및 산식

1] 의의

시장에서 구한 총수익승수를 대상부동산의 총수익에 곱하여 대상부동산의 가치를 구하는 방법으로 총수익과 가치의 상관관계를 통해 부동산의 가치에 접근하고자 하는 방법

2] 산식

대상부동산의 가능, 유효총수익 × (가능, 유효)총수익승수

2. 종류

총임대료승수법, 총수익승수법

3. 전제조건 및 적용대상

1] 전제조건

부동산의 가치와 총수익은 동일한 시장의 영향을 받으며, 시장의 변화에 대응하여 동일한 방향으로 동등한 비율로 변동함. 대상부동산, 사례부동산의 공실률, 운영경비비율은 동일 또는 유사해야 함. 대상부동산, 사례부동산의 총수익은 가까운 장래에는 변동이 없어야 함. 대상부동산, 사례부동산은 동일, 유사 부동산으로 대체, 경쟁관계에 있어야 함. 사례부동산은 인근지역, 동일수급권 내 유사 지역에 소재하고 있는 최근의 사례이며, 지역시장의 추세를 충분히 반영

2] 적용대상

순수익의 추계가 어려운 부동산이나 임대와 거래가 빈번히 이루어지는 부동산, 표준화 및 규격화된 상태로 건축되어 분양된 동일업종의 상가, 모텔 등의 숙박시설 등

4. 총수익승수법에 의한 평가절차

1] 총수익승수의 산정

(1) 총수익승수의 종류

(2) 총수익승수의 산정방법

거래가격을 총수익으로 나눈 값

① 통계적 분석법

시장에서의 거래사례 및 수익사례를 통계적으로 분석하여 총수익승수를 산정하는 방법

② 직접비교법

대상부동산과 유사성이 높은 사례부동산을 수집하고 이를 바탕으로 총수익승수를 도출하는 방법

2] 총수익의 산정

3] 부동산의 가치평가

5. 총수익승수의 변동요인

1) 개요

2) 금융조건

유사한 금융조건을 가진 부동산으로부터 총수익승수를 도출

3) 거래시점

보통 1년 이내의 최근 사례를 기준으로 총수익승수를 산정

4) 부동산의 유형과 특성

같은 유형과 비슷한 특성을 지닌 부동산을 기준

5) 부동산의 경과연수

유사한 정도의 감가상각을 보이는 비교가능성이 높은 사례부동산을 통해 총수익승수를 도출

6) 수익의 질

부동산의 유형과 위치에 따른 수익의 질적인 측면을 면밀히 검토하여 비교가능성이 높은 부동산을 대상으로 총수익승수를 도출

7) 임차자서비스

동일한 수준의 임차자서비스를 제공하는 사례부동산으로부터 총수익승수를 도출

8) 공실률

전형적인 공실률을 보이는 사례부동산을 기준으로 총수익승수를 도출

6. 총수익승수법의 장단점

1) 장점

신뢰성 있는 거래사례와 수익사례 수집 시 객관적이고 설득력 있는 방법이므로 감정평가 3방식상의 주관성이라는 한계를 극복할 수 있음. 단독주택, 농지 등은 전형적인 수익성 부동산이 아니기 때문에 운영경비의 범위 기준이 문제가 되는데 이러한 경우와 같이 수익환원법의 적용이 곤란한 경우에 유용하게 활용할 수 있음. 다른 평가방법의 보조수단으로 적정성을 검증하는 데 유용하게 활용

2) 단점

부동산시장은 불완전시장으로 가치와 총수익의 변동이 일치한다고 볼 수 없음. 총수익이 같다고 하여 그것의 위험까지 같다고 볼 수 없기에, 총수익승수법의 적용 시 부동산의 다양한 위험을 고려하지 못할 가능성이 큼. 시장에서 전형적인 총수익승수를 도출하더라도 비유사부동산으로부터 나온 것일 수도 있음. 거래가 활발하지 않고 신뢰할 수 있는 사례가 적은 경우에는 적용하기 힘들고 총수익을 근거로 가치를 산정하는 방법이기 때문에 순수익이나 지분수익을 근거로 하는 투자자의 일반적인 시장행태는 반영하지 못함

1. 개요

2. 실물옵션

1) 의의

사업의 변동성을 핵심변수로 감안하여 유연하고 동적인 투자전략을 평가해주는 방법론

2) 필요성

투자대안에 불확실성이 존재하는 경우. 불확실한 상황 속에서 신축적이고 시의적절하게 대처할 수 있는 유연성의 가치를 고려, 한번 내린 결정의 결과가 반복될 수 없는 상황, 즉 비가역성이 존재하는 경우

3) 일반적인 적용분야

일반 부동산평가와 부동산개발, 부동산투자 등

4) 실물옵션의 유형

(1) 성장옵션

1단계 결과가 성공적이면 보다 큰 2단계로 넘어가 더 높은 수익을 실현할 수 있도록 하는 옵션

(2) 확장옵션 및 축소옵션

프로젝트의 생산 또는 영업규모를 확장할 수 있는 옵션, 생산 또는 영업규모의 축소할 수 있는 옵션

(3) 포기옵션

사용 중인 자산 또는 사업부문을 매각

(4) 기타

5) 부동산의 실물옵션 적용가능성

(1) 불확실성 측면

사전적인 의미로 확실하지 아니한 성질이나 상태, 투자안의 가치 또한 불확실성이 커질수록 증가하는 특징

(2) 비가역성 측면

시설투자에 투입된 금액을 쉽게 회수할 수 없다는 뜻으로 막대한 규모의 자금이 투입되고 장기적인 시간이 소요되는 기업의 시설투자나 부동산개발사업에서 나타나는 일반적인 특성

(3) 유연성 측면

의사결정자가 상황에 따라 다양한 전략을 구사할 수 있는 특성. 의사결정자의 다양한 전략적 가치를 반영할 수 있음

6) 실물옵션가격모형

(1) 블랙숄즈모형

(2) 이항옵션모형

3. CVM

1) 의의

비시장재화의 가치평가방법으로 비시장재화에 대한 가상적인 상황을 설정하고

그 상황에서 선택가능한 가상가격에 대한 설문조사를 통해 해당 재화의 가치를 평가하는 방법

2) 활용

환경재(자연휴양지, 습지, 대기 및 수질, 산림보호, 경관, 환경오염), 공공재, 행정서비스 등 시장가격이 존재하지 않는 분야

3) 장단점

(1) 장점

환경, 공공재, 행정서비스 등 다양한 비시장재화의 가치를 평가할 수 있게 해줌. 특정 유효성과 신뢰성을 검사할 수 있도록 설계할 수 있음

(2) 단점

응답자의 지불·수용의사에 따라 결과가 왜곡될 수 있음. 응답자에 친숙하지 않은 가상시장의 설정으로 정확도가 떨어질 수 있음. 기술적으로 이해하기 쉽고, 설득력 있고, 의미 있는 설문내용을 구성해야 함

4. 장기추세법

1) 의의

통계적인 방법인 시간서열분석과 회귀분석을 통해 미래를 예측하여 부동산의 미래가치를 추정하는 방법

2) 근거

부동산의 가격은 일반적으로 파동성이 있고 장기적인 변동 속에서 일정한 규칙성과 증감추세

3) 종류

5. 토지생태안전평가법

1) 의의

토지생태안전의 가치를 평가하는 방법

2) 탄생배경

3) 종류

6. AVM(자동가치산정모형)

1) 정의

실거래자료, 부동산 가격공시자료 등을 활용하여 토지 등 부동산의 가치를 자동으로 추정하는 컴퓨터 프로그램

2) 감정평가와의 관계

감정평가의 보조적 수단으로 활용. 추정가치는 감정평가액으로 볼 수 없음

3) 활용 시 유의사항

자동가치산정모형의 알고리즘, 사용되는 데이터의 종류 및 범위, 적합성, 산출된 결과물의 적정 여부

제1절 **임대차평가**

1. 개요

2. 임대차

1) 의의

당사자의 일방이 상대방에 대하여 어떤 물건의 사용 및 수익을 허락하고 상대방은 이에 대해서 대가를 지불할 것을 약정하는 것에 의해 성립되는 계약

2) 임대차의 유형

(1) **임대료 산정방법에 따른 분류**

① 고정임대차

임대차기간 동안 고정된 임대료를 지불

② 점변임대차

임대차기간 중에 사전에 정해진 룰에 의해 임대료가 점진적으로 변화

③ 재평가임대차

일정기간마다 부동산의 가치를 재평가하고, 부동산의 가치에 일정한 비율을 적용하여 임대료를 산정

④ 지수임대차

임대료를 소비자물가지수나 생계비지수 등 전국적으로 공표되는 특수한 지수에 따라 조정

⑤ 비율임대차

임대료의 전부나 일부를 임차인의 매상고나 생산성을 기준으로 삼아 일정한 비율을 적용함으로써 임대료를 산정

(2) **운영경비 납부 및 부담방법에 따른 분류**

① 총임대차

운영경비를 임대인이 납부하는 임대차 유형

② 순임대차

실제 운영경비를 부담하는 임차인이 직접 운영경비를 납부

③ 비율임대차

사전에 정해진 계약내용에 따라 임대인과 임차인이 운영경비를 일정한 비율에 따라 분담

(3) **기타분류**

(4) **임대차 관련 유의사항**

현실의 임대차계약은 한 가지 유형으로만 적용되는 것이 아니라 여러가지 임대차 유형이 동시에 복합적으로 적용

3) 임대차기간

임대차기간은 임차인과 임대인이 합의하여 대상부동산을 사용·수익하기로 약정한 기간으로 일반적으로 1년을 기준

3. 임대료

1) 의의

부동산임대차에 의한 특정 공간의 사용·수익에 대한 대가로 지불되는 경제적 대가의 총칭

2) 임대료와 가치

(1) 원본과 과실의 관계

임대료는 대상부동산의 경제적 가치를 기반으로 하여 산정하고, 경제적 가치는 임대료를 정확하게 파악한 후 그것의 현재가치를 통해 구할 수 있음

(2) 기간의 차이

가치는 부동산이 경제적으로 소멸하기까지의 전 기간에 걸쳐 사용·수익하는 것을 전제로 산출되는 경제적 대가인 반면, 임대료는 임대차 등에 의한 계약기간에 한정하여 사용·수익할 것으로 기초로 하여 산정되는 경제적 대가

3) 임대료의 종류

(1) 임대료의 성격에 따른 분류

① 시장임대료

② 시장임대료 외의 임대료

(2) 지불방법에 따른 분류

① 지불임대료

임대차계약에 의해 임차인이 임대인에게 지불하는 임대료로서 순임대료 상당액, 부가사용료 및 공익비 중 실비초과액, 필요제경비

② 실질임대료

종류 여하를 불문하고 임차인이 대상부동산을 사용·수익함에 따라 실질적으로 부담하게 되는 모든 종류의 경제적 대가

③ 임대료의 구성

(3) 임대차계약의 유형에 따른 분류

① 신규임대료

기준시점 현재 임차인이 대상부동산을 최초로 사용·수익하기로 하고 그에 상응하는 경제적 대가

② 계속임대료

기존의 임대차계약에 기반하여 계약을 갱신하는 경우 그에 따라 결정되는 임대료

(4) 기타(평가실무에서 활용가능한 것들)

① 시장임대료와 계약임대료, 초과임대료와 부족임대료

시장임대료란 임대차시장에서 대상부동산에 가장 전형적인 것으로 판단되는 임대료. 계약임대료는 임대인과 임차인 간의 계약으로 인해 임대인이 임차인으로부터 받게 되는 매기간의 임대료. 초과임대료란 계약임대료가 시장임대료를 초과하는 부분. 부족임대료는 계약임대료가 시장임대료에 미치지 못하는 부분

② 계획임대료와 유효임대료

계획임대료는 임대차계약에 상관없이 임차인이 실제로 지불하는 임대료. 유효임대료는 계획임대료를 임대차기간에 따라 평준화한 임대료

4) 감정평가에서 구하는 임대료

신규임대료, 시장임대료, 실질임대료

5) 임대료의 시점

(1) 임대료의 시초시점과 실현시점

임대료의 시초시점이란 임대차기간에 있어 수익이 발생하는 최초의 시점으로서 임대차기간의 초일, 임대료의 실현시점이란 임대차기간에 있어 수익이 종국적으로 실현되는 시점

(2) 임대료의 지불시기

임차인이 임대인에게 임대료를 지불하는 시점

(3) 임대료의 기준시점

임대료를 평가하는 경우 임대료 결정의 기준이 되는 날로서 수익발생 개시시점으로 그 기간의 초일

1. 개요

2. 임대사례비교법

1) 의의, 근거 및 산식

(1) 의의(「감정평가에 관한 규칙」 제2조 제8호) 및 근거

대상물건과 가치형성요인이 같거나 비슷한 물건의 임대사례와 비교하여 대상물건의 현황에 맞게 사정보정, 시점수정, 가치형성요인 비교 등의 과정을 거쳐 대상물건의 임대료를 산정하는 감정평가방법. 시장성의 논리와 대체의 원칙

(2) 산식

임대사례의 임대료 × 사정보정 × 시점수정 × 지역요인비교 × 개별요인비교

2) 적용대상 및 한계

(1) 적용대상

유사한 임대사례가 있는 경우 거의 모든 물건에 적용이 가능. 원가적 접근이 어렵거나 수익의 파악이 어려운 물건

(2) 한계

임대사례가 존재하지 않거나 거의 없는 경우에는 적용 자체가 어려움. 임대사례의 임대료는 과거의 임대료로서 현재 임대료를 평가하는 데 근본적인 한계. 비교과정에서 주관이 개입

3) 임대사례의 수집 및 선택기준

(1) 개설

(2) 임대사례의 수집 및 선택기준

위/물/시/사 + 임대차계약 내용이나 조건이 유사. 현재시점에 신규로 계약 체결된 임대사례를 수집

4) 사례의 정상화

(1) 사정보정

(2) 시점수정

(3) 가치형성요인의 비교

3. 적산법

1) 의의, 근거 및 산식

(1) 의의 및 근거

적산법이란 기준시점에서의 대상물건의 기초가액을 기대이율로 곱하여 산정한 금액에 대상물건을 계속하여 임대차하는 데 필요한 경비를 더하여 임대료를 산정하는 방법

(2) 산식

기초가액 × 기대이율 + 필요제경비

2) 적용대상

비시장성·비수익성 물건에 적용되며 재생산이 가능한 자산인 건물의 임대료 평가, 쟁송목적의 임대료 평가

3) 기초가액

(1) 의의

적산법으로 감정평가하는 데 기초가 되는 대상물건의 원본가치

(2) 기초가액의 성격

이론적인 관점에서 임대료를 구하는 데 기초가 되기 때문에 그 성격은 사용·수익에 대응하는 원본가치, 즉 사용가치, 평가실무에서는 시장가치를 기준

(3) 산정방법

이론적으로 원가법과 거래사례비교법 등을 이용하여 구함. 수익방식을 적용할 수 없는데, 이는 순환논리상 임대료 개념을 기초로 구한 가액으로 다시 임대료를 구하는 모순 발생 때문

(4) 기초가액 산정 시 유의사항

이론적으로 계약의 내용이나 조건에 따른 현재 상태의 사용·수익을 전제로 한 개념이라는 것에 유의. 계약기간에 한해 인정되고, 공간적 측면에서는 임대부분에 한정되어 적용되는 개념

4) 기대이율

(1) 의의

임대차에 제공되는 대상물건을 취득하는 데에 투입된 자본에 대하여 기대되는 임대수익의 비율

(2) 산정

환원율의 산정방법인 요소구성법, 시장추출법, 투자결합법, CAPM을 활용한 방법, 그 밖의 대체·경쟁자산의 수익률 등을 고려한 방법 등으로 산정

5) 필요제경비

(1) 의의

임차인이 사용·수익할 수 있도록 임대인이 대상물건을 적절하게 유지·관리하는 데 필요한 제반비용

(2) 항목

① 감가상각비, ② 유지관리비, ③ 조세공과금, ④ 손해보험료, ⑤ 대손준비금(=대손충당금), ⑥ 공실손실상당액, ⑦ 정상운전자금이자

(3) 필요제경비와 운영경비의 관계

운영경비 항목은 감가상각비, 대손준비금, 공실손실상당액은 포함되지 않음

6) 장단점

① 이론적으로 타당. 원가방식에 착안하므로 비수익성, 비시장성 물건의 임대료 평가에 유용 ② 기대이율과 기초가액 산정이 용이하지 않음. 기대이율산정 시 주관개입 가능성이 있음. 경기변동이 심한 경우의 임대료 등은 현실적인 임대료가 반영되지 않음

4. 수익분석법

1) 의의, 근거 및 산식

일반기업 경영에 의하여 산출된 총수익을 분석하여 대상물건이 일정 기간에 산출할 것으로 기대되는 순수익에 대상물건을 계속하여 임대하는데 필요한 경비를 더하여 대상물건의 임대료를 산정하는 방법. 수익성의 논리와 수익배분의 원칙. 수익임료 = 순수익 + 필요제경비

2) 적용대상과 한계

(1) 적용대상

일반기업 경영에 기초한 기업용 부동산의 임대료 평가에 적합

(2) 한계

기업활동에 의한 수익은 부동산 외에 자본의 투입, 노동의 질, 경영자의 능력 등 각 생산요소의 공헌에 따라 이루어지는데, 현실적으로 이를 명확히 구분해서 배분한다는 것이 매우 어려움. 주거용부동산 같은 비기업용 부동산에는 적용할 수 없음

3) 순수익

대상물건의 총수익에서 그 수익을 발생시키는 데에 드는 경비(매출원가, 판매비 및 일반관리비, 정상운전자금이자, 그 밖의 생산요소 귀속수익 등을 포함)를 공제하여 산정한 금액

4) 필요제경비

임대차계약에 따라 임차인이 임대목적 부동산을 사용·수익할 수 있도록 임대인이 대상물건을 적절하게 유지·관리하는 데 필요로 하는 제경비

5) 수익임대료의 산정방법

6) 장단점

① 수익성에 바탕을 두고 있어 임대사례비교법이나 적산법에 비해 이론적으로 우수함. 임대사례의 수집이 어렵고 투하비용을 파악하기 어려운 수익성부동산의 평가에 유용함 ② 수익이 발생하지 않는 부동산의 평가에는 원천적으로 적용이 곤란함. 수익성부동산의 평가 중에서도 일반기업용 부동산의 평가에만 한정됨. 일반경기변동이나 산업추이 동향의 변화가 심하여 순수익의 예측이 곤란한 경우에 신뢰성에 문제가 생기고 순수익을 배분하는 과정 자체가 곤란하여 수익임대료의 정확도에 문제가 생길 수 있음

1. 개요

2. 계속임대료 의의 및 특징

1) 의의

임대차계약이 계속적으로 갱신되어 임대료를 개정해야 하는 경우 다시 조정된 임대료

2) 특징

동일부동산을 신규로 임대할 때보다 임대료수준이 낮게 책정되어 임차인은 그만큼의 차익이 발생

3. 평가방법

1) 차액배분법

(1) 의의

계속임대료 체결에 의한 차액 중 임대인에게 귀속되는 부분을 적정하게 배분하여 실제의 계약임대료에 반영하여 계속임대료를 구하는 방법

(2) 산식

계약임대료 + (시장임대료 − 계약임대료) × 임대인 귀속 배분비율

(3) 장단점

2) 이율법

(1) 의의

기초가액(투하된 자본)에 계속임대료율을 곱하여 구한 금액에 필요제경비를 가산하여 계속임대료를 구하는 방법

(2) 산식

기초가액 × 계속임대료율 + 필요제경비

(3) 장단점

3) 슬라이드법

(1) 의의

임대료수준의 변동, 필요제경비의 변동 등을 적절하게 나타낼 수 있는 슬라이드 지수를 파악하여 계약임대료에 곱함으로써 계속임대료를 산정하는 방법

(2) 산식

계약 당시 실질임대료 × 슬라이드지수

(3) 장단점

4) 임대사례비교법

(1) 의의

동 유형 임대사례의 계속임대료를 기초로 하여 사정보정, 시점수정, 지역요인과 개별요인 비교와 임대차계약 내용 및 조건의 비교를 통해 계속임대료를 구하는 방법

(2) 산식

임대사례의 계속임대료 × 사정보정 × 시점수정 × 지역요인비교 × 개별요인비교

(3) 장단점

제4절 임대권과 임차권의 평가

1. 개요

2. 임대권의 평가

1) 의의 및 임대권자의 권리

(1) 의의

임대차계약에 있어서 소유자가 계약의 일방당사자로서 대상부동산에 대해 가지는 법적인 권리

(2) 임대권자의 권리

2) 평가방법

임대기간 동안의 계약임대료 × PVAF + 계약기간 말의 복귀가치 × PVF

3) 평가 시 유의사항

임대권의 가치는 시장임대료가 아닌 실제로 지불받는 계약임대료에 의해 평가함. 임대권의 가치는 임대료가 기간 초에 지급되는지 기간 말에 지급되는지와 같은 지급시기에 따라서도 달라질 수 있음에 유의

3. 임차권의 평가

1) 의의 및 임차권자의 권리

(1) 의의

임대차계약에 있어서 임차인이 계약의 일방 당사자로서 대상부동산에 대해 가지는 법적인 권리

(2) 임차권자의 권리

2) 평가방법

(시장임대료 − 계약임대료) × PVAF + 임차자정착물의 복귀가치 × PVF

3) 평가 시 유의사항

귀속소득은 기간 말에 가서야 실현되므로 기간 말을 기준으로 할인해야 함. 임차자정착물이 존재하는 경우 잔존가치를 더해야만 진정한 임차권의 가치를 평가할 수 있음. 자본환원율은 기준시점의 가장 전형적인 율을 적용

4. 임대권 및 임차권의 평가 시 유의사항

1) 자본환원율 결정의 중요성

2) 임대권과 임차권의 가치를 합한 것이 소유권의 가치와 일치하는지 여부

(1) 개설

(2) 임대권환원율과 임차권환원율의 차이

임대권환원율과 임차권환원율은 다르기 때문에 소유권의 가치는 임대권의 가치와 임차권의 가치의 합과 일치하지 않음

(3) 임차인의 질적 차이에 따른 자본환원율의 차이

시장임대료와 계약임대료가 명목상으로 동일하더라도 임차인의 질에 따라 자본환원율이 차이가 나므로 소유권의 가치는 임대권의 가치와 임차권의 가치의 합과 일치하지 않음

⑷ 최유효이용의 가부

시장가치는 최유효이용을 전제로 산정
되지만 임대권의 가치와 임차권의 가치
는 최유효이용의 여부에 상관없이 현재
의 이용을 전제로 산정됨. 현재 대상부
동산이 최유효이용에 있지 않은 경우에
는 소유권의 가치는 임대권의 가치와 임
차권의 가치의 합과 차이가 날 수 있음

⑸ 검토

3) 임차인의 권리를 제한하는 계약내용과
조건을 고려한 임차권의 가치

임대인이 매장의 관점에서 임차인혼합 등
을 통해 매장 전체수익의 극대화를 추구
하므로 계약상 임차인의 권리를 제한하는
것들이 많이 있음

PART

04

감정평가이론 핵심요약

핵심요약 1

제1장 토지

❥ 용도별 토지의 감정평가

■ 주거용지(≒주거용 부동산)

1. 주거용지의 의의 및 효용(가격발생요인)

단독주택, 다세대, 연립주택, 아파트 등 주거의 목적으로 이용되는 토지, 생활의 기초가 되는 곳으로서 주거의 쾌적성과 편의성이 중요함

cf 주상복합용지는 주거용지의 특성과 상업용지의 특성을 모두 포함

2. 주거용지의 가치형성요인

→ 가격형성과정(가격수준 및 개별적, 구체적 가격 형성)에 영향, 가치형성요인 분석 시 활용

① 도심과의 거리 및 교통시설의 상태

② 상가와의 거리 및 배치상태

③ 학교·공원·병원 등 편의시설의 거리 및 배치상태

④ 조망·경관 등의 자연적 환경

⑤ 변전소·폐수처리장 등의 위험·혐오시설 유무

3. 감정평가 시 유의사항 ≒ 고려사항

1) 쾌적성과 편의성을 고려

가격발생요인으로서 효용의 형태(주거용), 최근 환경·소음 문제와 관련하여 중요성이 더욱 증가함

2) 자연적·사회적·행정적 조건(요인) ≒ 입지조건

→ 가치형성요인 분석 시 활용

자연적 조건 : 지형, 지세, 기후, 일조, 통풍 등

사회적·행정적 조건 : 편의시설의 인접상태, 제도상 규제 등

3) 동태적 분석

부동산의 사회적·경제적·행정적 위치의 가변성으로 인해 가치형성요인은 시간에 따라 변화함

예 출생률 저하, 핵가족화와 같은 새로운 요인의 발생

4) 가치형성요인의 상호 관련성

가치형성요인은 독립적인 것이 아니고 상호작용을 하므로 자연적, 사회적, 경제적, 행정적 요인은 동시에 고려가 필요함

예 기후 변화(자연적 요인) → 새로운 제도적 규제(행정적 요인) → 인구의 이동(사회적 요인)

5) 감정평가방식

시장성의 원리에 따른 비교방식

■ 상업용지(≒상업용 부동산)

1. 상업용지의 의의 및 효용(가격발생요인)

기본적으로 이익 창출을 위한 활동이 이루어지는 토지, 수익성이 중요함

2. 상업용지의 가치형성요인

→ 가격형성과정(가격수준 및 개별적, 구체적 가격 형성)에 영향, 가치형성요인 분석 시 활용

① 배후지의 상태 및 고객의 질과 양
② 영업의 종류 및 경쟁의 상태
③ 고객의 교통수단 상태 및 통행패턴
④ 번영의 정도 및 상태
⑤ 번화가에의 접근성

3. 감정평가 시 유의사항 ≒ 고려사항

1) 수익성을 고려

가격발생요인으로서 효용의 형태(상업용), 입지 장소에 따른 수익성의 극대화

2) 자연적·사회적·경제적 조건(요인) ≒ 입지조건

→ 가치형성요인 분석 시 활용

자연적 조건 : 가로 및 획지의 형상, 접면너비

사회적·경제적 조건 : 배후지 및 고객의 양과 질, 번영의 정도 등

3) 감정평가방식

수익성의 원리에 따른 수익방식

■ 공업용지(≒공업용 부동산)

1. 공업용지의 의의 및 효용

공장의 생산 활동에 제공되는 토지, 제품의 생산 및 판매의 효율성, 경제성이 중요함

2. 공업용지의 가치형성요인

① 제품의 판매시장 및 원재료 구입시장과의 위치관계

② 항만, 철도, 간선도로 등 수송시설의 정비상태

③ 동력자원, 용수·배수 등 공급처리시설의 상태

④ 노동력 확보의 용이성

⑤ 관련 산업과의 위치관계

⑥ 수질오염, 대기오염 등 공해발생의 위험성

⑦ 온도, 습도, 강우 등 기상의 상태

■ 농경지

1. 농경지의 의의 및 효용

농작물의 경작에 이용되는 토지, 생산성이 중요함

2. 농경지의 가치형성요인

① 토질의 종류

② 관개·배수의 설비상태

③ 가뭄 피해나 홍수 피해의 유무와 그 정도

④ 관리의 편리성이나 경작의 편리성

⑤ 마을 및 출하지에의 접근성

■ 임야지

1. 임야지의 의의 및 효용

자연환경이 중요함

2. 임야지의 가치형성요인

① 표고, 지세 등의 자연상태

② 지층의 상태

③ 일조, 온도, 습도 등의 상태

④ 임도 등의 상태

제5장 공장재단과 광업재단

⚙ 공장재단

1. 개념

- 공장에 속하는 일단의 기업용 재산으로서 소유권과 저당권의 목적이 되는 것
  (공장 및 광업재단 저당법 제2조 제2호)
- 공장이란 영업을 하기 위하여 물품의 제조·가공, 인쇄, 촬영, 방송 또는 전기나 가스의 공급목
  적에 사용하는 장소

2. 감정평가방법

1) 원칙적 방법(감칙 제19조 제1항 본문)

개별물건의 평가액을 합산하여 평가함(토지, 건물, 기계기구 등의 유형자산, 무형자산 + 과잉
유휴시설)(제7조 제1항 개별물건기준 평가)

2) 예외적인 방법(감칙 제19조 제1항 단서)

계속적 수익이 예상되는 경우 수익환원법(제7조 제2항 일괄감정평가)

3. (물건별) 감정평가 시 유의사항

1) 토지

(1) 지목과 현황의 불일치

지목이 다양한 여러 필지가 일단으로 이용되는 경우가 多
따라서 지목 ≠ 현황인 경우가 많으므로 유의하여야 함

(2) 일단지의 판단

- 공장으로서 용도상 불가분의 관계를 기준으로 판단하여야 함
  여기서 "용도상 불가분의 관계"란 일단을 이루어 이용되는 것이 사회적·경제적·행정적
  으로 합리적이고 가치형성 측면에서도 타당하다고 인정되는 경우임
- 공장건물이 소재한 토지에 대하여는 대부분 일단지가 인정되나, 야적장 등 일시적 이용인
  토지에 대하여는 일단지로 보지 않음

2) 건물

(1) 건물 특성의 고려

같은 구조의 건물이라도 생산 공정에 따라 배치·규모 등이 달라질 수 있으므로 이를 반영하
여 평가함

(2) 특수한 시설의 부대설비 보정

클린룸이나 반도체 공정과 같이 고가의 설비가 설치되는 공장의 경우 부대설비 가액이 높으므로 보정 시 유의하여야 함

(3) 층고, 면적과 단가의 관계

연면적뿐만 아니라 층고, 바닥면적도 고려하여야 함
일반적으로 단가는 층고에 비례, 면적에 반비례함

3) 구축물

(1) Improvements로서의 구축물(부합물)

토지가치에 화체되거나 건물과 같은 다른 물건에 부속되는 경우 주된 물건에 포함하여 평가함

(2) 현황 파악에 유의

지하에 매립되어 있는 저장시설과 같이 현황 파악 시 육안으로 파악되지 않는 경우가 많으므로 의뢰인으로부터 준공도면 확인서 등을 받아 확인해야 함

4) 기계기구

(1) 물적 동일성 확인 등

- 기계기구는 동산으로서 공부와 현황이 일치하지 않는 경우가 많음
- 표시판과 목록의 일치성, 가동여부 및 장래효용 가능성 등을 직접 확인해야 함
  (감칙 제10조 실지조사)

(2) 과잉유휴시설에 유의

과잉유휴시설 여부를 판단하여 평가 시 처리방법을 달리해야 함, 예를 들어 담보, 계속기업 등은 제외, 경매, 청산기업 등은 포함하여야 함

5) 무형자산

(1) 독립성 판단

별도의 배타적 권리 또는 자산으로서 독립성이 인정되는지(별도의 효용 창출 능력이 인정되는지)

(2) 귀속 현금흐름의 파악

- 무형자산 귀속 현금흐름이 공장의 영업이익에서 배분 가능한 현금흐름인지 파악함
- 합리적 배분방법으로 공제·비율방식을 통해 배분함

4. 과잉유휴시설

1) 개념 및 판단기준

공장의 경영에 불필요하여 현재 가동되지 않으며 장래 가동될 가능성도 없는 물건

※ 과잉유휴시설의 판단

실지조사 당시의 가동 여부보다는 시장상황, 업체의 경영사항 등에 대한 전반적 검토를 통하여 유휴
시설의 여부를 결정함

2) 감정평가방법

(1) 전용 가능한 경우

전용가격 – 운반비, 설치비, 해체비 등

(2) 전용 불가한 경우

해체처분가격 – 해체·철거비 등

3) 감정평가하는 경우

(1) 의뢰인이 요구하는 경우
(2) 해당 시설의 특성에 따라 평가대상인 물건과 분리 불가능한 경우
(3) 보상평가, 경매평가 등 평가 목적에 따라 평가할 필요성이 있는 경우

4) 감정평가하지 않는 경우

담보평가 시에는 환가성, 안정성이 인정되지 않아 평가 외로 되는 경우가 많음

◈ 광업재단

1. 개념

광업권에 기하여 등록받은 광구에서 등록받은 광물을 채광·탐사하기 위한 설비 및 이에 부속되는
설비로 구성된 일단의 재산으로서 소유권과 저당권의 목적이 되는 것(공장재단법 제2조 제3호)

2. 감정평가방법

1) 원칙(감칙 제19조 제2항)

수익환원법

2) 예외

원가법 可 → 감칙에는 규정 無

3. 감정평가 시 유의사항

1) 상각 전 순수익 산정 시

소요경비로서 채광, 선광, 재련비 등이 고려되어야 함

2) 축적이율 산정 시

위험도를 반영하나, 안정적인 곳에 재투자함을 가정하므로 일반적 환원율 보다 낮음(Hoskold법)

※ 어장의 경우 Inwood법

3) 장래소요기업비 산정 시

장래소요기업비란 가행연수까지 광업을 유지하기 위해서 소요되는 설비 등에 대한 지출의 현가 합을 말한다. ❻ 소요경비와는 다른 개념이므로 구분

핵심요약 2

제1장 토지

➥ 토지의 감정평가

■ 토지의 감정평가방법

1. 관련 규정

(일반평가) 감정평가법 제3조, 감칙 제14조, 감칙 제12조

(보상평가) 토지보상법 제70조, 토지보상법 시행규칙 제18조

2. 공시지가기준법(원칙) : 시장성의 원리

표준지공시지가 기준

3. 거래사례비교법 : 시장성의 원리

적정한 실거래가 기준

4. 원가법 : 비용성의 원리

1) 원칙은 적용×, 다만, 조성지, 매립지 등의 경우에 한하여 적용 가능

2) 가산방식(조성원가법), 공제방식, 개발법

5. 수익환원법 : 수익성의 원리

1) 직접환원법(토지잔여법)

2) 할인현금흐름분석법(DCF법)

■ 공시지가기준법의 적용

1. 비교표준지의 선정

1) 선정기준

① 용도지역·지구·구역 등 공법상 제한사항이 같거나 비슷할 것

② 이용상황이 같거나 비슷할 것

③ 주변환경 등이 같거나 비슷할 것

④ 인근지역에 위치하여 지리적으로 가능한 한 가까이 있을 것

2) 표준지공시지가의 성격

적정가격(당위가치 성격이 강함)

2. 시점수정

1) 개념

표준지공시지가의 공시기준일과 기준시점이 **시간적인 불일치로 인하여 가치의 변동이 있을 경우** 이를 적정하게 보정하는 절차(「부동산 거래신고 등에 관한 법률」 제19조)

2) 방법

변동률법과 지수법

3. 지역요인의 비교

1) 지역요인의 개념

지역요인이란 대상물건이 속한 지역의 가격수준 형성에 영향을 미치는 자연적·사회적·경제적·행정적 요인

2) 지역요인의 비교 이유

비교표준지가 **속한 지역**과 대상 토지가 **속한 지역적 차이에 따른 가치수준의 격차를 보정**하는 중요한 절차

3) 비교대상(대상과 비교표준지가 속한 지역의 표준적인 획지의 최유효이용 기준 비교)

해당 지역의 특성을 가장 적절하게 반영하고 있는 토지 즉, 지역의 표준적 획지를 기준으로 하여 양 지역의 가격수준의 격차를 보정

4) 비교시점(기준시점 기준 비교)

기준시점/기준시점

과거시점의 지역요인 파악이 현실적으로 곤란할 수 있으며, 인근지역 간에도 지역요인 비교가 이루어져야 하는 모순이 발생할 수 있는 점 등을 고려한 것

4. 개별요인의 비교

1) 개별요인의 개념

개별요인이란 대상물건의 구체적 가치에 영향을 미치는 대상물건의 고유한 개별적 요인

2) 개별요인의 비교 이유

부동산의 개별성에 따라 그 가치를 **개별적으로 형성하게 하는 요인을 비교하여 격차를 보정**하는 절차

3) 비교대상(대상과 비교표준지의 최유효이용 기준 비교)

4) 비교시점(기준시점과 공시기준일 기준 비교)

　기준시점/공시기준일

5. 그 밖의 요인 보정

1) 개념

① 그 밖의 요인은 시점수정, 지역요인 및 개별요인의 비교 외에 대상토지의 가치에 영향을 미치는 요인

② 그 밖의 요인 보정은 공시지가기준법에 따라 토지를 감정평가할 때 적정한 시점수정 · 지역요인 및 개별요인의 비교 과정을 거쳤음에도 불구하고 대상토지의 가치에 영향을 미치는 사항에 대하여 추가적으로 반영하는 실무적인 절차

2) 법적 근거

　(일반평가) 감칙 제14조 제2항 제5호

　(보상평가) 없음 → 대법원 판례

3) 보정방법

(1) 대상토지 기준 산정방식

$$\frac{(사례기준\ 대상토지\ 평가)\ 사례가격\ \times\ 시점수정\ \times\ 지역요인\ \times\ 개별요인}{(공시지가기준\ 대상토지\ 평가)\ 공시지가\ \times\ 시점수정\ \times\ 지역요인\ \times\ 개별요인}$$

(2) 대상토지 기준 산정방식

$$\frac{(사례기준\ 표준지\ 평가)\ 사례가격\ \times\ 시점수정\ \times\ 지역요인\ \times\ 개별요인}{(표준지공시지가\ 시점수정)\ 공시지가\ \times\ 시점수정}$$

4) 선정기준

다음 각 호의 선정기준을 모두 충족하는 사례 중에서 대상토지의 감정평가에 가장 적절하다고 인정되는 사례를 선정. 다만, 제1호, 제2호 및 제5호는 거래사례를 선정하는 경우에 적용하고, 제3호는 평가사례를 선정하는 경우에 적용

① 「부동산 거래신고 등에 관한 법률」에 따라 신고된 실제 거래가격일 것

② 거래사정이 정상적이라고 인정되는 사례나 정상적인 것으로 보정이 가능한 사례일 것

③ 감정평가 목적, 감정평가 조건 또는 기준가치 등이 해당 감정평가와 유사한 사례일 것

④ 기준시점으로부터 도시지역(「국토의 계획 및 이용에 관한 법률」 제36조 제1항 제1호에 따른 도시지역을 말한다)은 3년 이내, 그 밖의 지역은 5년 이내에 거래 또는 감정평가 된 사례일 것. 다만, 특별한 사유가 있는 경우에는 그 기간을 초과할 수 있다.

⑤ 토지 및 그 지상건물이 일체로 거래된 경우에는 배분 법의 적용이 합리적으로 가능한 사례일 것

⑥ [610-1.5.2.1]에 따른 비교표준지의 선정기준에 적합할 것

■ 거래사례비교법의 적용

1. 거래사례의 선정기준 → 토지에 대한 거래사례비교법 적용 시

다음 각 호의 선정기준을 모두 충족하는 거래가격 중에서 대상토지의 감정평가에 가장 적절하다고 인정되는 거래가격을 선정

① 「부동산 거래신고에 관한 법률」에 따라 신고된 실제 거래가격일 것

② 거래사정이 정상적이라고 인정되는 사례나 정상적인 것으로 보정이 가능한 사례일 것

③ 기준시점으로부터 도시지역(「국토의 계획 및 이용에 관한 법률」 제36조 제1항 제1호에 따른 도시지역을 말한다)은 3년 이내, 그 밖의 지역은 5년 이내에 거래된 사례일 것. 다만, 특별한 사유가 있는 경우에는 그 기간을 초과할 수 있다.

④ 토지 및 그 지상건물이 일체로 거래된 경우에는 배분법의 적용이 합리적으로 가능한 사례일 것

⑤ [610-1.5.2.1]에 따른 비교표준지의 선정기준에 적합할 것

2. 사정보정, 시점수정, 가치형성요인의 비교

cf 거래사례의 요건 → 모든 물건에 대한 거래사례비교법 적용 시

① 거래사정이 정상이라고 인정되는 사례나 정상적인 것으로 보정이 가능한 사례

② 기준시점으로 시점수정이 가능한 사례

③ 대상물건과 위치적 유사성이나 물적 유사성이 있어 가치형성요인의 비교가 가능한 사례

제6장 기계기구, 의제부동산

▶ 기계기구

1. 개념

동력을 받아 외부의 대상물에 작용하는 설비 및 구조물

2. 감정평가방법

1) 원가법

- 원가법이란 대상물건의 재조달원가에 감가수정을 하여 대상물건의 가액을 산정하는 감정평 가방법이다(감칙 제21조 제2항).
- 재조달원가와 감가수정에 있어 국산기계와 도입기계의 구체적인 방법에 차이가 존재하나, 원가법 적용의 원리는 동일하며, 재조달원가에 정률법으로 감가수정하게 된다.

2) 거래사례비교법

가치형성요인이 유사한 동종 물건의 적절한 거래사례의 포착이 가능한 경우에는 거래사례비교 법으로 평가가 가능하다. 그러나 현실적으로 이러한 사례의 포착이 어렵다는 한계가 있다.

3. 감정평가 시 유의사항

1) 실지조사

기계기구는 의뢰 목록과 현황의 일치성이 보장되지 않으므로 반드시 실지조사를 통해 일치성 을 확인해야 한다. 또한 소유권 유보부 혹은 리스기계인지, 유휴시설인지 여부 및 정상작동 여부를 확인해야 한다.

2) 유의 기계기구류(소유권 유보부, 리스)의 처리

소유권 유보부 기계기구란 소유권은 매도인이 가지며 추후 대금의 완납시점에 이르러서야 소 유권이 이전되는 기계기구이며, 평가하지 않는 것이 일반적이다. 또한 리스 기계기구에 대하여 도 소유권이 인정되지 않으므로 평가하지 않는 것이 원칙이다.

3) 과잉유휴시설의 처리

- 과잉유휴시설이란 공장에 설치되어 있거나 보유 중인 시설 중 공장의 운영에 직접적으로 이용되지 않거나 가까운 장래에도 이용 가능성이 없는 시설이다.
- 전용가능성에 따라 처리방법을 달리 적용하여야 하며, 담보평가 시에는 평가 외로 함이 일반 적이다.

4) 기계 특성

기계의 명칭 및 규격이 동일하더라도 제조기술이나 제작자 및 성능, 부대시설 유무에 따라 가격이 크게 차이가 날 수 있다. 또한 단종되거나 오래된 기계의 경우에는 그 특성을 고려하여 내용연수의 조정이 필요할 수 있다.

⟳ 의제부동산

1. 개념

토지나 건물이 아니면서도 등기, 등록 등의 공시 방법을 갖춤으로써 부동산에 준하여 취급하는 특정의 동산이나 동산과 일체로 된 부동산의 집단

※ 동산의 개념과 구분
- 의제부동산 → 자동차, 선박, 항공기, 건설기계
- 동산 → 기계설비, 농축산업물, 재고자산, 불용품

2. 자동차

1) 개념

원동기에 의하여 궤도 또는 기선에 의하지 아니하고 운전되는 차로서 이동을 목적으로 제작된 용구이다.

2) 감정평가방법(제20조 제1항)

(1) 원칙

거래사례비교법

(2) 예외

원가법, 해체처분가액(본래의 효용이 없다고 판단되는 경우)

3) 감정평가 시 유의사항

① 동일 종류의 차량이라도 제조사, 연식 등에 따라 가격이 크게 차이 남
② 대여자산의 경우 소유권이 인정되지 않을 수 있으므로 유의함
③ 사용정도, 관리상태 등에 따라 관찰감가함

구성 요소별 시세를 적용하되, 해체에 따른 철거비, 운반비, 업자이윤 등을 고려하여 평가한다. 실제 해체상태에 있는 경우와 해체를 전제로 평가하는 경우가 있다. 이때 해체 후 전용가능한 부분은 전용가치를 고려한다.

*여기서 해체처분가액이란, 토지 이외의 평가대상물건을 해체한 후 구성요소로서 처분하는 경우 대상 물건이 시장에서 충분한 기간 동안 공개된 후, 대상물건에 정통한 당사자가 신중하고 강요됨 없이 독립된 거래관계에서 교환될 것이라고 인정되는 가액이다.

3. 건설기계

1) 개념

건설공사에 사용할 수 있는 기계로서 관계 법령에 의해 관할 관청에 등록된 기계이다.

⑩ 타워크레인 등

2) 감정평가방법(제20조 제2항)

(1) 원칙

원가법

(2) 예외

거래사례비교법, 해체처분가액(본래의 효용이 없다고 판단되는 경우)

3) 감정평가 시 유의사항

① 중고거래 시장이 존재하므로 평가 시 중고거래가격 검토함

② 지역 및 건설경기에 따라 가격수준 차이가 크므로 일반요인도 검토함

   (단, 보편화된 건설기계는 경기영향을 크게 받지 ×)

③ 사용정도, 관리상태 등에 따라 관찰감가함

4. 선박

1) 개념

여객 또는 화물의 수송과 어업 등의 목적으로 제조된 항수능력이 있는 물건

2) 감정평가방법(제20조 제3항)

(1) 원칙

선체·기관·의장별로 구분평가, 각각 원가법(정률법)

(2) 예외

거래사례비교법, 해체처분가액(본래의 효용이 없다고 판단되는 경우)

3) 감정평가 시 유의사항

① 신조선박은 원가법으로 평가함이 타당하나 선박경기 등으로 원재료 가격이 불안정할 경우 단가를 구하기 어려움, 중고선박은 거래사례비교법에 의한 가액이 중요성을 가지므로 원가법에 의한 가액과 비교·검토함

② 선박경기에 따라 가격수준 차이가 크므로 일반요인도 검토함

③ 사용정도·관리 상태에 따라 관찰감가하며, 오버홀을 하는 경우 내용연수 및 감가수정 새로 기산함

5. 항공기

1) 개념

탑승, 조종하여 사람 또는 화물을 수송하거나 기타 목적을 위하여 비행할 수 있는 기기

2) 감정평가방법(제20조 제4항)

1) 원칙

원가법

2) 예외

거사비법, 해체처분가액(본래의 효용이 없다고 판단되는 경우)

6. 감정평가 시 유의사항

선박과 동일함

제1장 토지

토지의 감정평가

■ 광천지

1. 개념

지하에서 온수·약수·석유류 등이 용출되는 용출구와 그 유지에 사용되는 토지
다만, 송수관·송유관 및 저장시설 부지는 제외함

2. 감정평가방법과 적용 시 유의사항

1) 공시지가기준법 및 거래사례비교법(감칙 제14조)

광천의 종류, 질 및 양의 상태가 유사한 표준지공시지가 혹은 거래사례를 선택함
다만, 거래사례의 경우 토지, 건물에 포함하여 일체로 거래되거나 특수한 거래사례를 수반하고
있어 가격자료로 이용할 수 있는 정상거래사례의 포착이 어려움, 온천의 정상거래사례가 희소함

2) 원가법

- 원가법에 의한 감정평가액 = 공구당 총가격 ÷ 대상 광천지의 면적
- 광천지의 가치는 대상 광천지 온천수의 수질 및 대상 광천지의 지역적, 개별적 요인에 의하
  여 형성되므로 온천개발비용을 그대로 광천지의 가치로서 인정하는 것에는 무리가 있음
  즉, 온천개발비는 온천수의 수온, 수량, 수질과 구조적으로 비례한다고 보기 어려움, 투하 비
  용과의 가치 관련성이 적으므로 단독적인 적용이 곤란함

3) 수익환원법(토지잔여법)

순수익 산정 시 법인이 아닌 개인의 형태로 이루어지는 경우가 많으므로 자료의 확보 및 수익
의 확인이 어려움, 숙박업소에 귀속되는 순수익은 제외함

■ 골프장용지

1. 개념

- 국민의 건강증진 및 여가선용 등을 위하여 체육활동에 적합한 시설과 형태를 갖춘 골프장의
  토지와 부속시설물의 부지
- 회원제 골프장 & 대중제 골프장으로 구분함

– 개발지(골프코스, 클럽하우스, 주차장 및 도로, 조정지, 조경지)와 원형보존지로 구성됨

2. 감정평가방법과 적용 시 유의사항

1) 공시지가기준법(감칙 제14조)

– 인근지역 또는 동일수급권 내 유사지역의 **유사한 골프장용지의 표준지공시지가를 비준하여 가액을 결정함**

– 대부분 본 건이 표준지로 본 건 선택 시 지역요인, 개별요인 비교가 불필요함

2) 거래사례비교법

– **해당 골프장과 가치형성요인이 유사하고 비교가능성이 높은 골프장용지의 거래사례를 비준하여 가액을 결정함**

– 가치형성요인으로서 [골프장의 위치, 교통편의 및 접근성, 개발지의 비율, 홀의 수, 대중제와 회원제 여부, 회원수, 명성]을 고려함

3) 원가법(조성원가법)

– 개발지와 원형보존지의 표준적 공사비 및 부대비용, 제세공과금 및 적정이윤을 기준함
– 토지가치에 화체되지 아니한 건물·수목·클럽하우스 등 제외함

4) 수익환원법(토지잔여법)

– 골프장의 전체 순수익에서 토지만의 수익에 해당하는 부분을 추출함
– 전체 수익에서 클럽하우스 등의 수익 제외

3. 감정평가 시 유의사항

1) 가치형성요인(가치형성요인분석)

위치, 접근성, 개발지 비율, 홀의 수, 대중제·회원제 여부, 회원수, 명성 등

2) 골프장 면적(기본적 사항의 확정)

「체육시설의 설치·이용에 관한 법률 시행령」 제20조 제1항 등록면적을 기준함

3) 일단지 평가(기본적 사항의 확정)

– 등록면적 전체를 일단지로 평가 → 감칙 제7조 제2항 일괄평가 대상(일체 거래 또는 용도상 불가분의 관계)
– 회원제·대중제로 구분되는 경우 각각 일단지로 평가함

■ 공공용지

1. 개념

– 도시기반시설의 설치에 이용하는 토지 및 주민의 생활에 필요한 시설의 설치를 위한 토지
– (행정재산) 예 도로·공원·운동장·체육시설·철도·하천의 부지 등 → **행정재산의 경우 매각 시 용도폐지가 필수임**

2. 감정평가방법과 감정평가 시 유의사항

1) 용도의 제한이나 거래의 제한 고려

– 사용·수익이 제한되며 이에 따라 수요 감소, 시장성 감소

2) 용도폐지를 전제

– **행정재산은 반드시 용도폐지가 전제됨**
예를 들어 도정법 제98조 제5항에 따라 용도폐지 전제(정비사업의 경우)

3) 국공유지의 처분 제한

– 국토계획법 제97조 제1항에 따라 도시·군관리계획으로 결정·고시된 국공유지로서 도시·군관리계획시설 사업에 필요한 토지는 정하여진 목적 외의 목적으로 처분이 제한되므로 이를 고려하여 평가

■ 사도법상 사도

1. 개념

「도로법, 농어촌 도로 정비법, 농어촌 정비법」에 의한 도로가 아닌 것으로서, 그 도로에 연결되는 길

2. 감정평가방법

1) 사도와 인근 토지가 함께 의뢰된 경우

인근토지와 사도부분 감정평가 **총액을 전체 면적에 균등 배분함** → 동일한 단가로 결정

2) 사도만 의뢰된 경우

인접토지와의 관계 등을 고려, 감가율 적용, 토지보상법 시행규칙 제26조 1/5로 감가함
※ 사도법상 사도를 1/5 감가하는 이유
「사도법」에 따른 사도를 사실상 사도(1/3 감가)에 비하여 더 낮게 보상하는 이유는 「사도법」에 따른 사도는 토지소유자가 직접 사도개설허가를 받아 설치한 도로이므로, 그만큼 토지소유자의 자의성과 인근 토지로의 가치 화체 정도가 사실상 사도에 비하여 강하다고 보기 때문이다.

※ 화체이론설

　　도로가치의 일부분이 도로에 접한 토지로 이전해 가고 도로에 남은 가치를 인근 토지가격의
　　일정률로 본다는 견해임

3. 감정평가 시 유의사항

1) 함께 의뢰된 경우

감정평가서에 해당 사실을 기재함

2) 사도만 의뢰된 경우

① 인접토지의 효용 증가 고려

　　사도 자체만의 효용은 낮더라도 인접 토지 효용을 증가시키므로 이러한 관계를 고려

② 적정 감가율의 적용

　　시장관행 및 토지보상법 시행규칙 제26조에 근거한 현실적 감가율

③ 평가 목적에 따른 처리

　　담보평가 시에는 안정성, 환가성을 고려하여 평가 외 하는 경우가 일반적임

제7장 권리

🔷 광업권

1. 개념

등록받은 광산 내 등록받은 광물 및 부속 광물을 ① 탐사, ② 채굴할 권리

2. 감정평가방법

광업재단의 감정평가액 − 해당 광산의 현존시설 가액(과잉유휴시설 제외)

$$\text{광산의 감정평가액} = a \times \cfrac{1}{S + \cfrac{i}{(1+i)^n - 1}} - E$$

a : 상각전 연간 순수익, S : 배당이율, i : 축적이율, n : 가행연수
E : 장래소요기업비의 현가화 총액

1) 가행연수(N)

(확정 + 추정 가채매장량) / 연간 채광가능매장량 = N년(절사)

2) 상각 전 순수익(A)

(1) 3년 이상의 수익실적을 기초로 생산여건, 시장성, 장래 월간생산량, 연간가행월수 등을 고려하여 산정한 사업수익 − 소요경비

(2) **소요경비** : 채광비, 선광비, 제련비, 일반관리비 및 판매비, 운영자금이자 등
(운영자금이자 = 운영이자 제외 소요경비 × 정기예금금리 × 3/12)

3) 배당이율(S)

세전개념 ∴ s/(1−t)

4) 축적이율(i)

(1) 안전한 곳에 재투자 가정함
(2) 정기예금금리(만기 5년) 주로 사용함

5) 장래소요기업비 (E)

적정생산량을 가행 최종연도까지 유지하기 위하여 장차 소요될 광산설비 투자소요액의 현가액을 합산함(5~10년 주기로 소요되는 비용을 PVAF)

6) 유형자산

잔존내용연수가 잔존가채연수 초과 시 미래수명법으로 조정함

3. 감정평가 시 유의사항

① 추정광량, 가행연수, 축적이율 등 결정 시 위험반영에 주관 개입 가능성 ↑

② 유형자산의 내용연수 조정이 필요한 경우가 있으므로 잔존 가행연수와 자산의 내용연수를 비교함

③ 상각전 연간순수익 산정 시 소요경비는 시설능력의 보존, 능률유지를 위한 지출

④ 축적이율은 부동산투자자로서의 위험성까지를 반영하는 종합환원율보다는 낮은 이율을 채택함

⑤ 장래소요기업비는 적정생산량을 가행 최종연도까지 유지하기 위하여 장래 소요될 광산비 총투자액의 현가액, 여기서 기업비는 상각전 연간순이익 산정 시 소요경비와는 다른 지출

⑥ 과잉유휴시설은 평가 시 제외함

❧ 어업권

1. 개념

어업법 및 수산업법 시행령에 따라 일정 수면 혹은 어종을 배타적으로 수획하여 영업할 수 있는 권리

2. 감정평가방법

어장 전체를 수익환원법에 따라 감정평가한 가액 – 해당 어장의 현존시설 가액(과잉유휴시설 제외)

3. 감정평가 시 유의사항

① 평균 어획량, 어획판매단가 추정 및 환원이율 결정 시 주관 개입성 ↑

② 과잉유휴시설 제외

③ 거래사례비교법 적용 시 어업방법, 어종, 어장의 규모, 존속기간 등이 비슷한 인근의 어업권 거래사례를 기준, 대상 어업생물과 수질, 수심, 수온, 유속, 저질상태, 시설물상태, 가용시설 규모 등 어장환경의 적합성 등과 비교대상 어장의 것을 비교하여 개별요인 비교 시에 반영함 또한 어업권만의 거래사례는 희박하며, 대부분이 어업권과 시설물을 포함한 어장 전체를 거래의 대상으로 하는 경우가 대부분이므로 어업권의 가격은 어장 전체의 가격에서 적정 시설물 규모에 해당하는 시설물가격을 공제하여 사례 어업권의 가치를 산정한 후 대상 어업권과 비교하여야 함

PART 04

제1장 토지

↘ 토지의 감정평가

■ 공법상 제한을 받는 토지

1. 개념

공법상 제한이란 관계 법령 규정에 의한 토지의 이용 및 처분 등의 제한을 의미함, 이러한 제한은 **토지의 "행정적 요인"으로서 토지가치에 미치는 영향이 큼**

2. 공법상 제한의 종류

1) 일반적 제한

일반적 계획제한은 제한 **그 자체로 목적이 완성되고 구체적인 사업의 시행이 "필요하지 아니"하는 제한**으로서, 일반적인 계획제한은 그 **제한을 받는 상태를 기준**으로 감정평가하고 있다. 이러한 일반적 계획제한의 구체적인 예로서 ⅰ)「국토계획법」의 규정에 따른 용도지역 등의 지정 및 변경, ⅱ)「군사기지 및 군사시설보호법」의 규정에 따른 군사시설보호구역의 지정 및 변경, ⅲ)「수도법」의 규정에 따른 상수원보호구역의 지정 및 변경, ⅳ)「자연공원법」의 규정에 따른 자연공원 및 공원보호구역의 지정 및 변경, ⅴ) 그 밖에 관련 법령의 규정에 따른 위 각호와 유사한 토지이용계획의 제한을 들고 있다.

2) 개별적 제한

개별적 계획제한은 **그 제한이 구체적인 사업의 시행이 "필요"한 제한**으로서, 개별적 계획제한은 해당 공익사업의 시행을 직접목적으로 가하여진 것인지 여부에 불문하고, **그 제한을 받는 상태를 기준(ⓒ 보상평가의 경우에는 그 제한을 받지 않는 상태를 기준으로 함)**으로 감정평가하고 있다. 이러한 개별적 계획제한의 예로서 ⅰ)「국토계획법」제2조 제7호에서 정한 도시·군계획시설 및 제2조 제11호에서 정한 도시·군계획사업에 관한 같은 법 제30조 제6항에 따른 도시·군관리계획의 결정고시, ⅱ)「토지보상법」제4조에서 규정한 공익사업을 위한 사업인정의 고시, ⅲ) 그 밖에 관련 법령의 규정에 따른 공익사업의 계획 또는 시행의 공고 또는 고시 및 공익사업의 시행을 목적으로 한 사업구역·지구·단지 등의 지정고시 등을 들고 있다.

3. 감정평가방법

1) 원칙

비슷한 공법상 제한을 받는 표준지의 공시지가를 기준함

2) 예외

(1) 잔여부분의 단독이용가치가 희박한 경우

대상 토지 **전체를 제한받는 상태**로 감정평가함

(2) 둘 이상의 용도지역에 걸쳐 있는 토지

원칙적으로 각 용도지역 부분의 위치, 형상, 이용상황, 그 밖에 다른 용도지역 부분에 미치는 영향 등을 고려하여 **면적 비율에 따른 평균가액**으로 감정평가함

■ 둘 이상의 용도지역에 걸친 토지

1. 원칙

각각의 용도지역 별로 감정평가함

2. 예외

주된 용도지역으로 감정평가함(용도지역이 다른 부분의 면적 비율이 현저하게 낮아 ① 가치형성에 미치는 영향이 미미하거나, ② 관련 법령에 따라 주된 용도지역을 기준으로 평가할 수 있는 경우)

3. 구분감정평가

1) 원칙

한 필지의 토지라고 하여도 이용상황 또는 용도지역 등이 달라 가치가 상이한 경우에는 이를 구분하여 감정평가함

「국토계획법」 제84조 제3항은 하나의 대지가 녹지지역과 그 밖의 용도지역 등에 걸쳐 있는 경우에는 각각의 용도지역·용도지구 또는 용도구역의 건축물 및 토지에 관한 규정을 적용하도록 규정하고 있으므로 이런 경우에는 구분감정평가함

이 경우 제시받은 이용상황별 또는 용도지역별로 구분된 면적을 기준으로 감정평가하며 다른 이용상황 또는 용도지역별 단가를 감정평가서에 따로 기재함

2) 예외

다른 이용상황으로 이용되거나 용도지역 등을 달리하는 부분이 주된 이용상황 또는 용도지역 등과 가치가 비슷하거나 면적비율이 뚜렷하게 낮아 주된 이용상황 또는 용도지역 등의 가치를 기준으로 거래될 것으로 추정되는 경우에는 주된 이용상황 또는 용도지역 등의 가치를 기준으로 감정평가할 수 있음

■ 일단으로 이용 중인 토지

1. 개념

지적 공부상 2필지 이상의 토지가 일단을 이루어 같은 용도로 이용되는 것이 사회적·경제적·행정적 측면에서 합리적이고 대상 토지의 가치형성측면에서도 타당하다고 인정되는 등 용도상 불가분의 관계에 있는 토지(「표준지 조사·평가 기준」 제20조 제2항)

2. 판단기준 ≒ 유의사항

1) 용도상 불가분 관계

같은 용도로 이용되는 것이 사회적·경제적·행정적 측면에서 합리적이고 가치형성 측면에서도 타당하다고 인정되는 관계(= 같은 용도로 이용되는 것이 최유효이용이고 일괄로서의 가치가 개별로서의 가치보다 큰 경우)

cf ① 용도가 명확하게 구분되는 경우, ② 가치형성측면에서 타당하지 않다고 인정되는 경우는 ×

2) 건축물의 존재 여부

(1) 건축물이 존재하는 경우

용도상 불가분 인정

(2) 건축 중인 경우

용도상 불가분 인정

(3) 허가 득하고 착공착수인 경우

착공이 확실시 되면 인정 可, 「표준지 조사·평가 기준」 제20조 제4항

3) 소유자의 동일성

직접 관련이 없다. 다르더라도 민법상 공유관계로 보아 일단지로 판단

4) 지목의 동일성

직접 관련이 없다. 용도상 불가분의 관계로 판단하는 것이지 공간구축법상 지목은 중요×

5) 일시적 이용상황

일단지로 보지 않는 것이 타당함

예 간이창고, 가설건축물, 테니스장, 주차장, 야적장

6) 토지의 용도

주거용지, 상업용지, 공업용지, 후보지 등 각각의 용도에 따라 그 효용과 기능적 면에서 많은 차이를 가지므로 일단지 판단 시 이를 고려하여야 함

제7장 권리

⤵ 지식재산권

1. 개념

발명·상표·디자인 등의 산업재산권과 문학·예술 등의 저작권을 총칭하는 개념으로 특허권, 실용신안권, 디자인권, 상표권, 저작권과 이에 준하는 권리를 말한다. 무형자산의 가치가 중요해지면서 감정평가 수요가 증가하고 있음

2. 종류

① **특허권** : 특허법, 발명 등 독점적 이용
② **실용신안권** : 실용신안법, 생활이용의 고안 등 독점적 이용
③ **디자인권** : 디자인보호법, 디자인 등 독점적 이용
④ **상표권** : 상표법, 상표에 대하여 독점적 이용
⑤ **저작권** : 저작권법, 문화·예술 등에 관한 저작물을 독점적 이용

3. 감정평가방법

1) 수익환원법

– 감칙 제23조 제3항 주방식
– 지식재산권의 정의 및 성격에 가장 이론적으로 부합하는 방식

  ① **지식재산권 귀속 현금흐름 × PVAF**

    절감되는 사용료 기준, 증가된 현금흐름 기준, 기업의 총이익 중에서 지식재산권에 일정 비율 배분함

  ② **기업가치(영업 관련 가치) × *기술기여도**

    비슷한 지식재산권 기술기여도, 산업기술요소·개별기술강도·기술비중 등 고려함

    *기술기여도 : 기업의 경제적 이익창출에 기여한 유·무형의 기업자산 중에서 해당 지식재산권이 차지하는 상대적 비율

2) 거래사례비교법

  ① **지식재산권의 거래사례와 비교하는 방법**

    사례수집 어려움, 개별요인 비교 곤란·주관 개입 가능성

  ② **매출액이나 영업이익에 *실시료율을 적용하고 환원하는 방법**

    시장에서 형성된 실시료율을 적용함

    *실시료율이란 지식재산권을 배타적으로 사용하기 위해 제공하는 기술사용료의 매출액이나 영업이익에 대한 비율

3) 원가법

① 재취득원가 (기준시점) – 감가수정
② 취득에 소요된 원가 × 시점수정(생산자물가지수 등)

4. 감정평가방법 장·단점

1) 수익환원법

① 이론적으로 가치 정의에 부합함, ② 현금흐름, 할인율, 할인기간 등 추정 시 주관개입 가능성

2) 거래사례비교법

① 시장성 반영함, ② 사례 수집 곤란함, 가치형성요인의 비교 곤란함

3) 원가법

① 비용성, 기회비용 반영함, ② 무형자산의 가치형성 고려 시 설득력 낮음, 감가 시 주관개입 가능성

❖ 영업권

1. 개념

대상기업의 경영상 유리한 관계 등 배타적 영리기회를 보유하여 같은 업종의 다른 기업들에 비하여 초과수익을 확보할 수 있는 능력으로서 경제적 가치가 있다고 인정되는 권리

2. 특징

① 자가 창설 영업권은 인정되지 않음 / 매입 영업권만 인정됨(K-IFRS)
② 법률적인 보호는 없음(↔ 지식재산권)
③ 초과이익력을 화폐가치로 표현한 것
※ **초과이익** : 동종업계 유사 기업의 정상적인 수익 이상으로 창출되는 이윤

3. 감정평가방법

1) 수익환원법

– 감칙 제23조 제3항 주방식
– 영업권의 정의 및 성격에 가장 이론적으로 부합함
① **잔여방식**
기업가치 – 투하자본(영업자산 – *영업부채)
*영업부채는 비이자부부채(금융부채×)

- 장점 : 자산 중심 기업의 경우에 적합함
- 단점 : 다른 무형자산 가치가 포함될 수 있음
② 초과수익방식
  초과수익 × PVAF
  - 장점 : 초과수익의 파악이 가능한 경우 적용이 간편함
  - 단점 : ① 초과수익 결정, ② 기간의 추정, ③ 할인율의 결정에 있어서 주관개입 가능성 있음

2) 거래사례비교법

① 영업권만의 거래사례 비준
② 유사기업 전체 거래가격에서 영업권 가격 추출(영업권 제외 순자산가치 차감)
③ [주가 × 주식수]에서 영업권 가격 추출(영업권 제외 순자산가치 차감)
  - 장점 : 시장성 반영이 우수함
  - 단점 : 사례수집의 어려움, 가치형성요인 비교 어려움, 비교 시 주관 개입 가능성

3) 원가법

① 재취득원가(기준시점) – 감가수정
② 취득에 소요된 원가 × 시점수정(생산자물가지수 등)
  - 장점 : 영업권 개념상 이론적으로 타당하지 않음
  - 단점 : 영업권 성격상 가치와 원가의 관련성 ↓ (투하된 비용에 비례하는 것이 않음), 적절한 시점수정 자료가 부족하며 시점 수정 시 괴리 발생 가능함(물가상승률을 반영 적용 시 영업권 가격변동과 경기변동이 일치하지 않을 수 있음)

핵심요약 5

제1장 토지

↪ 토지의 감정평가

■ 제시외 건물 등이 있는 토지

1. 개념

제시외 건물이란 ① 종물과 부합물(경미한 제시외 건물)을 제외하고, ② 의뢰인이 제시하지 않은 지상 정착물을 말한다. 그리고 제시외 건물 등이란 토지만 의뢰되었을 경우 그 지상건물, 구축물 등을 의미하고 토지와 건물이 함께 의뢰되었을 경우에는 대상물건의 종물이나 부합물이 아닌 것으로서 독립성이 강한 물건을 말한다. 이러한 제시 외 건물이 소재하고 있는 토지를 제시외 건물 등이 이는 토지라고 함

※ 해당 규정은 "현저한 제시외 건물"을 의미하는 것

2. 감정평가방법

1) 원칙

토지소유자와 건물소유자가 다른 경우의 평가기준 준용함

즉, 제시외 건물이 소재하면 ① 토지의 사용·수익이 제한되며, ② 법정지상권이 성립할 수 있으므로 이를 반영하여 보수적으로 평가함

2) 예외(구애 없이 정상평가)

(1) 국공유지 처분평가 시 : 철거될 예정 or 정착물의 소유자에게 처분하는 경우가 많기 때문

(2) 경미한 제시외 건물 : 슬레이트 판넬조 등 토지의 사용·수익에 미치는 영향이 미미한 경우

3. 감가하는 방법

1) 일정비율 감가

제한이 없는 상태로 평가한 후 일정비율을 적용함

2) 제한받는 상태를 종합 고려하여 평가

제한받는 상태 자체로 평가함

4. 감정평가 시 유의사항

1) 사용·수익 제한 정도

주관개입 가능성 ▲

2) 현저한지 여부 판단

건물 구조, 재료 등 종합적으로 고려하여 판단함 **예** 건물의 독립성 ▲, 구조가 견고할수록 현저함

3) 감정평가목적의 고려

담보평가 시 평가 外 ▲ / 경매평가 시 평가대상 포함(단, 저해 영향 시의 가액은 병기함)

■ 지상정착물과 소유자가 다른 토지

1. 개념

토지가 건부지로 이용될 때 지상정착물의 소유자가 토지의 소유자와 다른 경우의 토지

2. 감정평가방법

1) 정착물의 존재로 인한 사용·수익 제한 반영

다른 소유자의 건물이 존재함에 따른 **불리함 등을 고려**하여 감정평가함

2) 법정지상권 성립가능성 고려

법정지상권이 성립된다면 지상권이 설정된 인근 토지의 거래사례 등을 조사하여 지상권에 의한 제한으로 말미암아 토지가 그 **제한이 없는 토지에 비해 얼마 정도 감액되어 거래되고 있는 지를 밝힌 뒤 대상토지의 특수성을 고려**하여 감정평가함

3. 감정평가 시 유의사항

1) 사용·수익 제한 정도

주관개입 가능성 ▲

2) 법정지상권 성립가능성 여부에 따라 처리방침이 달라지므로 판단 시 유의

* 법정지상권	
1. 개념 ① 당사자의 설정 계약에 의하지 않고, ② 법률 규정에 의하여 당연히 인정되는 지상권	3. 성립요건 ① 저당권 설정 당시 건물이 존재할 것 ② 토지와 건물 소유자가 동일할 것 ③ 소유자가 달라질 것
2. 종류 ① 전세권에 의한 경우, ② 저당권에 의한 경우, ③ 가등기담보 등에 관한 법률에 의한 경우, ④ 관습법상 지상권	

■ 지상권이 설정된 토지

1. 개념

지상권이란 타인의 토지에 건물 기타 공작물이나 수목을 소유하기 위하여 그 토지를 사용할 수 있는 물권을 말한다. 이러한 지상권이 설정된 토지

2. 감정평가방법

1) 원칙

지상권으로 인한 **사용·수익 제한을 반영함**

구체적인 방법으로 ① 지상권 가치를 나지 상태 토지에서 차감하는 방법, ② 제한정도를 반영한 일정 비율을 적용하는 방법이 있음

2) 지상권 가치를 차감하는 방법

지상권자가 지급하는 대가 등을 파악하여 **지상권 가치를 직접 구할 수 있는 경우, 나지상태의 토지가치에서 지상권 가치를 차감하여 평가함**

> ※ 보상평가
>
> 제29조(소유권 외의 권리의 목적이 되고 있는 토지의 평가)
>
> **취득하는 토지에 설정된 소유권 외의 권리의 목적이 되고 있는 토지에 대하여는 당해 권리가 없는 것으로 하여 제22조 내지 제27조의 규정에 의하여 평가한 금액에서 제28조의 규정에 의하여 평가한 소유권 외의 권리의 가액을 뺀 금액으로 평가한다.**
>
> 제22조(취득하는 토지의 평가)
>
> ① 취득하는 토지를 평가함에 있어서는 평가대상토지와 유사한 이용가치를 지닌다고 인정되는 하나 이상의 표준지의 공시지가를 기준으로 한다.
>
> ② 토지에 건축물 등이 있는 때에는 그 건축물 등이 없는 상태를 상정하여 토지를 평가한다.
>
> 제28조(토지에 관한 소유권 외의 권리의 평가)
>
> ① 취득하는 토지에 설정된 소유권 외의 권리에 대하여는 당해 권리의 종류, 존속기간 및 기대이익 등을 종합적으로 고려하여 평가한다. 이 경우 점유는 권리로 보지 아니한다.
>
> ② 제1항의 규정에 의한 토지에 관한 소유권 외의 권리에 대하여는 거래사례비교법에 의하여 평가함을 원칙으로 하되, 일반적으로 양도성이 없는 경우에는 당해 권리의 유무에 따른 토지의 가격차액 또는 권리설정계약을 기준으로 평가한다.

3) 제한정도를 반영한 일정 비율의 적용

거래관행이나 통계자료 등을 통하여 **제한정도에 따른 적정 감가율**을 알 수 있는 경우

4) 예외

저당권자가 채권확보를 위하여 설정한 경우에는 **구애 없이 정상평가함**

실질적 사용·수익 제한이 없으므로 감가 ×

3. 지상권 설정된 토지의 감가·증가 요인

① 감가요인 : 사용·수익 저해 정도와 그에 따른 시장성·환가성의 감소

② 증가요인 : 지불임대료 > 시장임대료인 경우 증가 可(일반평가의 경우 반면, 보상평가의 경우는 증가요인 미고려)

제8장 유가증권 등

🔹 비상장주식

1. 개념

「자본시장과 금융투자업에 관한 법률」에서 규정하고 있는 주권상장법인을 제외한 법인의 주권 즉, 거래소에 상장되지 아니한 법인의 주권을 의미함

2. 감정평가의 중요성

– 주식의 가치가 올바르게 형성되어야 자원의 분배 및 투자가 적정하게 이루어질 수 있음
– ① 회사 경영권 매입, ② 국유주식 처분, ③ 상장을 위한 공모, ④ 과세(상속세)

3. 감정평가방법

1) 순자산가치법(감칙 제24조 제1항 제2호)

– 해당 회사의 자산, 부채 및 자본항목을 평가하여 수정재무상태표를 작성한 후, 기업체의 유·무형자산 가치(*기업가치)에서 부채의 가치를 빼고 산정한 자기자본가치를 발행주식수로 나누는 방법

*기업가치 평가
① 수익환원법
  할인현금흐름분석법, 직접환원법, 옵션평가법
② 거래사례비교법
  유사기업이용법, 유사거래이용법, 과거거래이용법
③ 원가법
  유·무형 자산 합계

2) 예외(거래사례비교법)

거래가격이나 *시세 또는 **시장배수를 통해 파악할 수 있는 경우 기업가치 산정 절차 없이 비상장주식 가치를 직접 산정(주당 가치를 직접 산정할 수 있는 경우)

*시세 = 장외 주식가격
**시장배수 = PER, PBR 등

4. 감정평가방법 장·단점

1) 순자산가치법

– 장점
  ① B/S상 수정된 자산항목을 평가하는 바, 이해하기 쉬움
  ② 기업 소유 모든 자산을 고려(각 자산을 개별적으로 평가, 개별특성 반영 우수함)

③ 자기자본 중심 기업의 경우 적합함
- 단점
① 개별자산 합이 전체 기업가치와 동일하지 않을 수 있음(유·무형 자산의 결합 편익 반영이 미흡함)
② 개별 항목 별도 평가 과정이 필요(복잡하며 시간이 오래 걸릴 수 있음)
③ 보통주와 우선주의 구별이 없음

2) 거래사례비교법

- 장점

  신속하고 간편함
- 단점

  사례수집이 어렵고 신뢰도의 문제가 있음

5. 감정평가 시 유의사항

1) 계속기업의 전제 확인

계속기업 vs 청산기업(부도 등 예상)

2) 공정성, 비밀엄수

업무상 알게 되는 기업의 영업 비밀 등을 발설하지 ×

3) 주관개입의 최소화

영업이익, 성장률, 할인율 등의 추정 시 객관성을 유지하여야 함

4) 법정평가규정 준수

감칙이 아닌 상증법, 국유재산법, 증권거래법 등에서 정하는 방법에 의해 평가하는 경우 有

※ 감칙에 규정되지 않는 방법		
상속세 및 증여세법	국유재산법	증권거래법
1) 개념 시가를 원칙으로 하되, 시가가 불분명한 경우에는 보충적 평가 방법에 의해 산정한 가액을 기준할 수 있음(순손익가치와 순자산가치를 3:2로 가중평균함)	1) 개념 재정경제부령이 정하는 산정방식에 따라 자산가치, 수익가치 및 상대가치를 고려해 산정한 금액 이상으로 함 다만, 일정한 경우 수익가치 or 상대가치 배제 가능	1) 개념 보통주식을 본질가치로 평가하도록 규정함(자산가치와 수익가치를 1:1.5로 가중평균함)
2) 장·단점 - 장점 　간단 용이함, 주관 개입 가	2) 장·단점 - 장점 　간단 용이함, 주관 개입 가	2) 장·단점 - 장점 　간단 용이함, 주관 개입 가

능성 낮음, 수익과 자산가 치를 반영함 – 단점 고정적 비율로 가중평균하 는 문제 → 개별성 반영 ×, 괴리 발생	능성 낮음 – 단점 고정적 비율로 가중평균하 는 문제 → 개별성 반영 ×, 괴리 발생	능성 낮음, 수익과 자산가 치를 반영함 – 단점 고정적 비율로 가중평균하 는 문제 → 개별성 반영 ×, 괴리 발생

⤴ 기업가치

1. 개념

– 해당 기업체가 보유하고 있는 유·무형의 자산가치를 말하며, 자기자본과 타인자본 가치로 구성됨, 영업용 자산가치와 비영업용 자산가치로 구성됨
– B/S상 차변인 자산의 합으로 설명하거나 대변인 자본, 부채의 합으로 설명이 가능함

2. 기업가치의 구성요소

1) 차변 기준

자산(유형자산, 유동자산, 재고자산, 기타자산과 무형자산 등)

2) 대변 기준

부채(타인자본) / 자본(자기자본)

3) 영업 기준

영업용 자산 / 비영업용 자산

3. 감정평가방법

1) 수익환원법

(1) 개념

– 고속성장모형과 안정성장모형을 모두 고려한 DCF법, 안정성장모형만을 고려한 DCM법, 경영자의 의사결정에 따라 변동되는 미래 현금흐름과 투자비용을 감안한 옵션평가법이 있음
– 감칙 제24조 제3항에 근거하여 주된 방법이고, DCF법이 가장 적합하며 기업의 영업가치를 산정한 뒤에는 비영업자산의 가치를 더하여 기업가치를 산정함
(DCM법은 단기의 수익을 기준으로 하여 장래변동가능성이 큰 기업가치를 제대로 반영하지 못하는 문제가 있고 / 옵션평가법은 의사결정 주체에 따라 평가액이 달라지는 문제가 있음)

(2) 장·단점

- 장점
  - ① 기업가치의 개념상 이론적으로 가장 타당
  - ② 보유자산 대비 수익이 큰 기업의 평가에 적합(예 신생기업)
- 단점
  - ① FCFF, WACC 등의 산정 시 평가사의 주관 개입 가능성이 높음
  - ② 예측이 개입되므로 근본적으로 평가 결과에 오류가능성이 내포됨

(3) 유의사항

- 현금흐름
  - ① 5년 이상 충분한 기간, 장기적 관점
  - ② 영구가치 산출 시 영구성장률 < 과거평균 5년
- 할인율
  사용하는 현금흐름과 일관성을 유지(FCFF → WACC / FCFE → CAPM)

2) 거래사례비교법

(1) 개념

- 유사기업, 유사거래 혹은 본 건의 과거거래를 기반으로 적정 시장배수를 활용해 평가하는 방법으로 적정 시장배수를 도출한 뒤 주식수를 곱해 순자산가치를 구하고 여기에 부채가치를 가산하여 평가함
  - ① **유사거래이용법** : 비슷한 상장기업의 주가를 기초로 산정한 시장배수를 이용
  - ② **유사기업이용법** : 비슷한 기업이 인수·합병 시 거래된 가격을 기초로 산정한 시장배수를 이용
  - ③ **과거거래이용법** : 대상 기업 지분의 과거 거래가격을 기초로 산정한 시장배수를 이용

(2) 장·단점

- 장점
  실증적이고 시장성 반영이 우수함
- 단점
  - ① 사례 수집이 어렵고 사례가 제한적임
  - ② 요인비교가 어렵고 주관개입가능성이 큼

(3) 유의사항

- 사례 선택
  동일 업종, 시장의 유사한 규모, 자본구조, 영업이익을 가진 기업을 선정

　　– 상장여부 고려

　　　비상장 기업의 경우 사례의 상장 프리미엄을 조정

3) 원가법

(1) 개념

기업의 자산을 공정가치로 재평가하고 부채를 수정하여 수정 후 재무상태표를 작성한 뒤
유·무형 자산항목의 가치를 더하여 산정하는 방법

(2) 장·단점

　– 장점

　　① 모든 자산의 가치를 개별적으로 검토하므로 개별성 반영이 우수함

　　② 자산 중심의 기업에 적합함

　　③ 청산기업의 평가 시 적합함

　– 단점

　　① 자산가치의 단순 합계가 기업의 전체가치에 미달하는 문제(결합편익 반영 한계)

　　② 정적인 평가방법으로 장래에 대한 고려가 없어 기업가치 개념상 타당성이 부족함

　　③ 개별 자산을 모두 평가해야 하므로 복잡하고 시간이 오래 걸릴 수 있음

(3) 유의사항

단순 장부가치가 아닌 공정가치를 기준해야 함

핵심요약 6

제1장 토지

❥ 토지의 감정평가

■ 과대(광평수) 토지와 과소 토지

1. 개념

- 표준적인 이용 면적보다 과대한 면적의 토지를 광평수 토지라고 하며 이와는 반대로 면적이 과소한 토지
- 최유효이용을 초과 또는 미달하여 표준적인 이용 규모의 토지보다 낮은 가격으로 가격이 형성 but 상대적 희소성, 합병 등에 따른 증가요인이 되어 더 높은 가격이 형성 可

2. 감정평가방법

1) 공시지가기준법 적용 원칙

(1) 원칙

비슷한 규모의 표준지공시지가를 기준

(2) 예외

비슷한 규모의 표준지공시지가가 없는 경우에는 불리한 정도를 개별요인 비교 시 고려
→ 유리한 경우도 있을 수 있으나 현행 실무기준은 불리함만을 고려하도록 규정하여 문제가 있음

2) 다른 평가방법

(1) 비교방식

성숙도, 규모의 측면에서 대상과 유사성이 인정되는 사례를 통해 요인 비교하여 평가하는 방법

(2) 수익방식(토지잔여법)

토지이용상황에 따른 순수익으로 당해 토지의 귀속분을 적정한 환원이율로 환원하여 수익가격 산정하는 방법

(3) 개발법(공제방식, 가산방식)

광평수 토지는 개발법에 의한 평가가 일반적인바 이는 대상물건의 성숙도와 개발의 난이성

등을 고려하여 개발 후 분양임대로 발생되는 총수익의 현재가치에서 개발에 소요되는 제비용의 현재가치를 공제하여 구하는 방법

3. 규모가 과대한 토지(광평수 토지)

분할 이용 시 분할비용, 감보율의 발생 등 또는 단일 이용(대규모 상업용 부지)

4. 규모가 과소한 토지

1) 원칙

독자적 이용가치가 없어 낮게 거래됨 → 감가

2) 예외

인접지와 합병으로 인한 기여도가 우세하거나 감가 ×

5. 감정평가 시 유의사항

1) 토지의 가치와 규모의 관계

- 토지는 최유효이용 면적이어야 시장성이나 효용성이 가장 높은 표준물건이 됨
  최유효이용의 판단이 선행되어야 하며 반드시 이를 기준으로 과대·과소 여부를 판단함
- 최유효이용 판단 시 인근 건부지의 표준적인 면적상황, 도시계획 지역·지구제의 지정내용, 건축허가가능면적 및 제한조건, 기타 법적인 규제내용과 동지역의 거래관행 등을 조사함
- 지역분석과 개별분석을 통하여 표준적인 이용의 면적을 판단하고 해당 토지의 개별 특성 (단일 이용, 분할 이용)을 종합 고려해야 함

2) 지역분석과 개별분석

- 대규모 토지의 감정평가 시에는 토지이용 주체에 따라 변화할 수 있는 여러 가지 용도적 관점을 주의 깊게 살펴야 하고, 최유효이용 방법을 객관성 있게 도출하여야 함
- 대규모 토지는 가치를 형성하는 요인이 다양하므로 일반적인 토지보다 지역분석이나 개별분석을 면밀히 하여야 함

3) 증가요인에 유의(반드시 감가는 아님)

- 과대한 토지 평가 시 → 상대적 희소성, 이용주체, 예정된 용도 등 고려
- 과소한 토지 평가 시 → 인접지와 합병으로 인한 기여도 반영 여부 등 고려

4) 개발법 검토

- 광평수 토지는 개발법 적용이 유용함
- 대상 물건의 성숙도와 개발의 난이성 등을 고려하여 개발 후 분양임대로 발생하는 총수익에서 개발에 소요되는 제비용을 공제하여 구함

■ 고압선 등 통과 토지

1. 개념

- 해당 토지 내에 선하지가 존재하는 토지
- 선하지란 해당 전선로 양측 최외선으로부터 수평으로 3m 이내의 거리의 직하 토지 중 지지물 용지를 제외한 토지

2. 감가요인(가치하락요인)

1) 건축 및 시설 제한 및 입체이용 저해

건축물 이격 거리, 고압전선으로 인한 높이제한과 공중의 이용 범위 제한

2) 심리적 부담감

위험시설로서 전파장애, 소음, 감전사고 등 유발

3) 등기사항 전부 증명서상 하자

행위제한이 요구될 수 있어 담보기피

4) 장래 기대이익 상실

현재 농지·임지 상태라도 추후 개발 가능성이 있는 경우에 개발에 따른 이용개선이 제한

5) 잔여 토지 획지 불량

3. 감정평가방법

1) 제한된 상태 자체로서 평가하는 방법

통과 전압의 종별, 크기, 통과위치, 면적 등으로 감가요인을 종합적으로 고려하여 평가

2) 감가액을 공제하는 방법

나지 상태의 토지가치에서 감가액을 차감

■ 구분지상권

1. 개념

건물 및 그 밖의 공작물을 소유하기 위하여 다른 사람이 소유한 토지의 지상이나 지하의 공간에 대하여 상하의 범위를 정해 그 공간을 사용할 수 있는 권리
토지 공간의 입체적 이용이 요구됨 따라 도입된 제도

2. 가치형성원리

1) 공간의 사용·수익에 대한 배타적 권리

상하의 일부분만을 객체로 한정하여 사용할 수 있는 권리이므로 권리설정 범위에 있는 사용·수익 내용에 따라 가치가 형성

2) 타공간 이용의 저해 정도를 반영

해당 권리 설정 부분의 경제가치 및 효용이 타 공간부분의 이용을 제한하는 정도와 유사하게 경제적 가치가 형성

3. 감정평가방법

1) 구분지상권 설정 유무

구분지상권 거래사례 기준

2) 계약 내용 기준

본 건 지불임대료 기준

3) 구분지상권 성질에 따른 평가방법

(시장임대료 − 지불임대료) × PVAF

4) 현재 지상권 설정 시 가액 기준

나지 상태 토지가치 × 입체이용저해율

5) 구분지상권 가격에 대한 완전소유권 가격의 비율 승수를 구한 GRM 기법

제9장 동산 등

🔷 동산

1. 개념

원칙적으로 부동산이 아닌 것 즉, 부동산인 토지 및 정착물 이외의 물건

> 예 원재료, 집기, 비품, 기계설비, 재고자산, 농축산품, 불용품이 해당함 다만, 자동차, 건설기계, 항공기, 선박은 등록·등기를 통해 의제부동산으로 취급함

2. 구별개념(부동산과의 차이점)

1) 법률적 측면

공시방법이 점유 또는 인도/선의취득 인정/질권의 목적/취득시효기간이 짧음

2) 물리적 특성 측면

고정성/부증성/영속성/개별성

3. 감정평가방법

1) 원칙

거래사례비교법(감칙 제21조)
다만, 기계기구의 경우 원가법 적용 원칙임

2) 예외

원가법

3) 본래의 효용가치가 없는 경우

1) 전환 가능한 경우

전용가치 – 전환에 소요되는 비용(운반비 등)

2) 전환 불가한 경우

해체처분가액(고철시세) – 해체비용(해체비, 철거비, 운반비 등)

4. 감정평가 시 유의사항

거래사례비교법 적용 시 단계별 분석에 유의(특히 생산품의 경우 원자재/반제품/재공품/제품 등) & 시계열적 분석

↪ 소음 등으로 인한 가치하락분

1. 개념

- 소음 등으로 인한 물건의 가치하락분이란 장기간 지속적으로 발생하는 소음 등으로 인하여 소음 등의 발생 전과 비교하여 토지 등의 객관적 가치가 하락한 부분을 말함
- 소음 등의 유형(소음 이외에도 진동, 일조 침해, 환경오염, 조망침해, 전파장애 등)
- 최근 관련 분쟁이 증가하면서 감정평가 수요가 증가

2. 감정평가방법

1) 감칙 제25조에 의한 방법

소음 등이 발생하기 전의 대상물건의 가치 - 소음 등이 *발생한 후 대상 물건의 가치
*오염 발생한 후 대상 물건의 가치

(1) 거래사례비교법 → 오염된 사례를 비준함

(2) 수익환원법 → 오염 후 순수익을 환원함

2) 원상회복 비용 등을 직접 고려하는 방법

복구비용 및 관리비용 + 스티그마 효과

3. 감정평가 시 유의사항

1) 주관적 가치 제외

객관적인 가치하락분이 대상 = 원상회복에 소요되는 비용 + 스티그마 효과
일시적이거나 주관적인 피해는 포함 ×
다만, 가축이나 생명체에 발생한 피해는 가치하락분에 포함 가능함

2) 감정평가방법 적용 시

(1) 수익환원법

소음 등이 아닌 원인으로 감소한 순수익은 배제함이 타당함

(2) 거래사례비교법

오염의 종류나 정도가 유사한 사례를 선정함

3) 관계 전문가 용역, 자문 관련

관련 전문가의 용역, 자문이 필요하므로 의뢰인에게 이러한 사실과 수수료에 관한 내용을 알려야 함

4. 스티그마 효과

1) 개념

환경오염의 영향을 받는 부동산에 대해 일반인들이 갖는 '무형의 또는 양을 잴 수 없는 불리한 인식'을 말함

즉, 스티그마는 환경오염으로 인해 증가되는 위험을 시장참여자들이 인식함으로 인하여 부동산의 가치가 하락하는 부정적인 효과를 말함

2) 특징

① 주거용지에서 감가가 가장 크고, 공업용지에서 가장 적다.
② 오염원으로부터 멀어짐에 따라 감소한다.
③ 오염정화 후 남게 되는 스티그마는 시간이 경과함에 따라 감소하고 소멸한다.
④ 심리적 측면이 크다.

3) 측정방법

통계적 평가방법인 [HPM이나 CVM]을 통해 측정 가능함 또는 [소음 등으로 인한 가치하락분 – 원상회복 비용]

제1장 토지

⤵ 토지의 감정평가

■ 공유지분 토지

1. 개념

- 하나의 토지를 ① 2인 이상의 다수인이 공동으로 소유하면서 ② 각 공유자가 지분을 가지고 있는 토지
- 등기부상 확인되는 지분을 고려하여 평가하며, 위치확인 가능 여부에 따라 처리 방침을 달리함

2. 구분소유적 공유

1) 구분소유적 공유의 개념

- 1필의 토지 중 위치·면적이 특정된 일부를 양수하고서도 분필에 의한 소유권 이전 등기를 거치지 않은 채 편의상 양수부분의 면적 비율에 상응하는 공유지분 등기를 경료한 경우가 대표적임
- 대상지분의 확인되는 특정 위치에서의 토지의 개별요인을 기준으로 평가함

2) 위치확인 방법

① 나지의 경우 공유지분자 전원 및 인근 공유지분자 2인 이상의 위치확인 동의서

② 건부지의 경우 합법적 건축허가도면과 합법적으로 건축된 건물

③ 상가·빌딩 관리사무소나 상가번영회에 비치된 위치도면

3. 감정평가방법

1) 원칙(지분비율 기준)

공유지분을 감정평가할 때에는 **대상 토지 전체의 가액에 지분비율**을 적용함
→ 부분평가

2) 구분소유적 공유 관계인 경우

대상지분의 위치가 확인되는 경우에는 **그 위치에 따라 감정평가**할 수 있다. 즉, 위치가 특정되어 공유하고 있을 때에는 그 특정 위치의 토지를 기준으로 평가함
→ 구분평가

4. 감정평가 시 유의사항

1) 구분소유적 공유관계의 판단

구분소유적 공유에 해당하는지 여부에 대한 판단이 선행되어야 함

※ 구분소유적 공유관계의 성립요건

구분소유적 공유관계는 어떤 토지에 관하여 **그 위치와 면적을 특정하여** 여러 사람이 구분소유하기로 하는 **약정이 있어야만 적법하게 성립**할 수 있고, 공유자들 사이에 그 공유물을 분할하기로 약정하고 그때부터 각자의 소유로 분할된 부분을 특정하여 각자 점유·사용하여 온 경우에도 구분소유적 공유관계가 성립할 수 있지만, 공유자들 사이에서 특정부분을 각각의 공유자들에게 배타적으로 귀속시키려는 **의사의 합치**가 이루어지지 아니한 경우에는 이러한 관계가 성립할 여지가 없다.

2) 위치확인에 유의

위치확인은 현재 점유위치를 단순히 확인하는 것에 그쳐선 안 되고 **반드시 구분소유적 공유관계를 객관적으로 증명할 수 있는 자료가 있어야 하며 확인방법 및 내용을 감정평가서에 기재**해야 함

3) 감정평가목적의 고려

보상평가 시에는 구분소유적 공유가 인정되지 않고 전체 가액에 지분비율을 적용하는 경우가 있음

■ 맹지

1. 개념

지적도상 공로에 접한 부분이 없는 토지 즉, ① 도로와 직접 접하지 않고 ② 모두 타인의 토지로 둘러싸여 있어 ③「건축법」상 대지가 될 수 없는 토지

→ 가치형성 측면에서 공로에 접하고 있는 토지에 비하여 감가요인 있을 수 있음

다만, ① 관습상 도로가 있거나 ② 지역권 등이 설정되어 있어 통행에 지장이 없는 경우는 맹지로 보지 않음(접한 상태로 평가)

2. 감정평가방법

1) 현황평가

농지, 임지 등 도로에 접하지 아니한 상태로 이용하더라도 지장이 없는 경우로서 그 이용이 최유효이용인 경우 현황 맹지로서의 이용에 따른 가치로 평가함

2) 진입로 개설 비용을 감안하여 감정평가

도로개설의 가능성이 비교적 높은 경우 진입로 개설을 전제로 평가함

즉, 자루형을 상정한 토지에서 도로개설비용을 공제하여 평가함

3) 인접토지 합병부 조건부 감정평가

- 해당 맹지와 인접한 토지 중 합병의 가능성이 가장 높은 토지를 매수한다고 가정함
- 도시화 지역에서 진입로 개설에 필요한 여유 토지를 확보하기 어려운 경우 적용함
  [합병 후 맹지와 인접토지 전체 평가액 - 합병 전 인접토지 평가액] × (1 - 감가율)

3. 감정평가 시 유의사항

1) 관습법상 도로가 개설되어 있는 경우

낮은 수준의 감가

2) 도로개설 가능성이 높은 맹지의 경우

도로개설이 용이하므로 감가의 정도 파악에 유의하여야 함

예를 들어 구거에 접한 맹지

3) 인접 토지가 동일인 소유인 경우

해당 토지는 맹지이지만, 인접 토지가 동일인 소유인 경우, 인접 토지를 통하여 출입하며 해당
토지의 사용·수익 등에 제한이 없는 경우 감가에 유의하여야 함

■ 택지 등 조성공사 중에 있는 토지

1. 개념

- 건물 등의 건축을 목적으로 농지나 산림의 전용허가를 받거나 토지의 형질변경허가를 받아
  택지 등으로 조성 중에 있는 토지
- **용도의 다양성에 따른 용도전환의 경우에 해당함**

2. 감정평가방법

1) 조성 중인 상태대로의 가격이 형성된 경우

그 가격을 기준으로 비교방식으로 평가함(공시지가기준법, 거래사례비교법)

2) 조성 중인 상태대로의 가격이 형성되지 않은 경우

원가방식으로 평가함(가산방식, 공제방식, 개발법)

3. 개발법, 공제방식, 가산방식에 의한 토지의 감정평가방법

1) 개발법

- 법적·물리적·경제적으로 분할 가능한 최적의 획지수를 분석한 후, 분할된 획지의 시장가
  치와 개발에 소요되는 제 비용을 계산하여 개발에서 분양이 완료될 때까지의 매 기간의 현금

수지를 예측하고, 이를 현재가치로 환원해서 개발대상토지의 가액을 산정
- **대상토지의 가액 = 분양판매총액의 현가 - 조성공사비 등 각종 비용의 현가**

2) 공제방식

- 택지후보지의 경우 택지화된 후의 나지로 상정한 가액에서 조성공사비, 발주자의 통상적인 부대비용 등을 공제하여 구한 금액을 당해 택지후보지의 성숙도에 따라 적정하게 수정하여 택지후보지의 소지가액을 구한다.
- **대상토지의 가액 = {총분양가격 - (조성공사비 + 공공시설부담금 + 판매관리비 + 개발부담금 + 업자이윤)} × 택지성숙도 보정**

3) 가산방식

- 조성시점을 기준으로 소지의 취득가액을 구한 다음에 조성공사비 및 개발업자의 부대비용을 구하고, 필요한 경우에는 각각에 대하여 사정보정 및 시점수정을 행하여 조성완료시점의 표준적인 가액을 구한 후, 조성완료시점과 기준시점의 차이가 있는 경우에는 지가변동률 등을 이용하여 시점수정을 행하여 기준시점에서의 감정평가액을 산정
- **조성택지 준공시점의 감정평가액 = 소지가격 + 조성공사비 + 공공시설부담금 + 판매관리비 + 개발부담금 + 업자이윤**

  대상토지의 가액 = 조성택지 준공시점의 감정평가액 × 시점수정(지가변동률)

🔷 권리금

1. 개념

임대차 목적물인 상가건물에서 영업을 하는 자 또는 하려는 자가 영업시설, 비품, 거래처, 신용, 영업상의 노하우, 상가건물의 위치에 따른 영업상의 이전 등 유형·무형의 재산적 가치의 양도 또는 이용 대가로서 임대인, 임차인에게 보증금과 차임 이외에 지급하는 금전 등의 대가(상임법 제10조의3)

2. 특징

1) 법에 의한 회수 기회를 보호받음

권리금 회수 기회를 보호받음(상가임대차보호법 제10조의4)

※ 임대인은 신규임차인이 기존임차인에게 권리금을 지급하는 것을 방해하여선 안됨

→ 방해 시 손해배상 min[지급하기로 한 권리금 vs *감정평가액]

→ 상임법에 의한 평가

*기준시점은 임대차 종료시점

2) 권리금 거래시장은 폐쇄적이고 비공개적임

3. 종류

1) 유형권리금(시설권리금)

영업을 위한 건물의 구조변경, 인테리어 설치, 집기 및 비품 등 유형물에 대한 대가

2) 무형권리금

(1) 지역권리금

영업장소가 위치한 장소적 이점에 대한 대가

(2) 영업권리금

영업을 영위하며 발생하는 영업상의 이점에 대한 대가로서 장기간 영업을 하면서 확보된 고객 수, 평판 등

(3) 허가권리금

법률이나 행정규제 등으로 새로운 영업자가 진입하지 못함으로 인하여 기존 임차인이 향유하는 초과이익에 대한 대가

(4) 임차권보장권리금

상당한 임차권 존속기간 보장약정 및 이를 전제로 한 양도계약에서 발생하는 특별한 사정으로 인해 발생하는 권리금

4. 감정평가기준

1) 기준시점

① 가격조사완료일(일반평가), ② 임대차 종료시점(상임법에 의한 평가)

2) 평가근거

① 감칙 제26조 및 제23조(일반평가), ② 상가임대차보호법(상임법에 의한 평가)

5. 감정평가방법

1) 개별평가(제7조 제1항)

(1) 유형재산

- 원칙 : 원가법
- 예외 : ① 거래사례비교법, ② 중고품 가격수준 → 이 경우 감가 ×
  ③ 해체처분가액
  유의사항 : ① 대상 확정 시 의뢰인 제시 & 확인(확인이 어렵고 분쟁 가능성이 높음), ② 영업과 관련 없는 재산은 제외, ③ 재고자산이 통상적 규모를 초과하는 경우 평가에서 제외함(별도 동산거래 간주 다만, 포함 요청 시에는 조건부 평가)

(2) 무형재산

- 원칙 : 수익환원법(감칙 제23조 제3항) ① 영업이익 기준(소규모 상가에 적합), ② 현금흐름 기준(기업형 상가에 적합)
- 예외 : ① 거래사례비교법, ② 원가법
  유의사항 : ① 영업이익/현금흐름 기준(개인/법인으로 판단할 것이 아니라 매출액, 영업형태, 브랜드 등 종합 고려함), ② 자가노력비, 감가상각비는 제외(매출액에 대응되는 비용), ③ 이전되지 않는 무형재산은 제외, ④ 영업이익 산정방법 병용

2) 일괄평가(제7조 제2항)

(1) 원칙

수익환원법

(2) 예외

거래사례비교법(유·무형자산 구성비율 등 고려), 원가법(유·무형 자산 특징 고려)

3) 기타평가방법

(1) 회귀분석법

권리금을 종속변수, 권리금에 영향을 미치는 요인을 독립변수

(2) 월임대료승수법

동일 또는 유사 업종 상가의 임대료와 권리금 간 승수 × 대상 상가 임대료 × 수정률

6. 무형재산의 구체적 평가방법

1) 수익환원법(무형자산 귀속 영업이익 등 × PVAF)

(1) 무형재산 귀속 영업이익 등(영업이익 or 현금흐름)

	비율추출방식	비교사례추출방식	공제방식
개념	대상상가가 속한 지역의 거래관행 등을 조사하여 적정 비율을 추출	인근지역 또는 유사지역의 권리금이 있는 상가와 권리금이 "0"인 상가의 영업이익 비교	전체 영업이익에서 영업이익 형성에 기여하는 권리금 외의 생산요소 별 기여분을 공제
산식	전체 영업이익 × 권리금 영업이익비율	전체 영업이익 - 권리금 "0"인 영업이익	전체 영업이익 - 권리금 외 항목의 귀속 영업이익 (투하자산 귀속영업이익 & 임차인 경영이익)
장점	시장관행	이론적으로 가장 우수함	이론적으로 적합함
단점	권리금과 영업이익, 임차료 등의 상관관계가 범위를 벗어나는 경우 괴리 발생함	권리금이 0인 사례의 영업이익 산정 곤란함	투하자산 귀속 & 임차인 경영 이익 산정 곤란함
유의사항	사례의 자가인건비 공제 전/후 여부가 반드시 조사되어야 함	영업이익 산정을 위한 자료가 부족하나 장래 DB 축적 시 사용이 용이함	영업이익 산정을 위한 자료가 부족하나 장래 DB 축적 시 사용이 용이함

* 영업이 중단된 경우에는 조정된 무형재산 귀속 영업이익 등을 사용

(2) 할인율

[① 요소구성법 또는 ② WACC]로 결정

(3) 기간

상가임대차보호법상 [10년] (시장관행 등 고려 조정 可)

2) 거래사례비교법

(1) 산식

① 무형재산 거래사례(무형재산만의 거래사례) × 사 × 시 × 지 × 개

② 무형재산 거래사례(일체 거래사례 - 유형재산 거래사례) × 사 × 시 × 지 × 개
- 시점수정 : 임대사례지수 or 생산자 물가지수
- 지역요인 : 입지/영업/기타
- 개별요인 : 입지/영업/시설/기타

(2) 유의사항

① 방매사례 선정 가능 여부

권리금 시장 폐쇄성으로 인하여 거래사례가 어려우므로 제한적으로 방매사례를 선정할 수 있으나, 방매사례의 합리성을 검토하여야 함

② 면적요인에 유의

표준적 상가 면적을 초과하는 경우 → 단가 하락하는 것이 일반적

③ 층별·위치별 요인에 유의

같은 건물 내 상가라도 층별·위치별로 임대료, 가격 수준이 달라짐

3) 원가법

(1) 산식

대상 기지급 무형자산 권리금 × 시점수정 × 수정률
- 시점 : 임대사례지수 or 생산자 물가지수
- 수정률 : 해당 시점 간 상권변화, 경기동향, 수익변화 등에 따른 보정치

(2) 유의사항

기지급 권리금 수준은 지급 권리금 결정 시 기준이 되므로(종전 임차인이 기지급보다 더 높은 가격을 요구함) 타방식에 의한 검증방법으로 유용하나, 기지급 권리금은 협상력에 따라 편차가 큼

7. 가치형성요인

1) 입지조건

위치, 상권, 배후지(교통접근성, 유동인구, 배후지 성격과 규모, 유효구매력 등)

2) 영업조건

영업형태(영업의 전문성, 명성, 노하우, 거래처 관계, 신용도 등)

3) 시설조건

인테리어 정도, 시설 상태 및 규모 등

4) 기타조건

허가난이도, 경기동향 등 그 밖의 사항

8. 감정평가 시 유의사항

1) 감정평가대상의 확정

권리금 정의상 타인에게 이전되지 않는 무형재산이나 영업활동과 관련이 없는 유형재산은 대상에서 제외함

2) 영업의 판단

'영업을 하는 자' 또는 '영업을 하려고 하는 자' 중 누구의 업종을 기준으로 평가할 것인지가 문제됨, 의뢰 시 조건이 있는 경우 그에 따르되, 조건이 없는 경우 원칙적으로 현재의 임차인 업종을 기준하되, 업종 변경이 합리적인 경우 인근의 표준적 업종 기준 可

3) 유형재산 효용가치의 판단

효용가치 유무에 따라 처리방법이 달라짐(해체처분가액)

4) 무형재산 귀속 현금흐름 산정 방법의 병용

산정 방법에 대한 평가사의 주관성을 줄이고, 각 방법의 장·단점을 보완

핵심요약 8

제1장 토지

➥ 토지의 감정평가

■ 환지예정지

1. 환지방식의 개념

도시개발법상 토지소유권을 유지한 상태에서 사업진행 후 종전토지의 면적, 위치 등을 고려하여 토지이용계획에 따라 토지를 이동하는 사업방식임

2. 환지방식의 특징

① 토지소유권이 보호되며 마찰이 비교적 적음

② 체비지 매각을 통하여 사업자금 충당 가능

③ 초기사업비용이 적음

④ 환지예정지 지정일 이후에 사용·수익 불가

※ **체비지** : 도시개발사업을 환지방식으로 시행하는 경우 해당 사업에 필요한 재원을 확보하기 위하여 사업시행자가 토지소유자로부터 취득하여 처분할 수 있는 토지

3. 환지예정지의 감정평가

1) 환지예정지 지정 전

종전 토지의 위치, 지목, 면적, 형상, 이용상황을 기준하여 감정평가함

※ **환지예정지** : 도시개발사업의 원활한 촉진을 도모하고 관계권리자의 권리관계를 가급적 조속히 안정시켜 권리자가 실제상 환지처분이 행하여진 것과 같은 효과를 향유하게 함으로써 도시개발사업의 시행에 수반하여 야기되는 사권의 제한을 최소한도로 줄이기 위하여 환지계획에서 정하여진 환지의 위치, 면적을 환지처분 전에 예정지로 미리 정하는 토지를 말한다.

2) 환지처분 이전에 환지예정지로 지정된 경우

– 환지예정지 상태대로 감정평가함

– 평가목적에 따라 권리면적 or 환지면적 → 경매 : 권리면적 / 담보 : min

※ **환지처분** : 토지개량사업 내지 도시개발사업을 실시함에 있어서 종전의 토지에 관한 소유권 및 기타의 권리를 보유하는 자에게 종전의 토지를 대신하여 정연하게 구획된 토지를 할당하고 종국적으로 이를 귀속시키는 처분을 말한다.

3) 환지처분 후

- 환지된 상태대로 감정평가함
- 면적 : 종후토지 면적(환지면적)

■ 석산

1. 개념

① 「산지관리법」에 따른 토석채취 허가를 받아 ② 채석단지의 지정을 받은 토지, ③ 「국계법」에 따른 토석채취 개발행위 허가를 받거나, ④ 「골재채취법」에 따른 골재채취 허가를 받은 토지

2. 감정평가방법

1) 원칙

- 수익환원법을 적용함
- 순수익을 환원한 금액 − 장래 소요될 기업비 현가의 총합 − 현존시설의 가액 + 토석채취 완료시점의 토지가액 현가

2) 예외

토지의 시장성, 유사한 석산의 거래사례 등을 고려하여 공시지가기준법 또는 거래사례비교법을 적용함

3. 감정평가액의 배분

- 합리적 배분기준(공제방식/비율방식)에 따라 배분함
- 토지와 토석(석재와 골재)으로 배분함

4. 용도 폐지된 광업용지

- 공시지가기준법 또는 거래사례비교법을 적용함
- 원상회복 의무를 고려하여 처리함
① 원상회복의무 있는 경우 → '임야' − 원상회복비용으로 감정평가함
② 원상회복의무 없는 경우 → '잡종지'로 감정평가함

제10장 목적별 평가

↱ 담보평가

1. 개념

대출 실행 기관인 금융기관 등이 대출을 하거나 채무자가 대출을 받기 위하여 의뢰하는 담보물에 대한 감정평가

2. 중요성

채무자 → 재산권 인정, 채권자 → 안정적인 채권 확보, 시장질서 안정 & 국민경제에 기여함

3. (실무상) 기준가치

1) 원칙

시장가치
다만, 평가의 성격을 고려하여 안정적이고 보수적인 가액의 접근이 필요함

2) 예외

시장가치 외의 가치
※ 이론상 시장가치 외의 가치라는 점에서 구분 필요함

4. 감정평가기준(원칙)

1) 확인주의

대상 물건의 동일성과 권리관계 확인

2) 보수주의

완전한 채권회수를 위해 불확실성에 대한 보수적 접근

3) 처분주의

원하는 때에 적정한 가격으로 환가처분 가능성

4) 현황주의

지목이나 용도에 관계없이 현실적 이용 상태 기준(불법이용, 일시적 이용 유의)

5) 금융기관과의 협약 준수

5. 일반적 유의사항

1) 안정성, 환가성 고려

안정적인 채권확보 목적

2) 지나친 감가 및 보수적 접근에 유의

채권자의 적정한 재산권 인정 역할도 있으므로 합리적인 수준을 넘는 감가 ×

3) 금융기관과의 협약 준수

구체적 세부사항의 경우 협약에 규정, 일반적 평가원칙과 상이할 수 있음에 유의하여야 함

4) 비시장가치적 요소 배제

실무적으로 기준가치는 시장가치이므로 대출조건이나 채무자의 신용능력 등을 고려하지 않음

5) 부적절한 물건의 처리

- 반드시 의뢰인에게 알리고 협의하여 처리(일반적인 평가 원칙에 따라 자의적 처리 ×)
- 부적절 물건 : 동일성이 인정 × / 담보취득 제한(법 규정) / 담보권을 제한하는 권리 설정 / 특수용도 등 환가성이 없는 물건

6. (이론상) 담보가치와 시장가치의 차이

1) 감정평가 시 주안점

일반적·경제적 가치 vs 경제적 가치 + 안정성·환가성

2) 충분한 기간 공개(방매기간)

수요·공급의 균형에 의한 가액(적정한 마케팅 기간) vs 언제라도 처분 가능한 가격(단기의 마케팅 기간)

3) 비시장가치적 요소

여신·금융조건 미반영 vs 반영 可

➋ 경매평가

1. 개념

집행 법원이 경매의 대상이 되는 물건의 경매에서 최저매각가격을 결정하기 위해 의뢰하는 감정평가
*경매 – 강제경매, 임의경매
① 강제경매 : 집행권원에 의한 경매로 채무자의 일반 재산을 대상
② 임의경매 : 담보권 시행에 의한 경매로 담보설정 물건만을 대상

2. 중요성

1) 부당하게 염가로 매각되는 것을 방지

→ 채무자 보호

2) 공정한 경매가 이루어질 수 있는 합리적 가액 제시

→ 경매시장 질서, 채무자와 채권자 & 기타이해관계인 등 다양한 이해관계가 첨예하게 얽혀있어 공정하고 객관적인 평가액이 중요함

3. (실무상) 기준가치

1) 원칙

시장가치

2) 예외

시장가치 외의 가치

※ 이론상 시장가치 외의 가치라는 점에서 구분 필요함

4. 감정평가기준(원칙)

현황평가

5. 일반적 유의사항

1) 공정한 감정평가

첨예한 이해관계가 얽힌 경우가 많으며 부당한 청탁 등의 유혹이 있을 수 있음

2) 경매의 효과 고려

경매를 통한 취득은 원시취득이므로 종물·부합물도 포함 可 & 사권 등 구애 없이 평가

3) 법정 지상권 성립 가능성

– 경매평가 시 법정 지상권성립 여부가 특히 문제됨
– 법정지상권에는 ① 전세권에 의한 경우, ② 저당권에 의한 경우, ③ 가담법에 의한 경우, ④ 관습법상 지상권이 있음

핵심요약 9

제2장 건물

↘ 건물의 감정평가

■ 토지와 건물소유자가 다른 건물

1. 원칙

사용·수익 제한을 고려함(지료 지급의무 등)

2. 예외

제한을 고려하지 않고 평가함
① 사용·수익 지장이 없는 경우
② 의뢰인이 요청한 경우
cf 토지는 ① 법정지상권 성립가능성 고려, ② 사용·수익 제한 고려

■ 공부상 미등재 건물

1. 감정평가방법

의뢰인에게 포함 여부를 확인한 후 실제면적을 기준으로 평가할 수 있음

2. 감정평가 시 유의사항

1) 의뢰인 통지 및 평가서 기재

2) 감정평가목적의 고려

담보평가 시 평가 외

3) 소유권의 확인

토지소유자와 건물소유자의 일치 여부, 일치하지 않는 경우 등재되더라도 소유권이 인정되지 않음

4) 면적사정

실지조사 시 실측이 필요함

5) 미등재 원인의 파악

신축건물의 공부상 미정리는 일시적인 것이므로 추후 등재가능성을 고려

■ 녹색건축물

1. 개념

- 에너지 효율 및 신·재생 에너지의 사용비율이 높고, 온실가스 배출을 최소화하는 건축물
- 최근 환경오염 심화와 함께 정부의 정책적 지원 아래 증가하고 있음
- 관련 법률로 「녹색건축물 조성 지원법」이 있으며 녹색건축물의 기본계획, 건축주가 제출해야
  하는 에너지 절약 계획서, 녹색건축물 등급제, 그린 리모델링 등에 대해 규정을 두고 있음
  > cf 녹색건축물과 관련하여 건축물 에너지 평가사 제도를 두고 있음

「녹색건축물 조성 지원법」에 의하면 일정 규모 이상의 건물에 대해 국토교통부장관이 에너지효율
등급 평가서를 의무적으로 공개해야 하는데, 이를 작성하는 권한을 가짐

2. 가치형성요인

기후변화 등 자연적 요인의 영향을 많이 받으며, 기후변화에 따른 정부의 공과금, 환경세 등이
부과될 경우에는 행정적 요인이 영향을 줄 수 있음

3. 감정평가방법

1) 관련 규정(감정평가 실무기준)

「녹색건축물 조성 지원법」 제2조 제1호에 따른 녹색건축물은 온실가스 배출량 감축설비, 신·
재생에너지 활용설비 등 친환경 설비 및 에너지효율화 설비에 따른 가치증가분을 포함하여
감정평가함

2) 원가법

- 감칙 제15조 원칙
- 재조달원가
- 감가수정

3) 거래사례비교법

유사한 친환경 등급 건물의 거래사례가격 × 사 × 시 × 잔

4) 수익환원법(건물잔여법)

에너지 효율 등이 반영된 순수익/환원율 또는 할인율

4. 감정평가 시 유의사항

1) 가치형성 요인의 특수성

자·사·경·행 이외에도 '환경적 요인'을 추가로 고려할 수 있음
∴ 친환경 설비에 따른 제세·부담금 감소와 에너지 효율에 따른 비용 감소를 가치 증가분에
반영 可

2) 원가법 적용 시

추가 투입비용은 원가방식(원가법) 적용 시 재조달원가에 반영이 가능할 것이며, 수명관리(내구성) 항목 등은 건물의 수명을 증가시키는 효과를 가져올 수 있어 원가방식의 감가수정 시 건물의 전체내용연수 또는 잔존내용연수 결정에 반영할 수 있을 것

3) 거래사례비교법 적용 시

친환경 가치형성요인은 건물의 쾌적성, 환경성, 경제성 등 효용을 향상시켜 수요 증가 등 시장성에 영향을 주는바 비교방식(거래사례비교법) 적용 시 매매사례와의 가치형성요인 비교 시 이를 반영할 수 있을 것

4) 수익환원법 적용 시

임대료 상승으로 수익성을 향상시킬 뿐 아니라 임차수요 증가 등 리스크 감소로 환원율도 낮추는 효과가 있는바 수익방식(수익환원법) 적용 시 이를 순수익 비교 내지 환원율 조정 시 반영할 수 있을 것

제10장 목적별 평가

➋ 도시정비평가

	재개발사업	재건축사업
개념	정비기반시설이 열악하고 노후·불량 건축물이 밀집한 지역에서 / 주거환경을 개선하거나 / 상업지역·공업지역 등에서 / 도시기능의 회복 및 상권 활성화 등을 위하여 도시환경을 개선하기 위한 사업	정비기반시설은 양호하나 노후·불량 건축물에 해당하는 공동주택이 밀집한 지역에서 주거환경을 개선하기 위한 사업
목적	① 주거환경 개선 ② 상업지역·공업지역 등의 도시기능 회복 및 상권활성화	공동주택지역의 주거환경 개선
공통점	1. 도시정비사업으로서 유사한 절차를 거쳐 진행됨 2. 종전·종후자산, 정비기반시설, 국공유지 처분평가 시 기준이 동일함	
차이점	1. 공공성 인정 여부 (사업의 성격)	공공성 인정 vs 공공성 ×
	2. 제73조 현금청산 평가	① 성격 : 보상평가 vs 시가평가 ② 절차 : 협의 → 협의 안 될 경우 보상평가 vs 협의 → 협의 안 될 경우 매도청구 평가
	3. 조합의 성격	강제조합 vs 임의조합

	사업시행계획인가 이전 단계			
	1. 정비기본계획수립	2. 정비계획수립	3. 조합설립추진위 구성	4. 조합설립인가
내용	개략적인 토지이용계획 및 용적률, 정비사업구역 등을 결정	① 정비구역을 지정 ② 토지이용계획이 구체화되며 용도지역 변경 수반 ③ 지형도면고시 & 행위제한	조합 설립을 위한 정관을 작성, 주민 등 동의서 징구	인가를 위해 구조안전진단
	사업시행계획인가 이후 관리처분계획인가 이전 단계			관리처분계획 인가 이후 단계	
	5. 사업시행 계획인가	6. 분양신청	7. 관리처분 계획인가	8. 이주·철거 및 착공·분양	9. 청산 및 조합 해산
내용	사업시행계획서 작성	조합원 분양신청 관련통지, 일간신문 공고	관리처분계획서작성 (종전/종후자산가액, 사업에 소요되는 비용 추산액 포함)	입주자 모집 / 조합원 분양	–

사업시행계획인가 이전	사업시행계획인가 이후 관리처분계획인가 이전	관리처분계획인가 이후
정비기반시설평가(무상양도·수도평가), 제39조 재건축(투기과열지구 조합설립인가 이후 양수자)	종전/종후자산평가, 국공유지 처분평가, 제64조 재건축(미동의자) 매도청구소송평가, 세입자영업손실평가, 손실보상평가(영업손실 등)	제73조 재개발, 재건축 현금청산평가, 제39조 재개발(투기과열지구 관리처분계획인가 이후 양수자), 부가가치세평가, 택지비평가

	용도폐지 되는 정비기반시설	새로이 설치되는 정비기반시설
개념	정비기반시설이란 도로·상하수도·공원·공용주차장·공동구 그 밖에 주민의 생활에 필요한 열·가스 등의 공급시설로서 대통령령으로 정하는 시설을 말한다. 도시정비법에서는 새로이 설치한 정비기반시설은 국가에게 무상으로 귀속되고 새로이 설치한 시설의 설치비용 범위 안에서 용도폐지되는 정비기반시설을 시행자에게 무상으로 양도할 수 있도록 하고 있다.	
근거	도정법 제97조	
목적	사업시행계획서에 포함(시행령 제47조)	
기준 시점	사업시행계획인가고시(예정)일	
평가 대상	(사업시행자에게 귀속될 토지)	(사업시행자가 양도할 토지)
평가 기준	개발이익 배제 ① 해당 사업으로 인한 공법상 제한 반영 × ② 해당 사업으로 인한 용도지역 등 반영 × ③ 사업인정고시 당시(종전)의 이용상황 기준 ④ 사업지 내 선정 원칙 ⑤ 용도폐지 전제	개발이익 배제 ① 해당 사업으로 인한 공법상 제한 반영 × ② 해당 사업으로 인한 용도지역 등 반영 × ③ 사업인정고시 당시(종전)의 이용상황 기준 ④ 사업지 내 선정 원칙 ⑤ 도로 등 반영 ×(∵ 해당 사업)
평가 방법	종전자산 평가방법 유사함	설치 전의 이용상황을 기준한 소지가격 + 시설 설치에 통상 소요되는 비용 단, 새로이 설치되는 비용을 실질적으로 알 수 없어 실제로는 소지가격과 동일(= 결국 용도폐지시설과 평가방법 同)
유의점	관리처분계획 이후 동일한 물건에 대한 종전·종후자산 평가를 하므로 괴리가 없도록 해야 함	–

	종전자산	종후자산
개념	분양 대상자별 종전의 토지 또는 건축물(종전자산)의 명세 및 사업시행계획인가 고시일을 기준으로 한 가격에 대한 감정평가	분양 대상자별 분양예정인 대지 또는 건축물(종후자산)의 추산액 산정을 위한 감정평가
목적	궁극적인 목적은 비례율을 구하고 권리가액을 산정한 뒤 최종 분담금(교부·징수)을 결정하는 것	
성격	1. 관리처분계획을 위한 감정평가 2. 법률에 근거한 법정평가 3. 이해관계 절충을 위한 사적성격의 평가 　　(절대적 가격보다는 상대적 가격 즉, 조합원 간 균형유지가 중요)	
기준 시점	사업시행계획인가고시일	1. 의뢰인 제시일 2. 분양신청 만료일('1' 없는 경우)
기준 가치	시장가치 외의 가치(통상적 시장×, 관리처분계획수립 목적) *시장가치 견해 있음	시장가치 외의 가치(통상적 시장×, 관리처분계획수립 목적) *시장가치 견해 있음
평가 대상	사업시행자가 제시한 의뢰목록에 기초한다. 다만, 사업시행계획인가의 변경 등으로 대상이 변동되는 경우에는 사업시행자로부터 변경 사항을 재확인하여 그에 따라 평가한다.	주로 집합건물(APT) 감정평가이며, 적법하게 준공된 상태를 기준으로 적정 대지권 귀속을 전제로 평가한다. 또한 전체를 조합원 분양분으로 보고 평가한다. (∵일반분양가는 추후 분양가 상한제 적용에 따라 달라짐)
평가 조건	현황평가	준공된 상태를 전제로 평가하는 조건부평가
평가 기준	미실현된 개발이익은 배제하고, 가격균형이 유지되는 선에서 현실화·구체화된 부분만 제한적으로 반영한다. 실무적으로 해당 사업으로 인한 용도지역, 이용상황 변경 등을 반영하지 않고 평가하여 보상평가와 유사하게 진행되나 제70조 제5항의 적용이 없는 등 개발이익의 일부는 반영이 가능한 점에서 보상평가와 차이가 있음	시가평가 (해당 사업으로 인한 용도지역, 이용상황 변경 등 반영)
유의점	1. 평가 대상 관련 1) 제시 외 건물, 부합물의 처리 의뢰인 제시 목록 기준이므로 토지와 건물에 한정되므로 제외됨 2) 멸실 부동산의 처리 ① 도정법 제81조 제3항에 따라 사업시행자가	감칙 제16조에 따라 거래사례비교법으로 평가하는 것이 일반적이나 실무기준에서는 인근지역이나 동일수급권 안의 유사지역에 있는 유사 물건의 분양 사례·거래사례·평가선례 및 수요성, 총사업비 원가를 고려하여 감정평가한다고 규정되어 원가성을 고려에

먼저 철거할 수 있는 예외적인 경우에는 멸실 부동산에 대하여도 평가하여야 한다.

② 화재 등으로 소실된 경우
원칙적으로 평가대상이 아니나 정비사업에서는 예외적으로 인정한 판례가 있으므로 유의

3) 무허가 건축물의 처리
89.1.24. 이후는 불법의 양성화를 인정하는 것이므로 제외

4) 공부면적 기준
면적 사정 시 객관성이 중요하므로 외부적으로 인정되는 공부면적을 기준

포함하여야 한다.
1) 거래사례비교법(시장성)
2) 추정원가총액 × 기준호 효용적수비
  (원가성)

---

2. 형평성과 가격균형 유지
절대적 가격보다는 조합원 간 상대적 권리가액 산정이 목적이므로 형평성과 가격균형 유지에 유의해야 함

2. 형평성과 가격균형 유지
절대적 가격보다는 조합원 간 상대적 권리가액 산정이 목적이므로 형평성과 가격균형 유지에 유의해야 함

---

3. 보상평가와 구분
토지보상법은 개발이익을 배제함이 원칙이나, 종전자산 평가 시에는 현실화·구체화되지 않은 개발이익만을 배제한다.

3. 조건부 감정평가
준공된 상태를 전제로 하는 조건부 평가

	종전자산	종후자산
개념	분양 대상자별 종전의 토지 또는 건축물(종전자산)의 명세 및 사업시행계획인가 고시일을 기준으로 한 가격에 대한 감정평가	분양 대상자별 분양예정인 대지 또는 건축물(종후자산)의 추산액 산정을 위한 감정평가
목적	궁극적인 목적은 비례율을 구하고 권리가액을 산정한 뒤 최종 분담금(교부·징수)을 결정하는 것	
성격	1. 관리처분계획을 위한 감정평가 2. 법률에 근거한 법정평가 3. 이해관계 절충을 위한 사적성격의 평가 (절대적 가격보다는 상대적 가격 즉, 조합원 간 균형유지가 중요)	
기준 시점	사업시행계획인가고시일	1. 의뢰인 제시일 2. 분양신청 만료일('1' 없는 경우)
기준 가치	시장가치 외의 가치(통상적 시장×, 관리처분계획수립 목적) *시장가치 견해 있음	시장가치 외의 가치(통상적 시장×, 관리처분계획수립 목적) *시장가치 견해 있음

평가 대상	사업시행자가 제시한 의뢰목록에 기초한다. 다만, 사업시행계획인가의 변경 등으로 대상이 변동되는 경우에는 사업시행자로부터 변경 사항을 재확인하여 그에 따라 평가한다.	주로 집합건물(APT) 감정평가이며, 적법하게 준공된 상태를 기준으로 적정 대지권 귀속을 전제로 평가한다. 또한 전체를 조합원 분양분으로 보고 평가한다. (∵일반분양가는 추후 분양가 상한제 적용에 따라 달라짐)
평가 조건	현황평가	준공된 상태를 전제로 평가하는 조건부평가
평가 기준	미실현된 개발이익은 배제하고, 가격균형이 유지되는 선에서 현실화·구체화된 부분만 제한적으로 반영한다. 실무적으로 해당 사업으로 인한 용도지역, 이용상황 변경 등을 반영하지 않고 평가하여 보상평가와 유사하게 진행되나 제70조 제5항의 적용이 없는 등 개발이익의 일부는 반영이 가능한 점에서 보상평가와 차이가 있음	시가평가(해당 사업으로 인한 용도지역, 이용상황 변경 등 반영)
유의점	**1. 평가 대상 관련** **1) 제시 외 건물, 부합물의 처리** 의뢰인 제시 목록 기준이므로 토지와 건물에 한정되므로 제외됨 **2) 멸실 부동산의 처리** ① 도정법 제81조 제3항에 따라 사업시행자가 먼저 철거할 수 있는 예외적인 경우에는 멸실 부동산에 대하여도 평가하여야 한다. ② 화재 등으로 소실된 경우 원칙적으로 평가대상이 아니나 정비사업에서는 예외적으로 인정한 판례가 있으므로 유의 **3) 무허가 건축물의 처리** 89.1.24. 이후는 불법의 양성화를 인정하는 것이므로 제외 **4) 공부면적 기준** 면적 사정 시 객관성이 중요하므로 외부적으로 인정되는 공부면적을 기준	감칙 제16조에 따라 거래사례비교법으로 평가하는 것이 일반적이나 실무기준에서는 인근지역이나 동일수급권 안의 유사지역에 있는 유사 물건의 분양 사례·거래사례·평가선례 및 수요성, 총사업비 원가를 고려하여 감정평가한다고 규정되어 원가성을 고려에 포함하여야 한다. 1) 거래사례비교법(시장성) 2) 추정원가총액 × 기준호 효용적수비 (원가성)
	2. 형평성과 가격균형 유지 절대적 가격보다는 조합원 간 상대적 권리가액 산정이 목적이므로 형평성과 가격균형 유지에 유의해야 함	**2. 형평성과 가격균형 유지** 절대적 가격보다는 조합원 간 상대적 권리가액 산정이 목적이므로 형평성과 가격균형 유지에 유의해야 함

3. 보상평가와 구분	3. 조건부 감정평가
토지보상법은 개발이익을 배제함이 원칙이나, 종전자산 평가 시에는 현실화·구체화되지 않은 개발이익만을 배제한다.	준공된 상태를 전제로 하는 조건부 평가

핵심요약 10

제2장 건물

⮕ 건물의 감정평가

■ 토지와 건물 소유자가 다른 건물

1. 원칙

사용·수익 제한을 고려함(지료 지급의무 등)

2. 예외

제한을 고려하지 않고 평가함

① 사용·수익 지장이 없는 경우

② 의뢰인이 요청한 경우

cf 토지는 ① 법정지상권의 성립 가능성을 고려함, ② 사용·수익의 제한을 고려함

■ 공부상 미등재 건물

1. 감정평가방법

의뢰인에게 포함 여부를 확인한 후 실제면적을 기준으로 평가할 수 있음

2. 감정평가 시 유의사항

1) 의뢰인 통지 및 평가서 기재

2) 감정평가목적의 고려

담보평가 시 평가 외

3) 소유권의 확인

토지소유자와 건물소유자의 일치 여부, 일치하지 않는 경우 등재되더라도 소유권이 인정되지 않음

4) 면적사정

실지조사 시 실측이 필요함

5) 미등재 원인의 파악

신축건물의 공부상 미정리는 일시적인 것이므로 추후 등재가능성을 고려함

제3장 토지와 건물

■ 구분소유 부동산

1. 개념

- 구분소유권은 ① 1동의 건물에 ② 구조상 구분되는 2개 이상의 부분이 있어서 ③ 그것들이 독립하여 주거·점포·사무실 등으로 사용되는 경우에 ④ 그 부분을 각각 다른 사람의 소유로 할 수 있을 때 ⑤ 이러한 전용부분에 대한 권리를 말한다.
- 구분소유 부동산은 전용부분과 공용부분으로 이루어진 건물부분과 대지사용권을 지칭하는 말이다. 즉, ① 일정 대지 위에 (대지사용권) ② 공용부분을 매개로 ③ 전용부분이 결합되어 한 동을 이루는 건물형태를 말한다.

*우리나라 부동산시장의 가장 큰 영역을 차지하는 부동산 형태임

2. 구분소유권의 요건

- ① 구조상 독립성, ② 이용상 독립성, ③ 별도의 구분행위
- 오픈상가(구분점포)의 경우에는 구조상 독립성은 × / 이용상 독립성 ○
→ 「집합건물의 소유 및 관리에 관한 법률」상 예외적으로 구분소유권 인정 可

3. 전용부분과 공용부분

- 전용부분이란 구분소유권의 목적인 건물부분
- 공용부분이란 전유부분 외의 건물부분과 전유부분에 속하지 아니하는 건물의 부속물 및 「집소법」에 따라 공용으로 된 부속건물을 말한다.

4. 대지사용권 ≒ 대지권

구분소유자가 전용부분을 소유하기 위해 건물의 대지에 대하여 가지는 권리
(대지란 전용부분이 속하는 1동의 건물이 있는 토지 등을 말함)

5. 감정평가방법

1) 거래사례비교법(감칙 제16조 원칙)

건물(전+공)과 대지사용권이 일체로 거래

(1) 사례의 선정

층, 면적, 전용률 등 유사한 거래사례를 선정함

(2) 시점수정

- 주거용 : 매매가격지수(한국부동산원) / KB 매매가격지수, 실거래가지수 등 可
- 비주거용 : 자본수익률(오피스/매장용 집합) (한국부동산원)

(3) 가치형성요인 비교

- 층별, 위치(호)별 효용비 비교
- 층별효용비(도) : 한 동의 건물 내에서 층과 층간에 파악되는 가격 격차 비
- 위치별효용비(도) : 위치별(호별) 효용도에 의하여 나타나는 가격 격차 비

2) 원가법

- 전체 1동의 토지 및 건물 부분의 가액을 구한 뒤, 층별·위치별 효용비율을 적용하여 대상 물건의 감정평가액을 구하는 것
- (토지 + 건물) × 층별 효용비율 × 호별 효용비율

3) 수익환원법

- 순수익이나 미래 현금흐름을 환원 또는 할인
- 전체 순수익 기준 시에는 층별·위치별 효용비율을 고려함

6. 토지 · 건물 가액의 배분(합리적 배분 기준)

1) 합리적 배분의 필요성

① 부가세 목적 평가 시(사업수익성 판단을 위함)

    부가세는 건물에만 부과

② 경매 목적 평가 시 법원 요청

③ 대지권 미등기 시 건물만의 가액 산정

④ 과세 목적

    표준주택가격으로부터 개별주택가격 산정

2) 합리적 배분 기준

(1) 비율방식

거래관행, 통계자료, 인근지역 조사를 통해 파악 → 사용이 간편하나 개별성 반영 한계

(2) 공제방식

토지 또는 건물만의 가액을 산출한 후 공제 → 개별성 반영 우수하나 원가법(개별평가)에 의한 평가절차 요구됨

① **토지차감법** : 일체로서의 효용 증가분을 모두 건물에 귀속시키는 방법 / 효용 증가가 건물로 인한 것이라는 점에서 이론적으로 타당함

② **건물차감법** : 일체로서의 효용 증가분을 모두 토지에 귀속시키는 방법 / 건물은 독립된 효용이 없고 토지의 개량물에 불과하다는 관점, 실무상 활용 ↑

7. 감정평가 시 유의사항

1) 비교단위의 통일

공용부분 면적은 구분건물마다 차이가 크므로 전유면적을 기준으로 통일함이 타당

2) 층별·위치별 효용에 유의

구분건물 가격에 큰 영향을 줌

3) 대지사용권의 등기 여부 확인

미등기 원인이 다양하며 그 원인과 평가 목적에 따라 처리방법이 달라짐

■ 대지권 미등기 구분건물

1. 개념

대지의 분·합필 및 환지절차의 지연, 지분결정의 지연, 토지에 대한 분쟁 등으로 인해 전유부분
에 대한 소유권 이전 등기만 경료 되고 대지사용권 등기가 이루어지지 않은 구분건물

2. 감정평가방법

1) 원칙

건물만의 가액으로 평가함
- 토지소유자가 다른 경우(제3자 소유)
- 일체 평가액에서 합리적 배분 기준에 의해 건물가액 산정(배분기준 : 비율 or 공제)

2) 예외

적정 대지권을 포함하여 일괄로 평가함
- 분할, 합병, 지적 미정리 등으로 인한 경우 또는 신축인 경우와 같이 장래 적정 대지권 등기
  가 예상되는 경우

3. 감정평가 시 유의사항

1) 미등기 원인의 파악

미등기 원인에 따라 처리방법이 달라짐

2) 감정평가서 기재

적정 대지권 귀속을 전제로 일괄평가 할 경우 향후 지적정리에 따라 변동할 가능성이 있음을
기재함

3) 건물만의 평가

일체로서의 효용을 반영하기 위해 단순히 건물의 원가법만으로 평가해서는 안 되고, 일괄평가 후 배분하는 방식을 취해야 함

■ 복합부동산

1. 개념 및 구별개념(구분소유부동산)

- 토지와 건물이 결합되어 있는 부동산 즉, 토지와 건물을 각각 지칭하지 않고 결합된 그 자체
- 구분소유부동산의 1동은 건물과 토지에 대한 권리를 가진 각각의 호로 구성된 부동산을 의미하는 반면, 복합부동산은 토지와 건물이 결합된 1동 전체를 의미하는 점에서 구별됨

2. 특징

1) 일체로서의 효용

토지+건물 원가법보다 가격이 높게 형성됨

2) 과세체계

일괄산정, 토지와 건물 분 과세함

3) 가치형성요인

- 이용 상황에 따라 가격이 크게 달라짐
  - **예** 주거용, 상업용, 공업용 격차 大 / 상업용, 업무용 격차 有
- 또한 택지로 이용되므로 도로조건이 중요하며 품등조건(토지와 건물의 면적비율), 건물 연식이 중요함

3. 유형

1) 주거용

단독주택, 다가구주택

2) 상업용

토지·건물로 이루어진 상가건물(근린상가)

3) 공업용

공장의 토지·건물

4. 감정평가방법

1) 개별평가(감칙 제7조 원칙)

토지는 공시지가기준법(감칙 제14조), 건물은 원가법(감칙 제15조)

2) 일괄평가(감칙 제7조 제2항 예외, 감칙 제16조)

① 일체효용

② 일괄거래관행

(1) 거래사례비교법

유사한 복합부동산의 거래사례를 사 × 시 × 지 × 개

(2) 원가법

- 복합부동산 자체의 재조달원가에 감가수정
- 주로 신축건물이나 특수목적 부동산에 적합함

(3) 수익환원법

복합부동산으로부터 발생하는 순수익 및 현금흐름을 환원 또는 할인

5. 감정평가방법별 장·단점

	장점	단점
거래사례 비법	거래관행 및 시장성 반영이 우수함	시장 침체 시 거래가 적어 사례수집이 어려움
원가법	신축건물이나 특수목적 부동산의 경우 적합함	① 거래관행과 괴리(공급자 중심) ② 관련자료 구축 미비(자체의 재조달원가 無) ③ 토지는 물리적 감가 ×
수익 환원법	수익성 반영이 우수, 수익성 부동산에 적합함	주거용 부동산 등 수익이 발생하지 않는 부동산에 부적합함

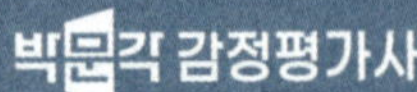

PART 05

G-두문자노트

총론

Chapter 01		부동산에 대한 이해
부동산의 개념	물	물리적 개념(자환공위)
	경	경제적 개념(생자소상자투)
	법	법률적 개념(협(토정)광(토정준))
	사	사회적 개념(국사공사)
	복	복합개념
사회재, 공공재	사	사회재란
	사	사회 구성원 모두가 부동산에 의지하고 살아가기 때문에
	공	공평하게 배분되어야 하는 재화
	공	공공재란
	인	인위적으로 재생산이 불가능하기 때문에 전체의 이익을 위해
	합	합리적으로 배분되어야 하는 재화
정착물과 동산의 구별기준	부	부착 상태
	성	성격
	설	설치한 자
	의	설치 의도
부동산의 분류	일	일반적 분류
	법	법적 분류
	성	성격에 따른 분류
	종	종별과 유형
종별과 유형	종	종별(지역종별, 토지종별)
	유	유형(이용의 행태와 권리의 태양)
종별과 유형의 감정평가활동에서 활용	가	가격제원칙
	지	지역, 개별분석
	평	감정평가 3방식 적용
	시	시산가액 조정

부동산의 특성	고	고정성(동국지임위추부경)
	부	부증성(희지수최공생)
	영	영속성(장투소감수)
	개	개별성(학개일개)
	용	용도의 다양성(경최가적)
	병	병합/분할의 가능성(용한합기수)
	사	사회적/경제적/행정적 위치의 가변성(장예변기시파)
	인	인접성(협경지)
	지	지역성
	경	경제적 특성
	수	수규제성
경제적 특성	소	희소성
	림	Improvements의 토지효용가변성
	투	투자의 고정성
	위	위치의 선호성
	고	고가성 및 등귀성
	내	내구성
건물의 특성	동	동질성
	생	생산가능성
	이	이전가능성
	종	종속성 및 영향성
	비	비영속성
접근성	접	접근성의 의의
	대	대상에 따른 가치 변화
	정	정도 및 실거리에 따른 가치 변화
	도	용도에 따른 가치변화
위치	필	필지
	획	획지
	지	지역
	권	권역

Chapter 02		가격 및 가치에 대한 이해
가격과 가치의 동일성	개	개념의 차이
	오	오차
	과	과거의 값과 현재의 값
	다	하나와 여러 개
가치의 특징	교	교환의 대가인 가격과 용익의 대가인 임대료로 표시
	소	소유권, 기타 권리, 이익의 가격
	장	장기적 고려하에 형성된 가격
	개	개별적으로 가격 형성
	수	(단기적으로) 수요요인에 의한 가격 형성
가치의 기능	정	정보의 창출 및 제공
	파	파라미터적 기능
	잠	잠재가격으로서의 기능
	자	부동산 및 다른 자원의 배분
가치다원론의 근거	다	가치형성요인의 다양성
	정	평가의 정확성,
	안	안정성
	목	의뢰인의 의뢰 목적에 부응
	기	감정평가 기능 및 업무영역의 확대
가치의 성격에 따른 분류	객	객관적, 주관적
	존	존재, 당위
	교	교환, 사용
국제평가기준 (IVS) 기준가치	시	시장가치
	사	사용가치
	특	특수가치
	결	결합가치
	투	투자가치
	계	계속기업가치
	청	청산가치
	잔	잔존가치
일본 부동산평가기준 기준가치	정	정상가격
	특	특정가격
	특	특수가격
	한	한정가격

시장가치 기준에 대한 논란	기 대 균 정	기준 대상 균형가치와 존재가치 정의 자체
시장가치	통 충 정 신 성	통상적인 시장에서 충분한 기간동안 거래를 위하여 공개된 후 대상물건의 내용에 정통한 당사자 사이에서 신중하고 자발적인 거래가 있을 경우 성립될 가능성이 가장 높다고 인정되는 대상물건의 가액
적정가격	토 통 정 성	토지, 주택 및 비주거용 부동산에 대하여 통상적인 시장에서 정상적인 거래가 이루어지는 경우 성립될 가능성이 가장 높다고 인정되는 가격
적정가격의 성격	법 정 당	법정가격 정책가격 당위가치
시장가치와 적정가격의 동일성 여부	같 다 소	같다는 견해(개전법기) 다르다는 견해(당투현객가정) 다르다
공정가치	한 자 기 합 거 독 자 교 부 결	한국채택국제회계기준에 따라 자산 및 부채의 가치를 추정하기 위한 기본적 가치기준으로 합리적인 판단력과 거래의사가 있는 독립된 당사자 사이에서 자산이 교환되거나 부채가 결제될 수 있는 금액
담보가치와 시장가치 비교	정 중 객 기	정의 평가중심(미래회수시점 가치, 현시점 가치) 객관성(주관적 가치, 객관적 가치) 기간(단기의 마케팅기간, 적정한 마케팅기간)

공정가치와 시장가치 비교	증 존 3 기	시장증거에 근거 존재가치 3면성의 반영 가치기능
	시 시 적	시장가치 외의 가치(시너지효과, 청산가치) 시장 전제 여부 적용분야(기업자산, 부동산)
투자가치와 시장가치 비교	성 전 금 세 추 활	성격(주관적) 전제(특정 투자자 요구 이용) 금융조건 세금조건 추계방법(수익방식) 활용(경제성 분석)
시장가치 외의 가치의 필요성	한 다 안	시장가치주의의 한계 감정평가 수요의 다양화 감정평가활동의 안정성 증대
시장가치 외의 가치로 평가하는 경우	법 의 사	법령에 다른 규정이 있는 경우(보과공) 의뢰인이 요청하는 경우(한투) 감정평가목적이나 대상물건의 특성에 비추어 사회통념상 필요하다고 인정되는 경우(특해)
시장가치 외의 가치 사례	보 과 공	보상가치 과세가치 공정가치
	한 투	한정가치 투자가치
	특 해	특수가치 해체처분가치
시장가치 외의 가치로 평가 시 검토사항	성 특 합 적	성격 특징 합리성 적법성
가치이론과 가치추계이론	고 한 신	생발가관원 한발기관수 마단장비

가치발생요인	효	효용
	상	상대적 희소성
	유	유효수요
부동산의 효용	다	다용도적
	보	보유적
	영	영속적
가치형성요인	일	일반요인
	지	지역요인
	개	개별요인
	자	자연적
	사	사회적
	경	경제적
	행	행정적
가치형성요인의 특징	상	상호관련성
	유	유동성
가격형성과정	가	지지가지표
	개	개개구개최
가격형성과정에서의 법칙성	불	불연속성 및 지가단계설
	상	가격 상한선의 법칙
	하	가격의 하방경직성
	파	지가의 파급효과와 역급효과
	입	입지잉여와 피드백원리

Chapter 03		가격제원칙에 대한 이해
가격제원칙의 분류	토	예변
	내	기수균수
	외	적경외대기수
가격제원칙의 특징	특	부동산의 특성 반영
	상	상호 유기적 관련성
	최	최유효이용의 원칙을 기준
가격제원칙의 종류	최	최유효이용의 원칙
	예	예측의 원칙
	변	변동의 원칙
	기	기여의 원칙
	수	수익 체증/체감의 원칙
	균	균형의 원칙
	수	수익배분의 원칙
	적	적합의 원칙
	외	외부성의 원칙
	수	수요공급의 원칙
	경	경쟁의 원칙
	대	대체의 원칙
	기	기회비용의 원칙
최유효이용	객	객관적으로 보아
	양	양식과
	통	통상의
	이	이용능력을 가진 사람이 부동산을
	합	합법적이고
	합	합리적이며
	최	최고최선의 방법으로 이용하는 것
최유효이용의 이론적 근거	합	인간의 합리성 추구
	할	토지 할당
	강	최유효이용의 강제(악지비)
최유효이용의 강제	악	악화 성향
	지	지속성
	비	비가역성

최유효이용의 판정기준	물	물리적 이용가능성
	법	합법적 이용가능성
	리	합리적 이용가능성
	최	객관적 자료에 의해 뒷받침되는 최고의 수익성
최유효이용 판정 시 유의사항	통	통상의 이용능력이 있는 사람에 의한 이용(특별한 능력 ×)
	소	소유자에 의한 이용(단순 이용자 ×)
	예	예측 가능한 이용(너무 먼미래 ×)
	장	장기적 고려를 통한 이용(일시적 초과수익 ×)
	수	수요분석에 유의(수요 없으면 중도적 이용)
	동	동태적으로 분석(기준시점으로만 분석 ×)
최유효이용 판정 시 장애요인	비	경제주체의 비전문성
	불	부동산시장의 불완전성
	행	행정적 규제
특수상황의 최유효이용	단	단독이용(수요 있는 경우)
	복	복합적 이용(수요 있는 경우)
	중	중도적 이용(가토개최대현할이), 일치성의 원리
	비	비적법적 이용(불유프처)
	비	비최유효이용(같다)
	특	특수목적의 이용(개최토최)
	투	투기적 이용
	초	초과토지/잉여토지
일단지 판정기준	용	용도상 불가분의 관계(일사경행합가타)
	지	지목
	소	소유자
	일	일시적 이용
	시	시점

Chapter 04		부동산시장에 대한 이해
부동산시장의 분류	지	지역
	용	용도
	규	규모
	가	가격의 유형
	자	거래의 자연성
	상	상대적 힘의 차이
	장	장기, 단기
부동산시장의 특징	국	시장의 국지성
	비	시장의 비조직성
	불	시장의 불완전성
	비	상품의 비표준화성
	비	거래의 비공개성
	수	수급조절의 어려움
	제	제도적 제한의 과다
	자	자금의 유용성에 큰 영향을 받음
부동산시장의 기능	이	토지이용의 결정 기능
	정	정보의 창출 및 제공 기능
	교	교환 기능
	배	공간 및 자원 배분 기능
	창	가격의 창조 기능
	조	양과 질의 조정 기능
부동산시장의 한계	불	불완전경쟁시장
	실	시장실패
	외	외부효과
	공	공공재
완전경쟁시장의 요건	다	다수의 수요자와 공급자
	동	동질적인 재화
	진	진입과 퇴출의 자유
	정	정보의 완전성
시장실패	불	불완전경쟁시장
	공	공공재
	외	외부효과
	불	불확실성

불완전성 해소 방안	공 증 정 실 투	부동산가격공시제 부동산 증권화 부동산정보제공업 활성화 실거래가격 신고제 부동산 투자지수 공표
부동산 수요의 특징	국 지 차 비 파	국지적인 수요 지속적인 수요 차별화된 수요 비탄력적인 수요 파생수요
부동산 수요의 결정요인	가 재 소 기 예 이 신 부 인 광	해당부동산의 가격변화 관련 재화의 가격변화 소득의 변화 기호 및 선호도 변화 해당 부동산의 가격예상 이자율 신용의 유용성 부의 크기 인플레이션 광고
부동산 공급의 특징	공 비 경 장 전	공간 및 위치의 공급 비탄력적, 독점적인 공급 경제적 공급의 가능 장기적인 공급 공급의 전환
부동산 공급의 결정요인	가 재 생 기 이 인 세 정	해당부동산의 가격변화 관련 재화의 가격변화 생산요소의 가격변화 기술수준 이자율 인플레이션 세금 정부정책
부동산시장의 효율성	정 배 운	정보의 효율성(약준강) 배분의 효율성 운영의 효율성

Chapter 05		부동산시장의 분석에 대한 이해
부동산경기변동 의 종류	계	계절적 경기변동
	장	장기적 경기변동
	무	무작위적 경기변동
	순	순환적 경기변동
순환적경기변동	상	상향시장
	후	후퇴시장
	하	하향시장
	회	회복시장
	안	안정시장
부동산경기변동 의 특징	후	후순환적
	진	진폭이 크다
	주	주기가 길다
	시	시계열적 불일치(부분별시장)
	대	대칭구조가 다르다(우경사비대칭형)
거미집모형의 기본가정	기	기간 구분 가능
	탄	수탄〉공탄
	수	현재가격 반응
	공	다음기에 공급
부동산경기변동 의 제 요인	사	사회적 요인
	경	경제적 요인
	행	행정적 요인
	자	자연적 요인
부동산경기 측정지표	가	가격변동
	거	거래량
	건	건축허가량
	택	택지분양실적
	미	미분양재고량
	공	공가율(공실률), 임대료수준
	금	금융 상태
	기	기타(내외대)
부동산경기 측정방법	추	과거 추세치를 연장하는 방법
	경	지역경제분석 등 경제분석에 의하는 방법
	지	지수를 이용하는 방법
	대	대체수요를 이용하는 방법

감정평가 시 유의사항	가	가격제원칙(예변)
	지	지역분석
	개	개별분석
	평	평가방법
	시	시산가액의 조정
일반분석의 중요성	세	세계의 글로벌화
	선	지역분석의 선행단계
	시	정확한 시장가치의 도출
지역분석의 의의	범	대상부동산이 속하고 있는 지역의 범위를 확정하고
	지	그 지역 내 부동산의 이용상태 및 지역요인의 분석을 통하여
	상	지역의 특성, 장래동향, 인근지역의 지역 내 상대적 위치를 파악해
	표	표준적 이용과
	가	가격수준을 파악하는 작업
지역분석의 필요성	지	지역성
	특	지역특성
	변	지역의 변화
	상	상대적 위치의 파악
	표	표준적 이용의 파악을 통한 최유효이용에 대한 판정방향 제시
	가	가격수준의 파악을 통한 개별적/구체적 가격판정에 기초
	자	사례자료의 수집범위 결정
지역분석의 방법	인	인근지역의 확정(일인자)
	지	지역요인의 분석
	표	표준적 이용과
	가	가격수준의 판정
지역분석과 관련된 가격제원칙	예	예측의 원칙
	변	변동의 원칙
	대	대체의 원칙
	경	경쟁의 원칙
	적	적합의 원칙
지역분석 시 유의사항	명	인근지역의 명확한 확정
	동	동태적 분석의 필요성
	시	부동산 시장에 기반한 자료의 수집과 분석
	유	유사지역, 동일수급권 분석에 병행
	일	일반요인의 지역지향성
인근지역	속	대상부동산이 속한 지역으로서
	이	부동산의 이용이 동질적이고
	지	가치형성요인 중 지역요인을 공유하는 지역

유사지역	속 아 유	대상부동산이 속하지 아니하는 지역으로서 인근지역과 유사한 특징을 갖는 지역
동일수급권	대 가 인	대상부동산과 대체경쟁관계가 성립하고 가치형성에 서로 영향을 미치는 다른 부동산이 존재하는 권역으로 인근지역과 유사지역 등을 포함하는 광역적인 지역
인근지역 경계설정의 중요성	1 가 표 사	인근지역은 지역분석의 1차적인 대상지역 대상물건의 가격형성에 직접 영향을 미침 표준적 이용의 파악을 위한 공간적 범위 사례수집 대상지역으로 평가의 정확성과 신뢰성에 영향
인근지역 경계설정의 기준	종 용 자 인 무	종별 용도적 동질성 자연적 경계 인위적 경계 무형적 경계
인근지역 경계설정 시 유의사항	적 동 과 용	적정범위 설정 동태적 분석을 통한 설정 과학화, 객관화 법상 용도지역과 불일치 가능성
유사지역, 동일수급권 분석의 필요성 및 목적	대 상 변 수	대체의 원칙 인근지역의 상대적 위치와 지역특성의 명확한 파악 지역의 변화 사례자료 수집범위 확장
인근지역의 생애주기	장 숙 쇠 천 악	성장기 성숙기 쇠퇴기 천이기 악화기
개별분석의 의의	표 개 최 구	지역분석의 결과로 파악된 표준적 이용과 가격수준을 기준으로 부동산의 개별성에 근거해 가격형성의 개별적 제 요인을 분석하여 최유효이용을 판정하고 구체적 가격에 영향을 미치는 정도를 분석하는 작업
개별분석의 필요성 및 목적	개 최 구 피	부동산의 개별성 가격전제로서 최유효이용의 판정 구체적 가격에 영향을 미치는 정도의 분석 지역분석과의 피드백 관계로 인한 적정성의 검증, 보완

개별분석의 방법	대 개 최 구	대상부동산의 확정 개별요인의 분석 최유효이용의 판정 및 개별부동산의 구체적 가격에 미치는 영향의 정도 분석
개별분석 시 유의사항	명 동 시 가 지	대상부동산의 명확한 확정 동태적 분석의 필요성 부동산시장에 기반한 자료의 수집과 분석 가치형성요인의 개별성 지역분석의 결과를 적절하게 활용
지역분석과 개별분석의 관계	종 범 순 목 가	종별과 유형 범위 순서 목적 가격제원칙
표준적이용과 최유효이용의 관계	일 창 피	일치성 여부 창조적 토지이용 피드백 관계
부동산분석의 체계	지 시 시 타 투	지역경제분석 시장분석 시장성분석 타당성분석 투자분석
시장분석의 단계	생 시 수 공 균 포 타	생산성분석 시장획정 수요분석 공급분석 균형분석 포착률분석 타당성분석(최유효이용의 재무분석)
시장분석의 한계	과 관 중 비	과거의 통계자료가 단지 과거의 현상만을 설명 관련 없는 자료의 활용 중요한 현상에 대한 미고려 비현실적 가정
부동산시장과 금융시장과의 관계	고 내 레 자	고가성 내구재 레버리지 혜택 자산으로서의 대체, 경쟁관계 성립

부동산시장의 증권화와 감정평가	서 부 유 감 타	중개, 컨설팅, 금융, 자산관리 등의 서비스를 한꺼번에 제공 부동산종합관리회사의 육성에 있어 선도적인 역량을 갖출 것 필요 부동산시장의 유동화를 선도함으로써 감정평가업무 영역 확대라는 기회로 자리잡음 설득력 있고, 과학적인 타당성 분석, 투자수익률 분석을 수행해낼 수 있는 자산운용 및 투자분석전문가로서의 역할
	전 다 정	고도의 전문기법을 구사할 수 있는 전문가 중심의 지식산업 감정평가사는 다양한 상품에 대한 이해와 평가기법을 아울러 갖추어 나가야 함 부동산 투자정보체계를 국가적 차원에서 구축할 필요성

Chapter 06		감정평가에 대한 이해
감정평가의 이론적 개념	일 이 삼	일원설 이원설 삼원설
감정평가의 법적 개념	대 목 본 결	감정평가의 대상 감정평가의 목표 감정평가의 본질 감정평가의 결과
감정평가의 필요성	합 가 사 기 부	합리적 시장의 결여 가격형성과정의 복잡성 부동산의 사회성, 공공성 가격형성의 기초 부동산거래의 특수성
감정평가의 정책적 기능	효 적 손 세	부동산의 효율적 이용과 관리 적정한 가격형성 유도 손실보상의 적정화 과세의 합리화
감정평가의 경제적 기능	자 거 판 파	부동산자원의 효율적 배분 거래질서의 확립과 유지 부동산 의사결정의 판단기준 제시 파라미터적 기능
감정평가의 사회성, 공공성	국 용 환 경 필 기	국토공간으로서 사회성, 공공성 용도적 측면에서 사회성, 공공성 환경요소적 측면에서 사회성, 공공성 경제적 비중과 중요성 측면에서 사회성, 공공성 감정평가의 필요성 감정평가의 기능
감정평가의 직업윤리가 강조되는 근거	사 전 외	감정평가의 사회성, 공공성 전문자격사로서의 소양 외부환경의 변화
윤리적 준수사항	기 성 공 신 비 감	기여성 성실성 공정성 신뢰성 비밀엄수 감정제한

직무적 준수사항	전 조 판 경	전문지식 습득, 향상 자료수집, 조사능력 정확한 판단력 풍부한 경험
감정평가법상 감정평가법인등 의 의무	성 비 감 명 손 유	성실의무(감정평가법 제25조) 비밀엄수 의무(감정평가법 제26조) 감정제한 명의대여 금지(감정평가법 제27조) 손해배상책임(감정평가법 제28조) 유도 금지(감정평가법 제28조의2조)
감정평가법 제25조 성실의무	품 불 겸 금 중 유	품위유지 불공정한 감정평가의 금지 겸업 금지 금품수수 금지 중복소속 금지 유도에 따라서는 안 됨
감정평가실무 기준상 기본윤리	신 품 보 청	신의성실 : 부자자 품위유지 보수기준 준수 청렴
감정평가실무 기준 상 업무윤리	의 불 비	의뢰인에 대한 설명 등 불공정한 감정평가 회피 비밀준수 등 타인의 권리 보호
컨설팅업무의 주요 내용	비 경 타 토 현	비용편익분석 경제기반분석 타당성분석 토지이용분석 현금흐름분석
평가검토의 필요성 및 목적	정 의 다 감	정확성과 일관성 제고 의사결정의 근거로서 기능 수행 다양한 수요자의 요구 충족 감정평가의 질적 발전 도모
평가검토 시 유의사항	전 공 당 존	보고서 전체를 대상으로 업무수행 공정하고 객관적인 업무수행 평가시점 당시의 시장상황과 관점에 근거하여 판단 평가전제 존중 및 평가내용 임의변경 금지

감정평가의 분류목적	이 제 능 확	이론 구성에 대한 지침 제공 제도발전에 대한 지침 제공 능률성에 기여 대상부동산의 확정
감정평가의 분류	일 구 부	일괄평가(일거용불) 구분평가(하가달) 부분평가(일특합)
조건부평가가 가능한 경우	법 의 사	법령에 다른 규정이 있는 경우 의뢰인이 요청하는 경우 감정평가목적이나 대상물건의 특성에 비추어 사회통념상 필요하다고 인정되는 경우
조건부평가의 검토사항	합 적 실	합리성 적법성 실현가능성
개별평가의 논거와 장점	제 법 풍 위 세	제도 법령 풍부한 평가선례 위치이점(토지가치) 과세용이
일괄평가의 논거와 장점	수 관 거 건 분	수익방식 거래관행 풍분한 거래사례 건물가치 분리×
감정평가절차의 필요성	능 확 이 책	능률성 제고 주관배제 및 신뢰성 확보 의뢰인의 이해증진 책임소재 파악에 기여
감정평가의 절차	기 처 대 자 자 평 평	기본적 사항의 확정 처리계획 수립 대상물건 확인 자료의 수집 및 정리 자료의 검토 및 가치형성요인의 분석 감정평가방법의 선정 및 적용 감정평가액 결정 및 표시

기본적 사항의 확정	의	의뢰인
	대	대상물건
	목	감정평가 목적
	시	기준시점
	조	감정평가 조건
	가	기준가치
	자	관련 전문가에 대한 자문 또는 용역에 관한 사항
	수	수수료 및 실비에 관한 사항
기본적 사항의 확정의 중요성	결	평가결과의 적정성을 보장
	책	책임소재의 명확화
	분	의뢰인과의 분쟁을 방지
	신	평가사의 사회적 신뢰를 유지
기준시점 확정의 중요성	가	가격의 본질
	변	변동의 원칙
	책	책임소재의 명확화
자료의 종류	확	확인자료
	요	요인자료
	사	사례자료
자료의 수집방법	징	징구법
	실	실사법
	탐	탐문법
	열	열람법

Chapter 07		감정평가에 대한 이해
비교방식의 근거	대 시 신	대체의 원칙 시장성 신고전학파의 수요공급이론
원가방식의 근거	대 비 고	대체의 원칙 비용성 고전학파의 생산비가치설
수익방식의 근거	예 수 한	예측의 원칙, 대체의 원칙 수익성 한계효용학파의 한계효용가치설
3방식 병용의 필요성	상 특 주 불 단 합 개	각 방식의 상호 관련성 각 방식의 특징과 유용성, 한계 평가사의 주관개입 방지 부동산시장의 불완전성 단일평가방식에 의한 오류의 방지 평가의 합리성 측면 부동산시장의 개방화, 국제화의 시대적 요청
단일방식에 의한 평가가 인정되는 사항	특 신 관 성 법 목	특수목적 부동산 자료의 신뢰성이 없는 경우 거래관행이 있는 부동산 대상부동산의 성격 평가방식의 선택이 법령에 정해져 있는 경우 평가목적 및 평가조건에 따라
시산가액 조정의 필요성	3 특 상	3면등가의 한계 평가방식의 특성, 유용성, 한계 상관조정의 원리
시산가액 조정의 방법	가 종 최 통	가중평균에 의한 방법 종합적인 판단에 의한 방법 최적정 평가방법에 의한 방법 통계적 분석기법
시산가액 조정의 기준	목 성 상 자	평가목적 대상부동산의 성격 시장상황 자료의 신뢰성(적정양)
자료의 신뢰성	적 정 양	적절성 정확성 증거의 양

시산가액 조정 시 유의사항	산	단순히 산술평균 ×
	재	객관적, 비판적으로 반복하면서 재검토
	자	자료의 선택 및 활용의 적부
	제	가격제원칙 활용의 적부
	일	일반요인의 분석, 지역/개별분석의 적부
	단	단가와 총액의 관계 적부
	가	가격형성요인 판단의 정합성
	수	각종 보정, 수정 등에 관한 판단의 적부
시산가액 조정에 관한 문제점	불	부동산시장의 불완전성으로 인한 등가성의 배제
	개	부동산이용의 복잡화로 인한 가격형성의 개별화
	방	시산가액 조정의 방법상의 한계

Chapter 08		기타
표준지공시지가 의 효력	지 거 국 감	토지시장에 지가정보 제공 일반적인 토지거래의 지표 국가, 지자체가 그 업무로 지가를 산정하는 경우 그 기준 감정평가법인등이 개별적으로 토지를 감정평가하는 경우 그 기준
표준지공시지가 조사평가기준	적 실 나 공 개 일 평	적정가격기준 평가 실제용도기준 평가 나지상정 평가 공법상제한상태 기준 평가 개발이익 반영 평가 일단지의 평가 평가방식의 적용
개별공시지가의 활용	세 부	국세, 지방세 등 각종 세금의 부과 개발부담금 부과

PART 05

Chapter 01		거래사례비교법
사례의 수집 및 선택 기준	위	위치적 유사성
	물	물적 유사성
	시	시점수정 가능성
	사	사정보정 가능성
	수	거래사례의 수
거래사례비교법 거래사례 선정 기준	실	실제 거래가격일 것(부동산 거래신고에 관한 법률)
	사	사정이 정상적이거나 보정이 가능할 것
	시	기준시점에서 도시지역 3년, 그 밖의 지역 5년
	배	배분법 적용이 가능할 것
	비	비교표준지 선정기준에 적합할 것(용이주지)
거래사례비교법 의 한계	수	거래사례 수의 부족
	왜	거래사례가격의 왜곡
	대	대표성 없는 거래사례
	비	비교가능성 없는 거래사례
	금	금융조건, 지불방법에 따른 거래사례가격 차이
	신	거래사례가격의 신뢰성
	성	거래사례가격의 성격 문제
	주	평가과정상의 주관성 개입 문제
다수의 거래 사례를 수집해야 하는 이유	사	사례 자체의 신뢰성 확보
	과	평가과정상의 객관성 부여
배분법 적용 시 유의사항	인	인근지역 또는 동일수급권 내 유사지역 사례
	지	지역에 따라 유형별 구성비율의 차이
	최	최유효이용 사례 선택
	규	복합부동산의 규모, 형태, 보수 여부에 따른 가격구성비율 차이
	정	다른 유형의 정확한 가격 산정이 중요
대표성 없는 거래사례의 처리	정	정부 등 공공기관에 의한 거래사례
	관	관련 당사자 간의 거래사례
	편	편의에 의한 거래사례
거래사례분석 시 유의사항	확	자료의 확대해석
	불	불추종의 오류
	대	비교가능성 및 대표성 없는 거래사례의 선택

거래조건의 보정	권	부동산권익
	금	금융조건
	거	거래조건
	지	매수 직후 지출
	시	시장상황
부동산 특성의 보정	위	위치
	물	물리적 특성
	경	경제적 특성
	용	용도와 지역지구제
	비	비부동산 가치구성요소
계량분석법	대	대쌍비교법
	집	집단자료분석법
	민	민감도분석법
	통	통계적분석법
	그	그래프분석법
	추	추세분석법
정성분석법	상	상대비교분석법
	순	순위분석법
	개	개인면접법
수정방법	비	비율수정법
	금	금액수정법
	연	연속수정법
거래사례비교법 과학화 객관화 필요성	중	사례비교논리의 중추적 기능성
	과	과거의 가격을 기준
	불	부동산시장의 불완전성
	과	평가과정상 한계
과학화 방안	기	기초개념의 명확한 정리
	이	이론적 체계의 과학화
	평	평가기술의 과학화
객관화 방안	다	다수거래사례의 수집
	정	부동산 정보의 구축
	과	평가과정상 객관화 방안
새로운 기법	다	다중회귀분석법
	비	비준표의 활용
	노	노선가식평가방법

Chapter 02		공시지가기준법
비교표준지 선정기준	용	용도지역 등 공법상 제한이 같거나 비슷할 것
	이	이용상황이 같거나 비슷할 것
	주	주변환경이 같거나 비슷할 것
	지	인근지역에 위치하여 지리적으로 가능한 한 가까이 있을 것
그 밖의 요인 보정 사례 선정 기준	신	「부동산 거래신고 등에 관한 법률」에 따라 신고된 실제 거래가격일 것(거래사례만 해당)
	사	거래사정이 정상적이라고 인정되는 사례나 정상적인 것으로 보정이 가능한 사례일 것(거래사례만 해당)
	목	감정평가 목적, 감정평가조건 또는 기준가치 등이 해당 감정평가와 유사한 사례일 것(평가사례만 해당)
	시	기준시점으로부터 도시지역(「국토의 계획 및 이용에 관한 법률」 제36조 제1항 제1호에 따른 도시지역을 말한다)은 3년 이내, 그 밖의 지역은 5년 이내에 거래 또는 감정평가된 사례일 것. 다만, 특별한 사유가 있는 경우에는 그 기간을 초과할 수 있다.
	배	토지 및 그 지상건물이 일체로 거래된 경우에는 배분법의 적용이 합리적으로 가능한 사례일 것(거래사례만 해당)
	비	비교표준지의 선정기준에 적합할 것
공시지가기준법 의 문제점	그	그 밖의 요인 보정
	지	지가변동률
	비	비교항목의 설정과 비교치
	단	단가와 총액의 관계

Chapter 03		원가법
복제원가와 대체원가의 차이점	개 크 정 현 이	개념 원가의 크기 정확성 현실적 우수성 이론적 우수성
재조달원가의 구성요소	표 부 개	직접비, 간접비, 수급인의 이윤 설계감리비, 건설자금이자, 허가비용 등 개발이윤의 포함여부
재조달원가를 구하는 방법	총 구 단 비	총량조사법 구성단위법 단위비교법 비용지수법
재조달원가 산정 시 유의사항	대 구 병 건	대체원가 적용 여부, 적용 시 감가수정 재조달원가 구성요소의 구분 재조달원가 산정방법의 병용 건축비 기본구조에 대한 이해(면폭층고크지부부/바둘바)
건물신축단가표 활용 시 유의사항	면 폭 층 고 크 지 부 부	면적 및 규모에 따른 건축비 차이 건물의 폭에 따른 건축비 차이 층수에 따른 건축비 차이 층고에 따른 건축비 차이 크레인 설치 유무에 따른 건축비 차이 지역에 따른 건축비 차이 부대설비보정단가 부가가치세
기타 유의사항	기 둘 전	바닥면적과 단위당 기본비용 둘레와 단위당 기본비용 바닥면적과 단위당 전체비용
감가수정과 감가상각의 비교	개 목 기 방 잔 물 감 시 토	념 목적 기준 방법 잔존가액 물건존재여부 감가요인 시장성 반영 여부 토지의 감가 여부

감가의 유형	물	물리적 감가(시사노재기)
	기	기능적 감가(설설형능)
	경	경제적 감가(면인부최)
감가수정의 방법	내	내용연수법(정정상) 내용년수의 조정(유미)
	관	관찰감가법
	분	분해법
	시	시장추출법
	임	임대료손실환원법

Chapter 04		수익환원법
가능총수익	예	예금적 성격의 일시금
	선	선불적 성격의 일시금
	관	관리비 수입
	주	주차수입 등
보증금 처리방법	반	반환의무 있는 것 – 안전자산수익률
	투	투자자금의 형태 – 대체투자자산수익률
	대	대출금의 상환 – 대출금리
운영경비	용	용역비, 인건비
	수	수도광열비
	수	수선유지비
	세	세금, 공과금
	보	보험료
	대	대체충당금
	광	광고선전비 등
복귀가액의 산정방법	내	내부추계법
	외	외부추계법
환원대상 수익의 조건	보	보통의 일반적인 이용방법에 따라 발생하는 수익
	계	계속적, 규칙적으로 발생하며 안전하고 확실한 수익
	합	합리적, 합법적인 수익
	경	경험적 자료에 의한 객관적인 수익
환원대상 수익의 종류	영	영속성 여부
	감	감가상각 여부
	세	세공제 여부
	금	금융적 구성요소 : 지분수익, 저당수익
	발	발생원천 : 소득수익, 자본수익
수익의 산정 시 유의사항	최	최유효이용 상태
	근	최근사례
	동	장래동향 파악
	회	회계학적 수익과의 구별
	안	안정적 수익

환원율과 할인율의 비교	수	수익성과 수익가액
	과	과실
	적	적용
	방	산정방법
	변	변동예측
	불	불확실성
	자	자본회수율
자본환원율의 종류	소	소득률과 수익률
	종	종합환원율과 개별환원율
	상	상각전 환원율과 상각후 환원율
	세	세공제전 환원율과 세공제후 환원율
	기	기입환원율과 기출환원율
	임	임대권환원율과 임차권환원율
자본환원율의 성격	장	장래의 이익을 현재가치로 환원하는 율
	필	필수적 투자수익률
	지	가치의 방향과 폭을 가늠하는 지표역할
	승	자본화승수의 핵심요소
환원율 산정방법 (실무기준)	시	시장추출법
	조	조성법(요소구성법)
	투	투자결합법
	유	유효총수익승수에 의한 결정방법
	발	시장에서 발표된 환원율
할인율 산정방법 (실무기준)	투	투자자조사법
	투	투자결합법
	발	시장에서 발표된 할인율
기타 환원율 산정방법	엘	엘우드법
	부	부채감당법
	설	설문조사법
조성법 적용 시 위험할증률 고려사항	비	비유동성 (+)
	위	위험성 (+)
	관	관리의 난이성 (+)
	자	자금의 안정성 (−)
최종환원율 결정 시 추가 고려사항	장	장기위험프리미엄
	성	성장률
	소	소비자물가상승률

자본환원율 결정 시 유의사항	타	타 자산의 수익률 검토
	금	금융시장의 환경 고려
	거	거시경제변수의 종합적 고려
	용	용도, 유형에 따른 지역, 개별분석
환원율 조정의 필요성	가	가치 변동
	위	위험
	소	소득 변동
	인	인플레이션
	종	순영업소득의 종류
	기	자본에 대한 기회비용
환원율 조정 방법	가	가감 적용
	J	J계수
	K	K계수
전통적 직접환원법	직	직접법
	직	직선법
	상	상환기금법
	연	연금법
잔여환원법	토	토지잔여법(신토최적)
	건	건물잔여법(감토적)
	부	부동산잔여법(연토건)
	지	지분잔여법
	저	저당잔여법
할인현금흐름 분석법의 가정	기	보유기간에 대한 고려
	저	저당대출에 대한 고려
	구	가치구성요소에 대한 고려
	변	가치변동에 대한 고려
	수	지분수익률에 대한 고려

Chapter 05		3방식의 확장 및 응용
다중회귀분석법 자료의 요건	일	수개정유시
	통	선다정등
다중회귀분석에 의한 평가절차	표	사례표본의 선정
	특	특성변수의 선정
	코	특성의 코딩
	분	통계치의 분석(결추잔평T다)
	재	투입된 자료 및 특성변수에 대한 재검토
	검	회귀모형의 검증과 적용
가산, 공제, 개발법 비교	화	화폐의 시간가치
	성	성숙도 수정 처리
	개	개발업자의 적정이윤
	대	대상
	면	면적
총수익승수의 변동요인	금	금융조건
	시	거래시점
	유	부동산의 유형 및 특성
	경	경과연수
	질	수익의 질
	서	임차자서비스
	공	공실률
실물옵션의 유형	성	성장옵션
	확	확장옵션
	축	축소옵션
	포	포기옵션
실물옵션 적용가능성	불	불확실성
	비	비가역성
	유	유연성
자동가치산정 모형(AVM) 활용 시 유의사항	알	알고리즘
	데	데이터의 종류 및 범위, 적합성
	결	결과물의 적정 여부

Chapter 06		임대차평가
임대료 산정방법에 따른 임대차의 유형 분류	고 점 재 지 비	고정임대차 점변임대차 재평가임대차 지수임대차 비율임대차
운영경비 납부 및 부담방법에 따른 분류	총 순 비	총임대차 순임대차 비율임대차
임대료와 가치의 관계	원 기 교 적	원본과 과실의 관계 기간의 차이 교환가치와 사용가치 적산법, 수익환원법
임대사례비교법 에서 임대사례 수집 및 선택기준	위 물 시 사 계 신	위치적 유사성 물적 유사성 시점수정 가능성 사정보정 가능성 계약 내용이 유사한 사례 신규 계약체결 사례
기초가액과 시장가치의 비교	최 대 대 산	최유효이용의 전제 여부 대상물건 대상기간 산정방법
기대이이율과 자본환원율의 비교	적 개 성 유 최 산 종 종 물	적용 개념 성격 유형 최유효이용 전제 여부 산정기준 종류 종합이율 물건의 가격변화 시 처리

필요제경비	감 유 공 손 대 공 정	감사상각비 유지관리비 조세공과금 손해보험료 대손준비금 공실손실상당액 정상운전자금이자
계속임대료 평가방법	차 이 슬 임	차액배분법 이율법 슬라이드법 임대사례비교법
임대권 및 임차권 평가 시 유의사항	자 합 제	자본환원율 결정의 중요성 임대권, 임차권 가치의 합이 소유권 가치와 일치하는지 여부 임차인의 권리를 제한하는 계약내용과 조건을 고려한 임차권의 가치
임대권과 임차권 가치의 합이 소유권의 가치와 일치하는지	환 질 최	임대권 환원율과 임차권 환원율의 차이 임차인의 질적 차이에 따른 자본환원율의 차이 최유효이용의 가부

Chapter 07		유형별 감정평가
토지 평가 시 적절한 자료가 갖추어야 할 요건	인	인근지역 사례
	지	지역요인 및 개별요인 비교가 가능한 사례
	사	사정보정 가능
	시	시점수정 가능
	배	배분법 적용 가능
주거용지 평가 시 고려사항	도	도심과의 거리 및 교통시설의 상태
	상	상가와의 거리 및 배치상태
	학	학교/공원/병원 등의 배치상태
	사	사회적 환경(거주자 직업, 계층)
	자	자연적 환경(조망, 풍치, 경관)
	혐	혐오시설 유무
	공	공해발생의 상태
	재	재해발생 위험성
	획	획지의 면적, 배치, 이용
상업/업무용지 평가 시 고려사항	배	배후지의 상태, 고객의 질과 양
	영	영업의 종류 및 경쟁의 상태
	교	교통수단 상태 및 통행 패턴
	번	번영의 정도
	번	번화가에의 접근성
공업용지 평가 시 고려사항	판	판매시장, 원재료시장과의 위치관계
	관	관련산업과의 위치관계
	수	수송시설의 정비상태
	공	공급처리시설의 상태
	노	노동력 확보의 난이
	공	공해발생 위험성
	기	기상의 상태
농경지 평가 시 고려사항	토	토질의 종류, 비옥도
	설	설비상태
	홍	홍수, 가뭄
	편	경작의 편리성
	접	접근성
임야지 평가 시 고려사항	표	표고, 지세
	지	지층
	일	일조, 온도, 습도
	임	임도
	노	노동력 확보의 난이

일단지의 판단기준	용 지 소 일 시	용도상 불가분의 관계 지목 소유자 일시적 이용 시점
용도상 불가분의 관계	일 사 경 행 합 가 타	일단을 이루어 같은 용도로 이용되는 것이 사회적 경제적 행정적 측면에서 합리적이고 대상토지의 가치형성 측면에서 타당하다고 인정되는 등
고압선 등 통과 토지의 감가요인	건 위 등 입 장 기	건축 및 시설제한 위험시설로서의 심리적 부담감 등기사항전부증명서상 하자 입체이용저해 장래 기대이익 상실 기타 감가요인
고압선 등 통과 토지 감가율 결정 요인	전 용	전압별 감가율 차이 용도별 감가율 차이(주거용>농지>임야, 주거용>>공업용)
구분소유권의 요건	구 이 독	구조상 이용상 독립성
구분점포의 요건	판 경 번	판매시설, 운수시설 경계 표지 번호 표지
토지, 건물가액의 배분이 필요한 경우	경 소 재 세 보	경매 소송 재무보고 세금 보상
토지, 건물가액 배분 시 유의사항	최 다 표 정	최유효이용 사례 적용 다수의 거래사례 수집 표준적 가격구성비율 정확한 가격 산정

공사중단 건축물 감정평가 시 의뢰인 제시사항	목 계 공	목록, 내역, 관련자료 계획(철거, 용도변경, 공사 재개, 완공) 공정률(기준시점)		
공사중단 건축물 감정평가 시 고려사항	물 기 경	물리적 감가 기능적 감가 경제적 감가	구 규 공	구조 규모 공정률
공사중단 건축물의 대지 평가 시 고려사항	위 형 환 이	위치 형상 환경 이용상황	방 용 거 제	방치기간 용도 거래조건에 따른 제한
광산평가 특수성	유 소 위 투 확	유한성 소모성 위험성 투하자본 회수 확대재생산 불가능		
영업권의 개념	경 배 초 경	경영상의 유리한 관계 등 배타적 영리기회를 보유하여 같은 업종의 다른 기업들에 비하여 초과수익을 확보할 수 있는 능력으로서 경제적 가치가 있다고 인정되는 권리		
영업권 발생요건	이 지 발	이전성 지속성 초과수익 발생		
영업권과 지식재산권 비교	단 식 법 기	단독거래 × 식별가능성 × 법적 보호 × 기간		
무형재산의 인식 요건	식 수 통	식별가능성 수익 창출 능력 통제가능성		
지식재산권의 종류	특 실 디 상 저	특허권 실용신안권 디자인권 상표권 저작권		

실시료율 산정 시 고려사항	개	개발비
	특	특성
	기	기여도
	난	난이도
	사	사용기간
비상장주식 평가의 필요성	경	경영권 매입
	국	국유주식 처분
	공	공모가격
	상	상속세 과세
비상장주식, 기업 가치 평가 시 조사/확인사항	계	계속기업의 전제 확인
	재	재무제표의 활용 및 분석
	지	지분 비중에 따른 지배력
비상장주식, 기업가치 평가 시 자료의 종류	가	가격자료
	경	경제분석자료
	산	산업분석자료
	내	내부현황분석자료
기업가치의 구성요소	유	유형, 무형
	자	자본, 부채
	영	영업용, 비영업용
기업가치 평가 시 유의사항	전	전문적 가치판정 능력
	공	공정성과 객관성
	비	비밀엄수
동산과 부동산의 법적 차이	점	점유,
	인	인도에 의해 공시
	공	공신의 원칙,
	선	선의취득 인정
	질	질권 설정 가능
소음 등으로 인한 가치하락분의 제외요인과 포함요인	장	장기적
	지	지속적인 소음 등으로 인한
	객	객관적 가치하락분
	생	생명체에 대한 피해는 포함되며
	일	일시적인 소음으로 인한
	정	정신적인 피해 등
	주	주관적 가치하락은 제외

스티그마 효과의 특징	정	정화 전후
	용	용도
	거	거리
	시	시간
권리금의 개념	임	임대차 목적물인
	상	상가건물에서
	영	영업을 하는 자 또는 영업을 하려는 자가
	시	영업시설
	비	비품
	처	거래처
	신	신용
	노	영업상의 노하우
	위	상가건물의 위치에 따른 영업상의 이점 등
	유	유형, 무형의 재산적 가치의
	양	양도 또는 이용대가로서
	임	임대인, 임차인에게
	보	보증금과 차임 이외에 지급하는 금전 등의 대가
권리금의 종류	시	시설권리금
	지	지역권리금
	영	영업권리금
	기	기타권리금(허임)
권리금 무형재산 귀속 영업이익 산정방법	비	비율추출방식
	비	비교사례추출방식
	공	공제방식

Chapter 08		목적별 평가
담보평가의 원칙	확	확인주의
	보	보수주의
	처	처분주의
	현	현황주의
담보평가 시 고려사항	독	독립성
	공	공정성
	환	환가성
	보	보수성
	안	안정성
	협	협약내용
도시정비사업 절차	정	정비기본계획수립
	정	정비계획수립
	조	조합설립추진위원회
	조	조합설립인가
	사	사업시행계획인가
	분	조합원분양
	관	관리처분계획인가
	이	이주, 철거, 착공
	준	준공
	청	청산
종전자산평가와 보상평가의 비교	목	평가목적
	주	평가의 주안점
	개	개발이익 배제 여부
	기	기준시점
	대	평가대상
	법	평가기법
국공유재산평가 3년 이내, 3년 이후의 비교	근	적용근거
	기	기준시점
	공	적용공시지가
	이	이용상황
정비기반시설과 매각평가의 비교	근	평가근거
	실	감정평가 실시시기
	목	감정평가 목적물

매도청구목적 평가의 비교	유	유형
	조	조치내용
	근	근거규정
	기	기준시점
종전자산 평가 시 개발이익 반영의 범위	현	현실화
	구	구체화된 개발이익은 반영
	조	조합원의
	부	비용, 리스크 부담을 전제로 한 개발이익은 미반영
공정가치	합	합리적 판단력과
	거	거래의사가 있는
	독	독립된 당사자 사이의 거래에서
	자	자산이
	교	교환되거나
	부	부채가
	결	결제될 수 있는
	금	금액

박문각 감정평가사

지 오 감정평가이론
2차 | 서브노트

제4판 인쇄 2026. 1. 15. | **제4판 발행** 2026. 1. 20. | **편저자** 지오

발행인 박 용 | **발행처** (주)박문각출판 | **등록** 2015년 4월 29일 제2019-0000137호

주소 06654 서울시 서초구 효령로 283 서경 B/D 4층 | **팩스** (02)584-2927

전화 교재 문의 (02)6466-7202

저자와의
협의하에
인지생략

이 책의 무단 전재 또는 복제 행위를 금합니다.

정가 22,000원
ISBN 979-11-7519-326-0

MEMO

MEMO

MEMO